M. M. Freiherrn von Weber

Der staatliche Einfluss auf die Entwickelung der Eisenbahnen minderer

Ordnung. Denkschrift

M. M. Freiherrn von Weber

Der staatliche Einfluss auf die Entwickelung der Eisenbahnen minderer Ordnung. Denkschrift

ISBN/EAN: 9783743382213

Hergestellt in Europa, USA, Kanada, Australien, Japan

Cover: Foto ©ninafisch / pixelio.de

Manufactured and distributed by brebook publishing software (www.brebook.com)

M. M. Freiherrn von Weber

Der staatliche Einfluss auf die Entwickelung der Eisenbahnen minderer Ordnung. Denkschrift

DER

STAATLICHE EINFLUSS

AUF DIE

ENTWICKELUNG

DER

EISENBAHNEN MINDERER ORDNUNG.

DER

STAATLICHE EINFLUSS

AUF DIE ENTWICKELUNG

DER

EISENBAHNEN MINDERER ORDNUNG.

DENKSCHRIFT

VON

M. M. FREIHERRN VON WEBER.

WIEN. LEIPZIG. PEST.
A. Hartleben's Verlag.
1878.

VORBEMERKUNG.

Die nachstehende Arbeit verdankt ihre Existenz einer durch den Herrn k. preuss. Handelsminister gegebenen Anregung.

Es galt, durch gemeinfassliche Darstellung der fachlichen Verhältnisse des „Secundärbahnwesens", zur Klärung der dasselbe betreffenden Anschauungen, zur festeren Definirung schwankender Begriffe in dessen Bereiche einen leichter findbaren Weg zu bahnen, als der durch die voluminöse Literatur über diesen Gegenstand ist.

Es galt dies ferner mit einer kritischen Zusammenstellung der staatlichen Massnahmen zu verknüpfen, welche in verschiedenen Ländern getroffen worden sind, um auf die Entwickelung des „Secundärbahnwesens" fördernd einzuwirken, und aus dieser objective Resultate herzuleiten.

Frühere Arbeiten[*]) liessen die Lösung der Aufgabe durch den Verfasser nicht unmöglich erscheinen und so

---

*) „Die Praxis des Baues und Betriebes der Secundärbahnen etc." Weimar, Voigt. — „Die Secundär-Eisenbahnen mit normaler Spannweite und langsamer Fahrbewegung etc." Weimar, Voigt. — „Die Individualität und Entwickelbarkeit der Eisenbahnen." Leipzig, Teubner. — „Normalspur und Schmalspur." Wien, Hartleben etc. etc. etc.

ist er jener ehrenvollen Anregung von hoher Stelle gern durch Abfassung der vorliegenden Arbeit gefolgt.

Dieselbe ist jedoch ihrem Inhalte nach, von keiner Seite her in irgend einer Weise beeinflusst und enthält lediglich den freien Ausdruck seiner eigenen Anschauungen und Ueberzeugungen.

WIEN, 4. November 1877.

M. M. von Weber.

Einleitung.

Viel zu spät für die Gesundheit der Entwickelung des gesammten Eisenbahnwesens, wendet sich die öffentliche Aufmerksamkeit der Vermittelung der örtlichen, kleinen und kleinsten Verkehre, der Ausästung der grossen Stämme der Eisenbahnsysteme bis in das Innerste und Einzelnste der Productions- und Consumtions-Districte zu.

Viel zu spät für die allgemeine Prosperität im Bereiche dieser Systeme gewinnt die Ueberzeugung Boden, dass nicht jede Eisenbahn ein Speculationsobject sei, dass es nicht allein **werbende**, sondern auch **dienende Eisenbahnen** geben müsse.

Wäre dieses Interesse um ein Jahrzehnt früher lebendig geworden, hätte diese Ueberzeugung zu rechter Zeit Wurzel geschlagen, wir würden an der Stelle gewissenlos in das Leben gerufener, sich nutzlos gegenseitig schwächender, kostspieliger Parallelbahnen, allenthalben Systeme rationell von zahllosen Zuflussadern genährter, weise disponirter, grosser Verkehrsstrassen erblicken, die durch eigene Blüthe alle ihre Dependenzen blühen machten und, kraft der mässigen auf ihre und ihrer Zuflüsse Herstellung gewendeten Capitalien, kraft der Wohlfeilheit der Manipulation ihrer naturgemäss strömenden Verkehre, im Stande wären, das Amt des Eisenbahnwesens im Völkerleben vollständig zu erfüllen.

Der Gang der Gestaltung des Eisenbahnwesens würde wahrscheinlich dieser naturgemässe gewesen sein, wenn derselbe mit der Entwickelung der gesammten modernen Cultur und Staatswirthschaft gleichen Ausgangspunkt gehabt, mit ihr hätte parallel laufen können, wie Schifffahrt und Strassenwesen die Civilisation in allen ihren Stadien begleitet haben.

Statt dessen erschien, so zu sagen, über Nacht, wie durch ein Wunder, das Eisenbahnwesen, mit seinen weltumgestaltenden Attributen, fertig aus dem Haupte seiner Erzeuger springend, mitten in einer grossen, reifen Cultur.

Und zwar entstand es, und konnte nur entstehen, in Ländern, deren gewaltiges, wirthschaftliches und politisches Leben des neuen Werkzeugs zur Bewältigung seiner Aufgaben bedurfte, deren Reichthum sein Wachsthum pflegte, deren freiheitliche Institutionen aber auch, einerseits zwar seine Jugend vor Verkrüppelung schützten, andererseits aber dem Missbrauche des mächtigen Wohlfahrts-Werkzeuges keine Schranken setzten.

Die Industrie betrachtete daher das Eisenbahnwesen als ihre Domäne und machte aus der Verkehrsvermittelung schlechtweg ein Erwerbsgeschäft.

Die Finanzwelt usurpirte dann sein Bereich und drückte es zu einem Tummelplatze des Börsenschachers und der mehr oder weniger unsauberen Speculation herab.

In die policirten Staaten übertretend, blieb ihm zwar in den Händen der Regierungen, durch deren Pflichttreue, sein Charakter als Wohlfahrtswerkzeug gewahrt, aber es wurde zugleich unter die Curatel des reglementirenden Staatsorganismus gestellt und, wohlgeordnet und nach vorschriftsmässigen Normen und Schematas gestaltet, in die Mechanik der Staatsverwaltung eingepasst.

Demgemäss gewöhnte sich die öffentliche Meinung, in den Eisenbahnen, entweder Zinserwerbs-Institute oder Speculationsobjecte einerseits, oder, andererseits, fast militärisch disciplinirte, mehr oder weniger bureaukratisch organisirte, der öffentlichen Wohlfahrt nur in streng bestimmten Formen dienende Staatsinstitute zu erblicken; in allen Fällen aber mit dem Begriffe „Eisenbahnen" gewisse, allen gemeinsame Vorstellungen von luxuriösem Reisen, schneller Fahrt, imposanten Anlagen, grossem Capitalsaufwande, lockender Speculation, mächtigem Verkehr zu verknüpfen.

Wenn nun jetzt die Nothwendigkeit, welche, früher Versäumtes einigermassen nachzuholen, die schleunigstmögliche Herstellung jener Zuflüsse, jener Verästungen der Bahngebiete bis in die Einzelbereiche der Production und Consumtion gebietet, zugleich verlangt, dass die öffentliche Meinung sich ein ganz neues Bild von den Bahnlinien, deren Inslebenrufung es jetzt gilt, gestalten soll;

wenn sie erheischt, dass diese sich unter denselben Verkehrsmittel denken soll, die, nicht um der Verzinsung ihrer Titres, nicht um des Handels mit denselben willen, mit kleinen Capitalien, in bescheidenen, primitiven, fast kargen Formen geschaffen werden, kleinen, ja kleinsten Verkehren mit mässigem Comfort, geringer Fahrgeschwindigkeit dienen, vornehmlich durch die Dienste, die sie ihren Adjacenten leisten, nützen sollen;

wenn sie verlangt, dass bei diesen Bahnen der Staat auf einen grossen Theil der regulirenden Einflüsse, die er bisher auf die Eisenbahnen ausgeübt hat, verzichten, dass er ihnen fast rückhaltlos die freiheitliche Gestaltung ihrer Formen gestatten soll, durch die sie ihr Wesen den Bedürfnissen nach Ort und Zeit präcise anschliessen können;

so ist dies unzweifelhaft der öffentlichen Meinung, angesichts der Gewohnheit ihrer Anschauungen, viel zugemuthet.

Rasch und fast ohne Widerstand hat sich die Ueberzeugung von der Unerlässlichkeit der Herstellung von zahlreichen Bahnlinien, welche dem Detail-, Orts- und Zeitverkehre in allen seinen Consequenzen Rechnung zu tragen haben, verbreitet — nur sehr langsam werden klare Vorstellungen von der Natur, welche diesen Bahnlinien zu geben sein wird, die Art, wie sie in das Leben zu führen sein werden, und was das Amt des Staates in Bezug auf sie ist, im Publikum und selbst in den Kreisen Boden gewinnen, die sich fachliche nennen lassen.

Und doch ist dies zur Erzielung allseitigen Mitwirkens bei der Inslebenrufung der neuen, zeitgemässesten Phase des Eisenbahnwesens unerlässlich.

Je weiter, in Bezug auf sie, die Vorstellungen vom Bilde des jetzigen Eisenbahnwesens abgeleitet werden, um so vortheilhafter ist es für die kräftige und schnelle Entwickelung der Bahnen der in Rede stehenden Tendenz.

Es giebt zur Herbeiführung und Verbreitung dieser wie fast jeder Erkenntniss nur drei Wege:

die unermüdliche, überall und immerwährend sprechende Lehre;

das Beispiel und

weise staatliche Massnahmen.

Die Triebkraft der Zeitströmung lockt die erstere, in quantitativ fast übergrossem Reichthume, in Gestalt einer täglich anschwellenden Literatur, aus dem Zeitboden.

Klardenkende Meister des Faches sind vielfach bemüht, in Ausführungen von streng dem Orts- und Zeitbedürfniss angepassten Bahnlinien, Beispiele für das zu liefern, was Noth thut.

Und nur die staatlichen Massnahmen, welche jene Erkenntniss fördern, der Thatkraft, welche muthig die Inslebenführung der neuen Formen des Eisenbahnwesens wagen will, helfend unter die Arme greifen sollen, lassen fast überall noch auf sich warten, oder da, wo sie im befangenen Sinne getroffen wurden, Misserfolge beklagen, die schlimmer sind als Nichtbeginn!

Die staatlichen Massnahmen im Interesse dieser zu schaffenden Systeme von Hilfs-, Zufluss-, Verästungs- etc. Bahnen können aber nur bestehen:

in Unterstützung der einzelnen Unternehmungen aus öffentlichen Mitteln;

im Erlass von Gesetzen und Vorschriften, durch welche die Gesichtspunkte des Staates in Beziehung auf dieselben präcisirt und dessen Verhältnisse zu ihnen geregelt werden.

Wir können uns nicht verbergen, dass der Gemeinsinn, die Gemeinerkenntniss vom Nothwendigen, in Betreff jener Art von Bahnen, deren Nutzeffect sich nicht unmittelbar in Münze und baarer Rente ausprägt, noch nirgend stark und hell genug sind, um, ohne finanziellen und intellectuellen Beistand „von oben her", die rasche Entwickelung derselben möglich erscheinen zu lassen.

Das hauptsächlichere, diese Entwickelung fördernde Moment wird aber in der Gewährung der Füglichkeit liegen, das ganze Wesen des Baues und Betriebes jeder dieser Bahnlinien genau dem Orts- und Zeitbedürfnisse, dem sie dienen soll, anpassen, sie mit einem Worte „individualisiren" zu können.

Die betreffende Gesetzgebung wird daher zunächst die Tendenz haben müssen, jene Hilfeleistung, unter den verschiedensten und vielfältigsten Bedingungen der Anforderung und Gewährung, gesetzlich gestaltbar zu machen, sodann aber der staatlichen Beeinflussung bei Ueberwachung des Entstehens und der Manipulation dieser Art von Bahnen die Form zu geben, die, als deren Natur am genauesten entsprechend, am meisten geeignet ist, ihre Entwickelung zu fördern. Dass die Wirksamkeit einer solchen, die Erscheinungen in einem so weiten und complicirten Bereiche decken sollenden Gesetzgebung, weit weniger im Gebieten, Begrenzen und Feststellen, als im Befreien vom Herkömmlichen, Gewährenlassen, Gestatten und Verallgemeinern bestehen müsse, ist selbstverständlich.

Angesichts der Schwierigkeit solcher staatlicher Massnahmen, der Gefahren, die in den ersten Schritten auf diesem fast unbetretenen Pfade liegen, und der Misserfolge, welche unsachgemässe Vorgänge hie und da gehabt haben, galt es zunächst: die Begriffe in dem betreffenden Bereiche zu definiren, die Vorstellungen zu klären und einen Ueberblick über alles das zu gewinnen, was in den verschiedenen Staaten geschehen ist, um die Entwickelung der Bahnsysteme der in Rede stehenden Art, durch staatliche Massnahmen zu fördern. Durfte man sich dabei auch nicht bergen, dass die hieraus abzuleitenden Resultate und Lehren meist nur negativer Art sein konnten, so war doch offenbar hier die Verhütung eines Missgriffes eben so viel werth als der beste positive Rathschlag.

In dieser kurzen Darlegung dessen, was zur Begründung rationeller staatlicher Massnahmen in Bezug auf die Entwickelung der Bahnsysteme, die wir in nachstehender Schrift „Minderer Ordnung" genannt haben, erforderlich ist, ist die Tendenz dieses Buches gegeben. Seine Quintessenz ist in dem, seinen Schluss bildenden, „Gesetzentwurfe die Bahnen minderer Ordnung betreffend" nebst zubehörigem „Bedingnisshefte" für die Concessionirung von Bahnen dieser Art ausgezogen.

Mögen die ersten legislatorischen Schritte, die in ein weites Bereich gethan werden, von dessen erfolgreichem Anbau ein grosser Theil der künftigen staatswirthschaftlichen Wohlfahrt der meisten Länder und die Gesundheit der ferneren Entwickelung des gesammten Eisenbahnwesens abhängt, weise geleitet werden und vom besten Segen begleitet sein!

I. ABSCHNITT.

Begriffe und Bezeichnungen.
Nomenclatur.

Es ist nur zum Theile ein Aberglaube, dass Worte Wunder wirken können. Ist doch die Entwickelung eines der wichtigsten Theile des Communicationswesens der Neuzeit ganz vornehmlich durch eine Nomenclatur verzögert worden, welche die Begriffe in ihrem Bereiche trübte und verwirrte und dadurch fortschrittliche Massnahmen in demselben vielfach lahmlegte. *Einfluss der Nomenclatur auf die Entwickelung.*

Durch einen jener Vorgänge in der Sprachgestaltung, deren Ursprünge sich oft sehr schwer ermitteln lassen, sind die Ausdrücke: Secundär-, Vicinal-, Local-, Zweig- etc. Eisenbahn entstanden, mit denen man so verschiedene Formen der Tendenz und der Construction von Eisenbahnen bezeichnete, dass die Definition der damit zu verknüpfenden Begriffe, die Charakteristik der dadurch hervorzurufenden Anschauungen, völlig unter den Händen zerrann, wenn man dem Gegenstande mit legislatorischen Bestimmungen oder technischen Normirungen nahe treten wollte.

Und so war es zum grossen Theile die Ungreifbarkeit des Gegenstandes, die viele ernstgemeinte und wohlwollende Bestrebungen für die Ausbildung des Communicationsmittels, dessen Erspriesslichkeit, ja Nothwendigkeit für das Völkerleben der Neuzeit Niemand leugnete, das aber für die praktische Behandlung in allzu unsichern Contouren erschien, scheitern machte.

Dem gegenüber musste es, besonders dem Laien, so vorkommen, als wolle man durch die Bezeichnungen: Primär-, Secundär-, Vicinal-, Local-, Zweig- etc. Bahnen, die sämmtlichen Erscheinungsformen des Eisenbahnwesens willkürlich in einige wenige Kategorien sondern, während doch der tägliche Augenschein immer neue solcher Formen vorführte.

Vieldeutigkeit des Begriffes Eisenbahn. In der That war es, bei einigermassen eingehender Betrachtung, offenbar, dass der Ausdruck „Eisenbahn" eine mindestens ebenso grosse Vielheit der Gestaltungen deckte, als die Worte „Weg" oder „Strasse", innerhalb deren Bedeutung alle die zahllosen Formen des allgemeinen Begriffs, von der Heerstrasse, welche Weltstädte verbindet, an, bis zu dem Fuss- und Saumpfade; von der Rivolistrasse zu Paris, der Ringstrasse zu Wien an, bis zu dem Durchschlupf zwischen zwei Häusern, liegen.

Es charakterisirt die Neuheit des kaum anderthalb Jahrhundert alten modernen Strassensystems, dass unsere Sprachen so spärlich mit Ausdrücken für diese Nuancen ausgerüstet sind, und noch mehr die unreife Jugend des Eisenbahnwesens, dass wir den Reichthum seiner Formen kaum nach 3—4 Bezeichnungen unklarer Definition zu scheiden wissen. *)

Nichtsdestoweniger liegen innerhalb derselben, zwischen denen der kolossalen Doppelgleisbahnen Brunels von 2·138 Meter Spurweite, durch die zahlreichen Nuancen der Constructionen von grösserer als normaler Spurweite Spaniens, Irlands, Russlands, Badens, Hollands etc. und der mit normaler Spur hindurch, bis zu den Miniatur-Anordnungen der Festiniog- (0·62 Meter Spurw.) und anderer Schmalspurbahnen und der Sonderformen der mit Dampf betriebenen Tramways herab, eben so viele Nuancen, wie die, welche der Begriff „Weg" deckt. **)

---

*) Die mehr als anderthalb Jahrtausend umfassende, technische und administrative Gestaltung des antiken Strassensystems hatte der römischen Rechtspflege und Ingenieurkunst für die Charakterisirung der Strassen und Wege, je nach deren Tendenz, Leistungsfähigkeit und Construction, eine, trotz der weit grösseren Einfachheit der antiken Verhältnisse, sehr bedeutende Anzahl von Bezeichnungen zur Verfügung gestellt, von denen wir nur die folgenden nennen wollen: *Via (militaris, consularis, praetoria)* Heerwege; *via (publica, privata, vicinalis, communis)* auf öffentlichem und Privateigenthum liegende Wege; *strata*, Strasse; *vicus*, Gasse; *iter*, Fussweg; *actus*, Rainweg; *semita*, Fussweg von halber Breite; *limites*, Nachbarstrassen mit den meist unübersetzlichen Unterabtheilungen *cardi, decumanus* und *actuarii; callis*, Hohlweg; *trames, diverticulum, divertium* Feldwege verschiedener Art etc. etc.   D. V.

**) Wir geben hier die Spurweiten einer Anzahl bekannterer Bahnlinien:

Ueber der Normalen:

1. Great-Western-Bahn, England . . . . . 2·128 Meter.
2. Zarsko-Selo-Bahn, Russland . . . . . 1·824 „

Jede dieser Formen aber hätte, wenn man solche Kategorien statuiren wollte, das Recht, die an Gewalt der Leistungsfähigkeit und Dimension der Constructionen unter ihr stehende „Secundärbahn" zu schelten.

Gegen die gigantischen Anlagen der früheren westenglischen Bahnen erschien jede Normalspurbahn „secundär". Die eingleisige Bahn ist „secundär" gegen die doppelgleisige; die eingleisige Bahn mit der Ausrüstung für nur 2—3 Züge täglich ist „secundär" gegen die mit solcher für 10 Züge; und *eo ipso* charakterisirt sich, beim Herabsteigen durch die siebzehn verschiedenen, auf europäischen Bahnen üblichen Spurweiten, jede mit schmälerer Spur construirte Bahn als „secundär" gegen die mit nächstbreiterer erbaute, bis andererseits vielleicht wieder Natur und Masse der Verkehre auf einer Schmalspurbahn diese weniger „secundär" erscheinen lassen können, als eine breitspurige Bahn mit minimalem, langsamem Verkehre.

Staffeln der Construc- tionsformen.

Für die Classificirung der Eisenbahnen giebt es daher keinerlei entscheidendes Kriterium. Die Zahl der Mischungen, in der ihre Verkehrs- und Constructionseigenschaften erscheinen müssen, wenn sie ihrem jedesmaligen Zwecke vollständig entsprechen sollen, ist so vielfältig, wie die Bedürfnisse, denen sie zu dienen haben.

Kein Kriterium für die Classifi- cirung der Eisenbahnen.

```
 3. Spanische Bahnen . . . . . . . . . . 1·672 Meter
 4. Irische Bahnen . . . . . . . . . . . 1·620   „
 5. Normalspur . . . . . . . . . . . . 1·435   „
         Unter der Normalen:
 6. Amerikanische Bahnen . . . . . . . . 1·245   „
 7. Schwedische Bahnen . . . . . . . . . 1·219   „
 8. Indische Bahnen . . . . . . . . . . 1·200   „
 9. Schwedische Bahnen . . . . . . . . . 1·188   „
10. Antwerpen-Gent . . . . . . . . . . 1·151   „
11. Lambach-Gmunden . . . . . . . . . 1·106   „
12. Schwedische Bahnen . . . . . . . . 1·099   „
13. Norwegische Bahnen . . . . . . . . 1·067   „
14. Schweizer, Indische etc. Bahnen . . . . 1·000   „
15. Danver-Rio Grande . . . . . . . . . 0·900   „
16. Bröhlthal-Bahn, Schwed. B. . . . . . . 0·785   „
17. Ocholt-Westerstede . . . . . . . . . 0·750   „
18. Festiniog-Bahn . . . . . . . . . . . 0·620   „
```

Bemerkt mag hier werden, dass die Franzosen die Normalspur zu 1·44—1·45 ausführen, mithin fast 1 Centim. breiter als die anderen Völker. D. V.

Je individueller daher jede Bahn diesen angepasst ist, umso zweckmässiger wird ihre Anordnung sein.

Das Eisenbahnwesen kein Mechanismus, sondern ein Organismus ohne Abstufungen.

Das Eisenbahnwesen ist eben kein willkürlich zu construirender, automatisch nach Schema und Vorschrift fungirender Mechanismus, sondern die Verkörperung eines bedeutsamen Theiles des Völkerlebens, der materielle Ausdruck des Verkehrsbedürfnisses selbst und mithin ein lebendiger Organismus, in dem es keine Abstufungen, Sprünge und Classen giebt, sondern nur organisch in einander verlaufende Uebergänge und Schattirungen.

Unmöglichkeit der charakteristischen Classification und Nomenclatur der Eisenbahnformen.

Es ist daher auch absolut unmöglich, auf Grund innerer Nothwendigkeiten und Bedingungen die Vielheit der Erscheinungen der Eisenbahnanordnungen in Classen oder Kategorien zu theilen, deren jede sich mit einem charakteristischen Namen bezeichnen liesse.

Auch hat man in den Ländern der Entstehung und freien Entwickelung des Eisenbahnwesens, von denen bisher fast ausschliesslich auch der Fortschritt in demselben ausgegangen ist, von jeder derartigen Systematisirung einer sich unablässig mächtig neugestaltenden, tausendförmigen Lebenskundgebung abgesehen. Man hat dort die Eisenbahnen eben gebaut, „wie man sie gebraucht hat", von Fall zu Fall deren Constructionen und Organisationen den gerade im vorliegenden Falle gegebenen Bedingungen anpassend und so genau mit den Fortschritten des Verkehrslebens, das mächtige Organ desselben entwickelnd.

In England hat man nun, wie wir weiter unten sehen werden, seit dem Jahre 1868 der Classificationstendenz eine kleine Concession gemacht, indem man den Begriff „Leichte Eisenbahnen" *(Light Railways)* in die Gesetzgebung einführte; lediglich in der Absicht, die enormen Weitläufigkeiten, welche sich mit der juridischen, administrativen und parlamentarischen Installation der Eisenbahnen dort verknüpfen, unter gewissen Verhältnissen, deren Eintritt die Fassung des Gesetzes fast ganz in das Ermessen der Verwaltung stellt, abkürzen und erleichtern zu können. *)

---

*) Wie wir weiter unten sehen werden, ist diese Absicht nur zum sehr kleinen Theile erreicht worden. D. V.

Es darf daher als Axiom angesehen werden, dass die freie Individualisirung der Eisenbahnanlagen, nach den von den Orts- und Zeitbedürfnissen ihnen gestellten Anforderungen, die Grundbedingung einerseits für die Oekonomie der Anlage und ihrer Manipulation, andererseits für die Fortentwickelung der ganzen Wesenheit des Eisenbahnsystems sei und jede Einengung und Behinderung der Individualisirung sich folgerichtig mit einer Verzögerung der Weitergestaltung des grossen Verkehrsorgans verknüpfen müsse.

Individualisirung der Eisenbahnanlagen. Grundbedingung für Oekonomie und Fortentwickelung.

In den polizirten Staaten des europäischen Continents haben aber die Eisenbahnen auch noch andere Pflichten zu erfüllen, als, frei gestaltet, dem freien Verkehrsleben zu dienen.

Staatsdienernatur der Eisenbahnen.

Sie haben nicht allein Staatsbürger, sondern auch Staatsdiener zu sein.

Es gilt daher ihre Gestaltung und ihre Thätigkeit, mit mehr oder weniger ihrer eigentlichsten Natur angethaner Gewalt, mit mindestmöglichen Opfern an Leistungsfähigkeit, Oekonomie und Fortentwickelbarkeit, den Bedingungen des polizirten Staates zu assimiliren, ihre Kräfte in dessen Mechanismus wirksam zu machen.

Zu diesem Zwecke müssen sich auch die ausgeprägtesten Individualitäten des Eisenbahnwesens eine gewisse Schematisirung, Classificirung und Reglementirung gefallen lassen, wie auch der individuellste Mensch, der in eine Beamtenhierarchie tritt, oder die Uniform anzieht, einen Theil seiner Individualität, seiner Einrangirbarkeit in das Kräftezusammenwirken, opfern muss. Dieser nicht anzuzweifelnden Nothwendigkeit gegenüber steht die soeben dargethane Menge von in der Natur des Eisenbahnwesens begründeten Merkmalen, nach denen eine Classification der Eisenbahnen, behufs der staatswirthschaftlichen und polizeilichen Regulirung ihrer Verhältnisse, erfolgen könnte.

Nothwendigkeit der Classification der Bahnen aus administrativen Gründen.

Es stellt sich daher das Problem, da es keine selbstverständlichen giebt, mehr oder weniger willkürliche solche Kriterien zu finden, durch welche die Eisenbahnen für die Zwecke der staatlichen Verwaltung rangirbar und manipulirbar gemacht werden können.

Willkürlichkeit der da bei zu benützenden Kriterien.

Dabei wird es gelten, dafür zu sorgen, dass diese halb und halb willkürlichen Kriterien möglichst viel Aehnlichkeit mit natürlichen haben und die Füglichkeit gewähren, die Classification mit einer „Marge" zu gestalten, die es gestattet, innerhalb der Classe oder Art, der Individualisirung jeder Bahnanlage einen möglichst grossen Raum zu gewähren.

Differenz der Spurweite. Das Zunächstliegende solcher Kriterien, das ganz den Anschein eines natürlichen hat und in mancher Beziehung ein solches wirklich ist, besteht in der Differenz der Spurweite.

Das Classificirende liegt hier weniger in der Verkehrbedeutung der Bahn, denn, wie oben erwähnt, kann der Verkehr einer Bahn mit schmaler Spur nicht allein in Bezug auf Masse, Schnelligkeit und Form seiner Personen- und Güterbewegung „primärer" sein, als der einer Bahn mit breiterer Spur*), sondern es ist auch denkbar, dass ihre Transporte, wenn sie z. B. grosse Getreide-, Brennstoff-, Erz-Productionsgebiete aufschliesst, auch für den Weltverkehr grössere Bedeutung haben können, als in der Isolirung der Linie von der grossen allgemeinen Verkehrsmittel-Circulation und den durch die Verschiedenheit der Spur bedingten Modificationen ihrer Horizontalprojection, ihrer Anlagen und ihrer Betriebsmittelconstruction.

Wenn nun aber, einerseits, der Spurbruch, das heisst die Adoptirung einer von der allgemeingebräuchlichen abweichenden Spurweite, jedenfalls eine Aenderung der gesammten Natur des Verkehrsmittels in sich schliesst und das beste von allen Classificationsmotiven bildet, so ist es, andererseits, doch unzulässig, an jede Spuränderung eine neue Classenordnung zu knüpfen.

Zwischen der breitesten Spur, mit welcher Bahnen, welche Personen- und Güterverkehr führen (Gruben-, Erz-, Industrie- und Agriculturbahnen können hier nicht in Betracht kommen, da der Staat keinen oder doch nur ganz untergeordneten Einfluss auf ihre Herstellung und Manipulation nimmt), hergestellt worden sind, und der schmalsten, liegen, wie erwähnt, 17 verschiedene Spurweiten.

Willkürlich, aber nicht irrationell, wird es sein, diejenigen Linien, deren Spurweite geringer ist, als die sogenannte „Normale" *Bahnen minderer Spurweite.* von 1·435 Meter, ohne Rücksicht auf das Mass dieser Weite: „Bahnen minderer Spurweite" zu nennen.

---

*) Es ist z. B. nicht thunlich, die norwegischen Staatsbahnen, obwohl sie mit minderer Spurweite construirt sind, deshalb unter die „Bahnen minderer Ordnung" zu classificiren, in deren Rahmen sie zum grossen Theil dem Charakter ihrer Verkehre und ihrer Bedeutung für das Land nach doch nicht passen. D. V.

Als ein zweites Kriterium für die administrative Classificirung der Eisenbahnen ist allenfalls das Maximal-Mass der Ge- *Bahnen min-*
schwindigkeit, mit der die Bewegung auf ihnen er- *derer Fahr-geschwindig-*
folgt, benutzbar. *keit.*

Dieses Geschwindigkeitsmass übt auf die Construction der Bahnen, ihre technische, administrative und polizeiliche Manipulation beinahe ebenso vielfältige Gestaltungskraft aus, als das Spurmass.

Die Dimension der Curvenradien und Betriebsmitteltheile, die Construction des Bahnquerschnittes, die Stabilität des Oberbaues, die Handhabung des Dienstes in sicherheitlicher Beziehung, das Signal- und Bahnbewachungswesen, die Oeconomie der Personal-Ausnutzung etc. werden von ihr beeinflusst.

Hingegen unterscheidet sich ihr Einfluss von dem der Spurweite sehr wesentlich dadurch, dass er die, nach einem Mindermasse der Geschwindigkeit construirte Bahnanlage nicht von der Circulation des grossen Verkehrs ausschliesst, die Bewegung der Fuhrwerke der Hauptbahnen auf ihren Strecken gestattet und die Umgestaltung der Bahn nach steigenden Bedürfnissen leichter zulässt.

Als Classificationskriterium ist es daher willkürlicher als die Spurweite, besonders weil es, so lange die Geschwindigkeitsmessung für die Eisenbahnbewegung noch in der Kindheit liegt, schwer zu gewährleisten, schwerer zu controliren ist, und noch weit mehr in einander verlaufende Abstufungen zulässt, als die Spurweite. Immerhin ist das Geschwindigkeitsmass als Kriterium für die administrative Classification der Bahnen, trotz seinen fachlichen Unzulänglichkeiten, in Ermanglung eines Besseren, zu acceptiren, und man wird die Bahnen, deren polizeilich festgestellte, ihren Constructionen zum Grunde gelegte Maximalfahrgeschwindigkeit, unter der Mittlern der Bahnen des Landes liegt, auf denen sich Schnellzüge bewegen, etwa „Bahnen mit minderer Fahrgeschwindigkeit" nennen können.

Wieder um einen Schritt willkürlicher ist ein drittes, allenfalls acceptables Kriterium, welches sich durch administrative Manipulirbarkeit empfiehlt. Es beruht dies auf der Lage der Bahnlinie auf schon vorhandenem Wege, auf der Benutzung des Körpers von Staats- und Provinzial- etc. Strassen zur Einlegung einer Bahn in denselben.

Strassen-
bahnen.
Diese Form der Bahnanlagen hat durch die Bedeutsamkeit, die sie für die meisten Gegenden und Länder, die sich ausgebildeter wohlausgelegter Strassennetze erfreuen, besitzt, und die bei ihrer Herstellung auftretenden, ihnen specifisch eigenen, technischen und administrativen Verhältnisse, ein Anrecht auf besondere wirthschaftliche und legislatorische Behandlung erworben.

Ihre technische Gestaltung schattirt sich vom Pferdezug-Tramway bis zur frequenten Locomotivbahn schmaler und normaler Spur ab.

Man kann diese Form der Bahnanordnung schlechtweg mit dem Namen „Strassenbahn" charakterisiren, obwohl diese Bezeichnung den Begriff nicht präcise abgrenzt.

Mit diesen drei Kriterien: der Spurweite, des Geschwindigkeits-Masses und der Lage sind alle Momente erschöpft, die mit einer gewissen Berechtigung einer für administrative Zwecke nothwendigen Classification der Bahnlinien zum Grunde gelegt werden können.

Die Einführung aller weiteren Eintheilungsmotive zu Erzielung fernerer Kategorien muss zu technischen und Verwaltungs-Hindernissen und Complicationen führen und der Entwickelung des betreffenden wichtigen Theiles des Eisenbahnwesens hinderlich werden.

Nach dem Gesagten wird es daher nur statthaft sein, die Eisenbahnen überhaupt für administrative und technisch-polizeiliche Zwecke in vier Classen zu theilen:

Vier kritisch geschiedene Bahnclassen.
1. **Bahnen mit normalem Spur- und Fahrgeschwindigkeits-Mass;**
2. **Bahnen mit normalem Spur- und minderem Fahrgeschwindigkeits-Mass;**
3. **Bahnen mit minderem Spurmass;**
4. **Strassenbahnen.**

Gilt es nun, für die, unter den drei letzten Ziffern aufgeführten Bahnformen eine generelle, ihre fast unendliche Vielgestaltung deckende Bezeichnung zu finden und zu adoptiren, so empfiehlt es sich nach dem Gesagten, vor Allem, sowohl den bestimmten Zahlbegriff (Secundär-, Tertiär- etc.), als die Zwecksbezeichnung (Vicinal-, Local- etc.) davon fern zu halten und die **Natur derselben nur als eine solche zu bezeichnen, die an Leistungsfähigkeit, Zweck und Constructionsform, mehr oder** weniger weit unter der der Bahnen steht, die mit allen Facultäten ausgerüstet sind, grossen internationalen Verkehren nach Bedürfniss zu dienen. Es wird sich daher für diese Bezeichnung das allgemeine, unbestimmte Werthbezeichnungswort „minder" besonders empfehlen. Der den Gesammtbegriff der Bahnen der in Rede stehenden Art vielleicht am genauesten deckende Ausdruck wird daher sein:

„**Bahnen minderer Ordnung**". *Gesammtbezeichnung:*
Derselbe soll im Verfolge dieser Schrift ausschliesslich Anwendung finden. *Bahnen minderer Ordnung.*

Will man nun diesen drei Kategorien von „Bahnen minderer Ordnung" *), im Hinblick auf die Verpflichtungen des Eisenbahnwesens gegen die öffentliche Sicherheit und die Zwecke des Staates, durch staatliche Vorschriften gewisse charakteristische Formen geben, so muss dafür gesorgt sein, dass dieselben mit so weiten Contouren umschrieben, die betreffenden Vorschriften so allgemein gehalten seien, dass sie, mit Rücksicht auf das Ineinanderrinnen der Kategorien an ihren Grenzen, der Auslegung und Anwendung durch die entscheidende Intelligenz, und nach den Bedingungen von Ort und Zeit, einen möglichst weiten Spielraum gewähren und die möglichst weitgehende Individualisirung jeder Bahnanlage innerhalb ihrer Kategorie zulassen.

---

*) Wir werden, der Kürze halber, den Ausdruck zuweilen nur mit „Bahnen m. O." schreiben. D. V.

II. ABSCHNITT.

Grundbedingungen der Lebensfähigkeit und Entwickelbarkeit

der Bahnsysteme minderer Ordnung.

Grundbedingungen der Gesundheit des Verkehrslebens.
Die Grundbedingungen für die Gesundheit jedes Verkehrslebens sind: weitestgehende Generalisirung der Natur der Austauschmittel, und weitestgehende Individualisirung der heimischen Verhältnisse.

Austausch- mittel und heimische Verhältnisse.
Die Austauschmittel im Eisenbahn-Verkehrsleben sind die Betriebsmittel (mit gewisser Ausnahme der Locomotionsapparate), die heimischen Verhältnisse sind Anlagen und Einrichtungen.

Generalisirende Einwirkungen auf letztere motiviren sich nur insofern, als sie zur Erleichterung des Roulirens der Betriebsmittel in möglichst grossen Bereichen beitragen können. Hingegen rechtfertigen sich alle Bestrebungen, administrativer, ja selbst gesetz-
Generalisirende Einflüsse auf die Austauschmittel.
licher Art, welche auf Herbeiführung ausgebreitetster Gleichförmigkeit der Betriebsmittel - Constructionen, und unter diesen wieder vornehmlich derer der Güterwagen, in allen jenen Organen abzielen, deren Form bei dem Circuliren derselben über die weitesten Bahnnetze in das Spiel kommen.

Diese Einwirkungen, welche unbestreitbar mit einer gewissen Stabilisirung der betreffenden Constructionen verknüpft sind, erscheinen um so zulässiger, als rapide Umgestaltung jener Organe nicht zu erwarten ist, die grösstentheils zu den am reifsten entwickelten des Eisenbahnbetriebsmittel - Systems gehören. Die Elemente der Betriebsmittel-Construction, auf welche sich die verallgemeinernden Einflüsse vornehmlich zu erstrecken und vielfach schon erstreckt haben, sind in erster Reihe:

die Maximaldimension der äusseren Contour der Wagen;
die Spurweite;
die innere Distanz, Dimension und Neigung der Tyres;
die Form der Kuppelvorrichtung;
die Höhe und Distanz der Buffer.

Und in zweiter Reihe:

die Achsendistanz (Abstand der ersten und letzten steifverbundenen Achse jedes Fuhrwerkes);
das Profil der Güterwagen-Achse.

Theoretisch strenge Constructeure haben zwar gegen die Gleichgestaltung von Organen verschiedenen Zweckes und verschiedener Beanspruchung Bedenken erhoben, diese treten aber bis zum Verschwinden in der Praxis gegen die technischen und ökonomischen Vortheile der Allbenutzbarkeit und Verwendbarkeit der Betriebsmittel zurück.

Die administrativen und gesetzlichen Bestrebungen zur Herbeiführung dieser Gleichförmigkeiten werden sich auf alle Betriebsmittel der Bahnen von Normalspur (1·435 Met.) zu erstrecken haben, die nicht ausschliesslich für ganz besondere interne Verkehrszwecke derselben bestimmt sind, und die Anzahl der letzteren Betriebsmittel wird, aus staatswirthschaftlichen und militärischen Rücksichten, auf ein Minimum zu beschränken sein. Und zwar wird diese Generalisirung stattzugeben sein, gleichviel ob die Bahnen solche mit gewöhnlicher oder abgeminderter Fahrgeschwindigkeit sind. Fast vollständig von jeder Verallgemeinerung von Constructionsformen wird hingegen bei Bahnen minderer Spurweite abgesehen werden können. Man muss sich daran gewöhnen, diese als Inseln im Bereiche des Eisenbahnwesens zu betrachten, da der **Uebergang der Verkehre von Linien minderer Spurweite auf solche mit normaler, sich fast durch nichts vom Uebergange derselben von einem Verkehrsmittel ganz anderer Natur, vom Strom, Canal, Landstrasse auf die Bahn unterscheidet.**

Vermeidung von generalisirenden Einflüssen auf Linien minderer Spurweite.

Linien, die ihre Wesenheit so vollständig von der Allgemeinheit des Eisenbahnsystems scheidet, können ihre vollstmögliche Prosperität nur in der absolutesten Individualisirung aller ihrer Verhältnisse, die Betriebsmittel-Construction mit einbegriffen, erzielen.

Instinctives praktisches Gefühl hat die Engländer und schematische Tendenzen haben die Franzosen zu ziemlich conservativem Festhalten ihrer Güterwagen-Constructionen hingeführt und so eine gewisse Verallgemeinerung derselben erzielt.

Generalisirende Vereinbarungen der deutschen Eisenbahn-verwaltung, und der preussischen Regierung

In germanisch rationellerer Weise sind gleiche Bestrebungen durch die „Vereinbarungen der deutschen Eisenbahnverwaltungen" geübt worden, die ihren Ausdruck in der Redaction und facultativen Massgabe der „Grundzüge für die Gestaltung der Haupt-Eisenbahnen Deutschlands" und der „Grundzüge für die Gestaltung der secundären Eisenbahnen" gefunden haben. In noch directerer Weise hat die preussische Regierung auf die Erzielung jener Einheitlichkeiten durch Vereinbarungen über die Construction gewisser Wagentheile hingewirkt. Diese Vereinbarungen erstrecken sich nicht blos auf die oben erwähnten Hauptelemente, sondern auf noch andere Wagentheile, deren Anordnung nicht die Allgemeinverwendbarkeit bedingt, und sind in neuester Zeit sogar auf Versuche zur Reduction der Anzahl der Locomotiv-Constructionen ausgedehnt worden, die der Verfasser schon im Jahre 1870 dringend empfohlen hatte.*)

Knüpft sich nun Oekonomie und Transport-Leistungsfähigkeit der Betriebs- (Austausch-) Mittel im Eisenbahnwesen an deren **weitestmögliche Verwendbarkeit**, auf Grund der **Generalisirung ihrer Anordnungen**, so ist in noch weit höherem Masse die Manipulations-Leistungskraft der festen Anlagen einer Bahn (zu denen auch die Locomotionsmittel, die sie nicht verlassen: Locomotiven aller Art, fixe Maschinen, Seil- und Zahnradbetriebsapparate etc. zu rechnen sind) von deren strictester „**Individualisirung**" abhängig.

Individualisirung der festen Anlagen.

Desgleichen die **Oekonomie der Anlage**, wenn man die **vollständige Deckung des Leistungsbedarfs durch die Leistungskraft derselben**, ohne Ueberschuss an letzterer, **correct als solche bezeichnet**. Diese „Individualisirung" wird aber, wenn ihre Zweckerreichung nicht blos eine momentane sein soll, keine stabile, in schwer oder gar nicht abänderbaren Anlagen und

Die Lebendigkeit der Individualisirung.

Einrichtungen dargelegte, sein dürfen, sondern sie wird eine **lebendige sein müssen, die im Stande ist, dem Wachsen**

---

*) Die Schulung der Eisenbahnen für den Krieg im Frieden. Denkschrift von M. M. von Weber. Weimar, Voigt 1870.

und Welken der organischen Wesenheit einer Eisenbahn zu folgen.

Durch culturelle Entwickelung von Provinzen, Aufschlüsse von Productionsgebieten, Kohlen- und Eisenwerken, Ackerbaudistricten, durch Herstellung von Richtungs- und Abkürzungslinien, Anschlüssen, durch politische Gestaltungen u. s. w. werden Bahnen untergeordnetester Art, deren Verkehrsbedürfniss vielleicht durch Jahrzehnte kaum die primitivsten Anlagen, die simpelsten Betriebsmanipulationen motivirt hat, zu Linien von Bedeutung für den Weltverkehr mit kaum zu bewältigenden Massen. *Wachsen und Welken der Bahnlinien.*

So wird voraussichtlich z. B. die kleine Bahn von Banjaluka nach Novi in Croatien, die jetzt nur mit einigen Zügen in der Woche befahren wird, zur Section einer Weltbahn, wenn die türkischen Bahnen einerseits, die ungarischen andererseits sich an dieselbe anschliessen werden. Die Chemnitz-Riesaer Bahn, dem Bankerotte nahe, wurde zu einer der prosperirendsten Linien durch ihre Anschlüsse nach Berlin und verlor wieder einen grossen Theil dieser Bedeutung durch den Ausbau der Linien nach Leipzig und directerer Verbindungen mit dem Norden. Und zwar sind es fast immer dieselben, nur in anderen Richtungen wirkenden Momente, welche eine Bahn aufblühen und sie auch wieder abwelken machen.

Die wahrhaft wirksame „Individualisirung" wird daher nach zwei Richtungen zu erfolgen haben:
a) nach dem **Ort** und
b) nach der **Zeit**. *Individualisirung nach Ort und Zeit.*

Der Geist der fachlichen Leitung, der Ausführung und Manipulation einer Bahnlinie kommt in deren doppelter Individualisirung am prägnantesten zum Ausdrucke.

Ad a.

Die Geist- und Kritiklosigkeit, mit der das Traciren der Bahnen und das Projectiren ihrer Anlagen oft, ja meist geschieht, würde in Verwunderung setzen müssen, wenn sie nicht ihre Erklärung in der Heranbildungsform der Techniker fände. *Geist- und Kritiklosigkeit der Eisenbahn-Anlagen.*

Den meisten, selbst tüchtigen und pflichttreuen Leitern von Eisenbahn-Ausführungen schwebt die Herstellung einer „guten Eisenbahn" nach den usuellen Begriffen von einer „solchen" mit möglichst günstiger Horizontal- und Verticalprojection, möglichst wohlfeilem Bau, ökonomischem Betriebe vor. *Die „gute Eisenbahn" nach usuellen Begriffen.*

Diese Generalisirung des Begriffes einer „guten Eisenbahn"

— 14 —

ist aber nicht auf die Bureaux der Eisenbahnfachleute beschränkt geblieben; sie hat ihre Wirksamkeit auf die Administration, ja die Gesetzgebung ausgedehnt und zur Schematisirung und Normalisirung des Eisenbahnbaues und Betriebes geführt. In verschiedenen Ländern sind Normalien für den Eisenbahnbau, Generalregulative für den Eisenbahnbetrieb erlassen worden; in anderen hat man bei Concessionsertheilungen die Bau- und Betriebsformen bestehender Bahnen, vorschriftsmässig, auf die der neuzubauenden übertragen.

Die Normalisirung und Schematisirung der Bau- und Betriebsformen

So ist vor Allem der prägnanteste Ausdruck der Generalisirung in dem allgemeinen „*Cahier des charges*" in Frankreich entstanden. Ja man ist dort, wie in anderen Ländern, auch so weit gegangen, die Stationen in Classen zu theilen und für jede Classe einen Normalgrundriss bereit zu halten.

Nichts ist der Geistesbequemlichkeit willkommener gewesen, als diese Generalisirung des Begriffes der „guten Eisenbahn", welche das Normale, das Schema, das Regulativ an die Stelle schwerer Geistesarbeit und Verantwortlichkeit setzte; daher die weitverbreitete Pflege derselben.

In der That giebt es aber keine „gute Eisenbahn" als genereller Begriff, sondern nur eine zweckmässige Eisenbahn für jeden einzelnen Fall.

Die Physiognomie der Bahnen nach ihren Betriebsbedingungen gestaltet.

Jeder einzelne Fall stellt aber total andere Bedingungen auf, welche mit anderen Mitteln angestrebt werden müssen. Zwischen der Verkehrsnatur und der Wahl der Trace besteht ein inniger Zusammenhang. Eine Bahn, deren Massenverkehr zu Thal geht, wird im selben Terrain eine ganz andere Trace verlangen, als eine andere, deren Massen sich zu Berg bewegen. Eine Linie, auf welcher der Güterverkehr ohne Widerspruch dominirt, wird anders auszulegen sein, als eine andere, bei der die Schnelligkeit des herrschenden Personenverkehres die erste Rücksicht beansprucht. Die Physiognomie einer Bahn, von welcher die Concurrenz des Meeres für immer den Massengütertransport ausschliesst, wird eine andere sein müssen, als die der völlig continentalen Linie; eine Touristenbahn wird anders zu disponiren sein als eine Erz- oder Kohlenbahn.

Noch intensiveren Einfluss als auf die Bahntrace äussert die specifische Verkehrsnatur jeder Linie auf die Wahl der Oberbauconstruction, des Systems der Niveau- oder Ausserniveau-

Kreuzungen der Bahnen und Wege, der Construction und Vertheilung der Betriebsvorrichtungen, Wasserstationen und Ausweichstrecken etc.

Am absurdesten kommt das Princip der Generalisirung bei den Stationsanlagen zum Ausdruck, welche doch jeder Bahnlinie die eigentliche Physiognomie zu geben haben. *Absurdität der Stationsnormalien.*

Die Normalpläne für die *a priori* nach Classen eingetheilten Stationen können nicht darauf Rücksicht nehmen, ob auf einer Station der Personen- oder der Güterdienst dominirt und welcher Art letzterer ist, ob er Rohproducte oder feinere Waaren, Wagenladungen oder Stückgüter, Vieh- oder Früchteverkehr etc. als Hauptsache zu behandeln hat.

Fast jedes specifisch örtliche Erforderniss wird die Construction der Stationen aus dem „Normale" herausdrängen, wenn ihm wirklich entsprechend Rechnung getragen werden soll. Eine Badeort- und Touristen-Station wird anders anzuordnen sein, als die für grossen Marktpersonenverkehr; der Kohlen- und Holz-, der Erz-, der Getreide-, der Früchteverkehr etc., jeder prägt der Station, die er beherrscht, einen bestimmten Charakter auf, so dass man ohne Irrthum annehmen kann, dass fast jede nach einem, *a priori* generalisirend geschaffenen „Normale" ausgeführte Anlage eine verfehlte, den Ortsbedingungen in keinem Falle ganz entsprechende sein werde und, über kurz oder lang, eine mit Opfern verknüpfte Umgestaltung erfahren müsse.

Eben so, wie nur von Fall zu Fall projectirte Anlagen den Ortsbedingungen Rechnung tragen können, so kann auch nur das dem Localverkehre dienende Betriebsmaterial demselben gemäss wirken, wenn es nach dessen Bedingungen construirt ist.

Was für die Technik einer Bahnlinie in dieser Richtung gilt, gilt selbstverständlich auch für deren Administration.

So ist es die „**Individualisirung der Bahnanlagen und Einrichtungen nach dem Orte**", die nicht allein die vollstmögliche Erreichung von deren Zwecken mit grösstmöglicher Oekonomie bedingt, sondern auch die Handhabe für die Beurtheilung liefert, in welcher Weise die betreffende Bahnlinie in das Leben zu rufen sein wird: Ob es dem Interesse des Staates entspricht, sie selbst zu schaffen, oder ihre Entstehung unter Mitwirkung der Provinzen, Gemeinden, *Individualität einer Bahn bestimmt die Form ihrer Insleben-rufung.*

Adjacenten etc. durch entsprechende Mittel zu fördern, oder ob es sich empfiehlt, diesen oder dem freien Capitale die Inslebenrufung zu überlassen. Die Individualisirung einer Bahnanlage nach den Ortsbedingungen wird auch die kritischen Momente für ihre administrative Einschaltung in eine der vier oben aufgeführten Kategorien der Eisenbahnsysteme liefern. Lebhaft gegenwärtig wird man sich hierbei die jenen vier Kategorien specifischen Eigenschaften und Anwendbarkeiten halten müssen, die, besonders die dritte Kategorie, von den ersten beiden drastisch scheiden.

Es würde zu weit führen und dem Zwecke dieser Schrift nicht entsprechen, wenn diese Eigenschaften und Anwendbarkeiten hier nochmals behandelt werden sollten. Es möge daher hier die Verweisung auf drei Schriften des Verfassers, in denen dies in erschöpfender Weise geschehen ist,*) und die Aufführung der Schlussresultate genügen, zu denen die Erörterungen über die Verwendbarkeit der Bahnen der dritten obigen Kategorie (mit minderer Spurweite) geführt haben.

Verwendbarkeit des Schmalspursystems.

Aus v. Weber: „Die Praxis des Baues und Betriebes der Secundärbahnen", pag. 118 ff.

Verwendbarkeit des Schmalspursystems.

1. Als specifisch dem Wesen des Verkehres entsprechend, wird das Schmalspursystem überall da zweckmässige Anwendung finden, wo es gilt, isolirte Verkehre einfacher Natur, besonders aber Transporte von Materialien zu bewältigen, die sich in beliebiger Form und in beliebigen Lastabschnitten verladen lassen (Erz, Holz, Steine etc.) und deren Ueberführung auf andere Transportmittel mit nur sehr wenig Aufwand an manueller und administrativer Arbeitskraft und an Betriebs-Manipulation, ferner mit wenig Gefahren für die Transport-Gegenstände und äusserst geringer Deteriorirung der Qualität derselben bewirkt werden kann.

2. Jede Zunahme der Complication der Verkehre vermindert die specifische Eignung des Schmalspursystems für die Besorgung derselben.

---

*) „Die Praxis des Baues und Betriebes der Secundärbahnen mit normaler und schmaler Spur, welche Personen- und Güterverkehr führen." Weimar, Voigt. „Die Secundär-Eisenbahnen mit normaler Spurweite und langsamer Fahrbewegung." Weimar, Voigt. „Individualisirung und Entwickelbarkeit der Eisenbahnen." Leipzig, Teubner.

3. Der Personen- und Thierverkehr, die militärische Leistung sind dem Schmalspursystem incongruent.

4. Die Anlage schmalspuriger Bahnen für complicirtere, vielleicht sogar aus Personen- und Güterverkehr zusammengesetzte Verkehre, motivirt sich höchstens da, wo die Gesammtverkehrsmassen sehr gering sind, auch auf lange Zeit hin sich nicht wesentlich vermehren können, der Personenverkehr nur einen sehr bescheidenen Raum darin einnimmt, und das reisende Publikum in Bezug auf Wagen-Accommodation nicht verwöhnt ist.

5. Absolut der Natur des Systems entgegen ist dessen Anwendung auf Linien, bei denen ein complicirter Güterverkehr und der Personenverkehr gleichwerthig auftritt, oder gar der Schwerpunkt der Rentabilität des Unternehmens in letzterem gesucht werden muss.

6. Ueberall da, wo eine Modification der Verkehre nach Natur, Masse und Complication derselben, oder gar der Hinzutritt des Thiertransportes, in fernerer oder näherer Aussicht steht, ist die Anlage einer Normalspurbahn, sie sei so leicht und primitiv als sie wolle (zum Beispiel unter Anwendung gebrauchter Oberbaumaterialien etc.) ausgeführt, immer der einer Schmalspurbahn vorzuziehen.

Alle die Momente, welche die Individualisirung der Eisenbahnen nach den localen Bedürfnissen zur Grundbedingung ihrer Prosperität, ja sogar ihrer Lebensberechtigung und Fähigkeit machen, erlangen weitaus erhöhtes Gewicht bei Errichtung und Manipulation der Bahnen minderer Ordnung. Bei deren meist geringfügigeren Verkehren und Leistungsfähigkeiten fallen Verstösse gegen die stricteste Oekonomie in Bau und Betrieb weit schwerer in's Gewicht, als bei Linien grosser Geschäftsthätigkeit und starkem Capitalumsatz.

Man darf daher, mit noch grösserer Sicherheit als für die Normalbahnen, die stricte Individualisirung der Anlage und Manipulation nach den localen Erfordernissen, als unerlässliche Grundbedingung für die Prosperität, ja die Lebensfähigkeit der Bahnen minderer Ordnung bezeichnen. *Individualisirung nach dem Ort in noch höherem Masse für Bahnen minderer Ordnung. Existenzbedingung.*

Ad b.

Bedeutsamkeit der Individualisirung nach der Zeit.

Fast noch bedeutsamer für die Entwickelung der Eisenbahnlinien und Systeme minderer Ordnung als die Individualisirung der Linien nach dem Orte, ist die nach der Zeit.

Weise von den Begründern, vornehmlich aber von der Gesetzgebung und Staatsadministration gehandhabt, oder befördert, wird die Individualisirung nach der Zeit eine grosse Anzahl, ja

Entwickelbarkeit der Bahnen zu höherer Ordnung.

vielleicht die allermeisten der jetzt noch zu schaffenden Bahnlinien als solche minderer Ordnung in das Leben treten lassen, aber ausgerüstet mit der Fähigkeit, sich zu Bahnen beliebigen Grades höherer Ordnung zu entwickeln.

Es ist nicht zu viel gesagt, dass in der „Individualisirung nach der Zeit" die ganze Zukunft der noch kommenden Eisenbahnsysteme beruhe, und dass, aus dem bisherigen Verkennen der Nothwendigkeiten derselben, ein grosser Theil des Nothleidens und der Krankheiten der schon bestehenden Systeme erwachsen sei.

Schwierigkeit der Individualisirung nach der Zeit.

Allerdings erfordert die Individualisirung nach der Zeit eine noch weit grössere fachliche und administrative Weisheit seitens des Staates, weit mehr wirthschaftliche und technische Fernund Umsicht bei Gestaltung der Verwaltung und Technik einer neuen Bahn, als die locale Individualisirung derselben.

Keine Eisenbahn hat stabile Verhältnisse; die Beanspruchung ihrer Anlagen und Institutionen kann binnen Kurzem sich auf das Vielfache steigern, so dass sie sich in keiner Weise mehr derselben gewachsen zeigen; oder diese Beanspruchung kann auch sinken, so dass jene Institutionen und Anlagen bald einen unökonomischen Ueberschuss von Leistungsfähigkeit aufweisen.

Die Erfahrung lehrt, dass Letzteres seltener zu Tage getreten, dass die Beanspruchung der Bahnen selten unter die ihrer ersten Anlage gesunken ist, und der Fall verdient daher auch mindere Berücksichtigung.

Wohl aber befinden sich die gewissenhaften Errichter einer Bahn, angesichts der voraussichtlichen Steigerung, oder anderer weitgehender Modification ihrer Beanspruchung, gedrängt, zwei Fragen vor Allem sich zu beantworten.

Erstens: sollen sie ihre Veranstaltungen in jeder Beziehung derart treffen, dass die Leistungsfähigkeit derselben, gleich bei der Schaffung, auch dem kommenden Bedürfniss auf lange Zeit hinaus gemäss sei? oder: *(Zwei Prinzipalfragen bei Schaffung einer Eisenbahn.)*

Zweitens: Sollen sie nur dem Erforderniss der Zeit der Errichtung gemäss schaffen und der Zukunft die Umgestaltung überlassen?

Die bejahende Antwort auf obige erste Frage entspricht den Maximen der meisten autodidaktischen Praktiker oder einseitig ausgebildeten Eisenbahn-Fachmänner und ist fast immer die des kurzsichtigen, so häufig im Eisenbahnwesen leitend gewordenen Dilettantismus gewesen.

Man lief dabei viererlei Gefahren: *(Gefahren der Bejahung der ersten Frage.)*

a) entweder, in ausgedehnten Anlagen und Institutionen so lange ein grosses Capital unfruchtbringend angelegt zu haben, bis, so zu sagen, der Leib der Bahn in die zu weite Haut hineingewachsen war; oder

b) dass die Steigerung der Beanspruchung, auf welche die Anlagen berechnet waren, gar nicht eintrat, wo dann das Capital ganz unnütz aufgewandt war; oder

c) dass die Steigerung noch grösser als die erwartete war; oder

d) dass sie in einer Form eintrat, für welche die ursprünglichen weiten Anlagen und Institutionen denn doch nicht passten.

In letzteren drei Fällen war die Anlage immer eine total verfehlte.

Da nun kein Mass menschlicher Um- und Voraussicht hinreicht, diese Gefahren zu vermeiden, so sind sie sehr häufig, ja man kann sagen, bei den allermeisten Eisenbahnschaffungen, in Gestalt von unökonomischen, missrathenen, unzweckmässigen Veranstaltungen und Anlagen in das Leben getreten, deren Umgestaltung, Wegreissung, Beseitigung mit grossen Kosten meist nicht nur einmal, sondern mehrmal nothwendig wurde, damit den Grund zu finanziellen Verlegenheiten und einem Anlage-Flickwerk legend, mit dem man sich, in wenig ökonomischer Weise, nothdürftig behilft und welches doch dem Zwecke fast niemals vollständig entspricht. *(Daraus resultirende Kosten und Flickwerke.)*

Die Uebelstände traten um so gewichtiger und ruinöser hervor, je sicherer die Schöpfer der Veranstaltungen ihrer Sache gewesen waren, je unabänderlicheren, „soliden" Charakter sie ihnen gegeben hatten, je grösser der Widerspruch zwischen den monumentalen

Anlagen der Bahn und der Geringfügigkeit und dem Charakter ihrer Verkehre und ihrer pecuniären Mittel war.

Gefahren der Bejahung der zweiten Frage. Ganz denselben Beschwerden, Kosten und Lasten setzten sich natürlich die weit selteneren Bekenner der zweiten Maxime aus, die nur dem Zeitbedürfnisse durch die Anlagen Rechnung getragen wissen wollten; nur treten hier die Gefahren, bei der minderen Bedeutung der aufgewandten Capitalien, etwas milder auf.

In der That kann der geistige Blick nur mit staunendem Bedauern über die zahllosen Ruinen schweifen, die aus dem wiederholten Abbruch monumentaler, kostspieliger Bahnanlagen entstanden sind, noch beklagender aber ruht er auf noch zahlreicheren, bestehenden Anlagen und Einrichtungen, deren Leistungsfähigkeit über oder unter ihrer Beanspruchung steht und in deren Bereich die Betriebsmanipulation mit unverhältnissmässigen Mühen und Kosten geführt wird.

Vornehmliche Ursachen der Missgriffe. Verwechslung der Natur der Eisenbahntransporte mit der der Beförderungen von Post und Telegraphie. Die Schuld daran trägt das Verkennen der Natur des Eisenbahnbetriebes als einer eigentlichen, unaufhörlich Ziel und Weg wechselnden Industrie, und die Verwechslung dieser Natur mit der von Staatsinstitutionen wie Post und Telegraphie, die beide die Werthe ihrer Transportgegenstände nicht durch die Manipulation ändern, wie es das Eisenbahnwesen durch den Zuschlag seiner Frachtsätze zu jenem Werthe thut. Der Werth eines hundert Meilen weit transportirten Centners Kohle verdoppelt sich, der eines hundert Meilen weit beförderten Briefes bleibt ungeändert.

Eisenbahn-Manipulation ist eine werthverändernde wahrhafte Industrie. Deshalb ist die Manipulation der Post- und Telegraphie eine specifische Staatsfunction, die des Eisenbahnwesens ist eine Industrie. Als solcher ist ihr, wie jeder Industrie, der unablässige Formwechsel immanent und die monumentale Stabilität von Anlagen und Einrichtungen, in denen und durch welche diese Industrie getrieben wird, steht im directen Widerspruche zu der Natur derselben.

Weise haben die genialen Schöpfer grosser industrieller Anlagen diesen stets einen den Bedürfnissen leicht und wohlfeil anzupassenden, provisorischen Charakter bewahrt und diese behielten ihn, so lange sie mit Liebe als Eigenschöpfungen gepflegt wurden und prosperirten.

Als die Actiengesellschaften, oder die Staaten, welche die Etablissements erwarben, die Anlagen in „solide" Prachtbauten verwandelten, bezahlten sie diese Unnatur sofort mit dem Sinken der Prosperität.

Eine andere Auffassung lässt auch die Industrie des Eisenbahnwesens nicht zu, wenn sie der Natur desselben entsprechen soll, und der Ausdruck dieser Auffassung ist die „Individualisirung der Eisenbahn-Anlagen und Einrichtungen nach der Zeit."

Diese Individualisirung schreibt vor: *Bedingungen der Individualisirung nach der Zeit*

1. Wahl der Trace und der Horizontal- und Vertical-Projection der Bahn nach dem Zeitbedürfniss, aber mit stetem Hinblick auf die Möglichkeit, an beiden mit dem Steigen oder sonstigen Modificationen der Beanspruchung, Verbesserungen ausführen zu können.

Dabei ist die Entscheidung und Wahl nicht leicht, ja recht eigentlich Sache der hohen fachlichen Bildung, ja der genialen Umsicht. Ob die Gleichausführung einer vortheilhaften Curve oder Steigung in Anlage und Betrieb ökonomisch vortheilhafter sei, oder die spätere Verbesserung einer jetzt nur gerade ausreichenden Construction, kann nur das gebildete Talent entscheiden. Technische, wirthschaftliche, finanzielle, betriebliche und bauliche Momente kommen dabei in das Spiel und machen die Erwägung zu einer der schwierigsten und complicirtesten, die es giebt.

Dabei gehört der Gegenstand unter die allerwichtigsten im Eisenbahnwesen der Zukunft, und es haben daher die Amerikaner, die genialen Vorgänger im praktischen Fortschritte des Eisenbahnwesens, demselben grosse Aufmerksamkeit zugewendet und ihre eminentesten Fachleute haben sich damit beschäftigt.*) *Amerikanische Maximen der Individualisirung nach der Zeit.*

Sie sind zu der Ansicht gekommen, dass, im Allgemeinen, die dem Zeitverhältnisse nur genau entsprechende, aber mit Rücksicht auf spätere Modification ausgeführte Anlage die ökonomischste und am meisten vor zu bereuenden Missgriffen schützende sei.

2. Leichter zu erfüllende Bedingung der Individualisirung nach der Zeit ist die „industriegemässe" Ausführung aller Hochbauten und Betriebseinrichtungen der Bahnen, denen dadurch eine Art von provisorischem Typus für alle Zeiten erhalten bleiben muss. *Conservirung des provisorischen Typus der Anlagen.*

---

*) *Railroad Gazette. Vol. VIII u. IX. The justifiable Expenditure for Improvement in the Alignement of Railways. Arthur Wellington.*

Dieser Typus braucht die Zierlichkeit und Anmuth der Form nicht auszuschliessen, sondern führt, im Gegentheile, zu einer die Natur des Eisenbahnwesens verkörpernden, baulichen Charakteristik, die der Erscheinung der Anlagen nur vortheilhaft sein kann. Die Ausdehnung der Eisenconstruction auf ganze Baulichkeiten (wie für Zwecke des Güterverkehrs in Preussen, England und Amerika schon vielfach geschehen), die deren Auseinandernahme, Vergrösserung, Versetzung gestattet, wird hierzu vielfach Mittel bieten.

Zeit-Individualisirung des Oberbaues und der Betriebsmittel. Ferner fordert die Individualisirung nach der Zeit bei der Construction des Oberbaues zur Rücksichtnahme auf die Füglichkeit auf, ihn, mit möglichst geringer Störung, durch leistungsfähigeren ersetzen, seine Elemente aber auf Linien minderer Ordnung wieder weiter verwenden zu können. Dasselbe gilt kaum weniger von Betriebs-Vorrichtungen: Weichen, Drehscheiben, Wasserstationen und den localen Betriebsmitteln, bei deren Anordnung die Zurückversetzung auf Linien minderer Beanspruchung unausgesetzt im Auge zu behalten ist.

Kann nun überhaupt dem organischen Leben der Eisenbahnen aller Ordnungen nur durch geistvolle Individualisirung Rechnung getragen werden, so ist dies in ganz besonderem Masse bei denen minderer Ordnung der Fall; da, wie schon erwähnt, die Lebensfähigkeit der meisten derselben davon abhängt, dass der Aufwand für ihre Herstellung und ihren Betrieb, frei von jeder Schablone, auf das Stricteste ihren Leistungserfordernissen angepasst werde, nicht das geringste Plus über das Nothwendigste zeige, aber auch durch Mangelhaftigkeiten nicht die Oekonomie der Manipulation beeinträchtige.

Damit dies geschehen könne, wird es, bei den anfänglich meist überaus schwachen oder langsamen Verkehren der Linien dieser Ordnung, zweckmässig sein, ihre Anlage, Ausrüstung und Manipulation mit einem an Kargheit grenzenden Masse von Einfachheit zu gestalten, die Individualisirung nach der Zeit aber in ausgedehnteste Wirksamkeit treten zu lassen.

Irrige Vorstellungen u. Missverständnisse, die bisher die genügende Individualisirung der Bahnen verzögert haben. Dass das Gewicht dieser Anschauungen bisher viel zu wenig gewürdigt worden ist, dass man im Gegentheile im Publikum, unter den Fachleuten in den Regierungskreisen und den gesetzgebenden Körperschaften, wenn man von Bahnen minderer Ordnung handelte, immer noch nicht die Formen und die Natur der Hauptbahnen, mit denen wir reisen, vergessen kann und sie unwillkürlich in die Vorstellung von den Bahnen minderer Ordnung überträgt, ist Ursache gewesen, dass die Entwickelung der Systeme jener Linien, von denen die Zukunft unseres gesammten Eisenbahnwesens abhängt, bisher verhältnissmässig durch alle jene Factoren so wenig Förderung, ja, fast allenthalben, durch die Missverständnisse der Administration und Gesetzgebung, geradezu Verzögerungen erfahren hat.

III. ABSCHNITT.

Staatliche Beeinflussung der Technik
der Bahnen minderer Ordnung.

Einwirkungen des Staates auf die Entwickelung der Bahnen minderer Ordnung.
Die Einwirkungen des Staates auf die Entwickelung des Systems der Eisenbahnen minderer Ordnung können von zweierlei Art sein: legislative und administrative. Der Schwerpunkt der ersteren wird, folgerichtiger Weise, mehr in Regelung von Eigenthums- und Finanzverhältnissen, der der anderen in der Beeinflussung der technischen Angelegenheiten, diese im weiteren Sinne genommen, beruhen müssen.

Die Finanz- und Eigenthumsverhältnisse erfordern nicht allein zum grossen Theile die legislatorische Feststellung, sondern dieselbe ist bei deren stabilerer, mehr von Entschliessungen und Willensmeinungen, als von unbeeinflussbaren, äusseren Einwirkungen unabhängigerer Natur, weniger durch die Langathmigkeit und Schwerabänderlichkeit der legislatorischen Manipulationen gefährdet, als die technischen, die sowohl den Fortschritten im Fach, als den wechselnden Bedingungen des Eisenbahnbaues nach Ort und Zeit zu folgen haben. Wir kommen hierauf weiter unten zurück.

Bedenklichkeit legislatorischer Einwirkung auf technische Verhältnisse.
Es ist daher überaus bedenklich, technische oder commercielle Bestimmungen in Gesetze aufzunehmen, da dann deren Modification nur unter der zeitraubenden Mitwirkung der legislatorischen Körperschaften erfolgen darf, während es unter Verhältnissen äusserst erspriesslich sein kann, jene Modificationen plötzlich eintreten zu lassen, um dem Zeitfortschritte des Faches oder dringenden Zeitbedürfnissen Rechnung tragen zu können.

Wenn aber dergleichen schwer abänderbare Bestimmungen schon oft sehr hinderlich, ja verderblich für die Manipulation von Bahnsystemen werden können, die aus Linien annähernd normaler Ordnung bestehen, deren Verhältnisse schon festere Formen erhalten haben, so müssen sie geradehin verhängnissvoll für Bahncomplexe minderer Ordnung werden, deren Schaffung zum grossen Theile auf der Erwartung von Umgestaltungen ihrer Verhältnisse nach „oben hin" beruht; deren ganze Wesenheit es verlangt, dass sie sich, wie wir im vorigen Abschnitte darlegten, den Orts- und Zeitverhältnissen geschmeidig bequemen können, wenn sie ihren Zwecken angemessen dienen sollen.

Je weniger daher von ihrer technischen Gestaltung in die schwerbewegliche Gesetzgebung, je mehr davon, in so weit man sie nicht ihrer natürlichen Selbstentwickelung überlassen kann oder will, in die Administration gelegt wird, um so vollständiger wird ihre Wesenheit mithin im Zeitbedürfnisse stehen, um so vollständiger werden sie ihren Platz im Verkehrsleben des Staates ausfüllen können. *Verlegung des Schwerpunktes der staatlichen Eisenbahn-Manipulation in die Administration.*

In der That ist der Versuch, die technischen und administrativen Verhältnisse der Eisenbahnen bis in das Detail hinein durch allgemeingiltige Gesetze zu regeln, nur in einem der grossen Eisenbahnculturländer, in Frankreich, gemacht worden, und zwar durch das, dem Gesetze vom 11. Juni 1859 angefügte, durch die Gesetze und Decrete vom 11. Juni und 25. August 1863 modificirte „allgemeine Bedingnissheft" *(Cahier des Charges général.)* *Versuch der legislatorischen Regelung der Technik der Eisenbahnen in Frankreich.*

Einige ziemlich unwesentliche Bestimmungen dieser Bedingnisshefte sind später zu Gunsten der Localbahnen *(Chemins de fer d'Intérêt local)* durch das Gesetz vom 12. Juli 1865 aufgehoben worden. Wir kommen auf die Kritik der Einflüsse dieser legislatorischen Massnahmen weiter unten zurück. *Allgemeines Bedingnissheft (Cahier des Charges général).*

Die staatlichen Einwirkungen auf die Technik des Eisenbahnwesens sind von zweierlei Art. Zunächst solche durch permanente Kundgebungen: Gesetze, Verordnungen, Concessionsbestimmungen, Regulative. *Duplicität der staatlichen Einwirkung auf das Eisenbahnwesen.*

Sodann solche zeitlicher Natur, die meist als Consequenzen der prophylaktischen und kritischen Functionen der Staatoberaufsicht über die Eisenbahnen, Prüfung und Beurtheilung der Projecte und Massnahmen, erscheinen.

<small>*Richtungen der Staatseinwirkungen auf die Technik.*</small>

Der weitaus grösste Theil der staatlichen Einwirkungen auf die Technik des Eisenbahnwesens betrifft die Wahrung der Sicherheit beim Bau und Betrieb der Bahnen. Und zwar vornehmlich die Sicherung von Leib, Leben und Eigenthum der Passagiere, Functionäre und Versender gegen Unfälle durch Mängel der Bahnanlage und des Bahnbetriebes; Sicherung des Eigenthums der Adjacenten und Sicherung des Verkehres neben der Bahn und über dieselbe. Hierzu kommt noch die Sicherung der Pflichterfüllung der Bahnunternehmung als Staatsmitglied.

In diesen Richtungen werden sich auch die staatlichen Einwirkungen auf die Systeme der Bahnen minderer Ordnung zu bewegen haben.

Bei der Unreifheit der Anschauungen, die in Bezug auf die Begriffe und die Gestaltung der Eisenbahnen minderer Ordnung zur Zeit noch herrschen, ist man nun von Seiten der Staatsverwaltungen <small>*Vorsicht der Staaten in Bezug auf allgemeine gesetzliche Massnahmen die Technik der Bahnen minderer Ordnung betreffend.*</small> mit vollem Recht nur zögernd mit den permanenten und allgemeinen Einwirkungen auf die Gestaltung der betreffenden Systeme vorgegangen. Die meisten haben sich derselben noch ganz enthalten. Wir sagen zögernd, und doch haben alle in dieser Richtung gehenden Versuche, durch Beengung der Entwickelung, weit eher hemmend als fördernd auf diese eingewirkt.

Diese Einwirkungen sind erfolgt:

<small>*England: Vict. 31, 32 c. 119. Art. V. 27, 28, 29. Light Railways.*</small> In England durch das Gesetz vom 31. Juli 1868: *"An Act to amend the law relating to Railways; Art. V. 27, 28, 29. "Light Railways" Vict. 31, 32 c. 119."* Wir geben Uebersetzung dieses Gesetzes nebst den dazu gehörigen Anlagen im Anhange unter I.

<small>*Frankreich: Loi relative aux chemins de fer d'interêt local. 12 Juillet 1865.*</small> In Frankreich durch das Gesetz vom 12. Juli 1865: *"Loi relative aux chemins de fer d'interêt local"*. Die Verhältnisse der einzelnen Bahnlinien werden übrigens durch „Bedingnisshefte" im Detail festgestellt, die nach dem *„Cahier des Charges général"* formulirt sind. Wir geben Uebersetzung dieses Gesetzes im Anhange II und die eines Bedingnissheftes für die Herault-Secundärbahnen im Anhange III. Ein weiterer Versuch der Förderung der Systeme ist durch den Entwurf zu einem Gesetze, das wir im <small>*Frankreich: Projet de loi. Rel. aux chemins de fer sur l'accôtement des routes. 17 Mars 1875.*</small> Anhange IV geben (nebst zubehöriger Betriebs- und Bauordnung unter V): „Die Verwendung der öffentlichen Strassen zur Anlage von Eisenbahnen betreffend", gemacht werden *(Projet de loi relative aux chemins de fer sur l'accôtement des routes. 17 Mars 1875).*

In Bayern durch das Gesetz vom 29. April 1869, „die Aus- *Bayern: Gesetz vom 29.*
dehnung und Vervollständigung der bayerischen Staatsbahnen, dann *April, Er-*
Erbauung von Vicinalbahnen betreffend". Wir geben dieses Gesetz *bauung von Vicinal-*
im Anhange VI. *bahnen betr.*

Der germanische Geist, der dem gesammten deutschen Eisenbahnsysteme durch freie Wechselwirkung zwischen Staats- und Privatbahnen und gemeinschaftliches Zusammen- und Nebeneinanderwirken beider, ein so specifisch selbstthätiges, man könnte fast sagen, demokratisches Gepräge gegeben hat, hat auch für Selbstregulirung der technischen Verhältnisse des Eisenbahnwesens Sorge getragen und diese mittelst der Bearbeitung von „Grund- *Deutschland:*
zügen für die Gestaltung der secundären Eisen- *für die Ge-*
bahnen (1876)" durch die technische Commission des Vereines *secundären*
deutscher Eisenbahn-Verwaltungen, auf die Bahnen minderer Ord- *Eisenbahnen.*
nung ausgedehnt.

Unter Benutzung der letztgenannten Arbeit hat denn die k. preus- *Preussen:*
sische Regierung unterm 10. Mai 1877 eine „Sicherheits- *ordnung für*
ordnung für normalspurige Eisenbahnen (minderer Ord- *rige Eisen-*
nung) Preussens" erlassen, die wir in dem Anhange VII mittheilen. *Preussens.*

Ungarn besitzt keine allgemeinen gesetzlichen, die Technik *Ungarn:*
der Bahnen minderer Ordnung betreffenden Bestimmungen, doch *für Bahnen*
sind die technischen Formen derselben durch Bearbeitung von *Ordnung.*
„Normalien für Bahnen II. und III. Ranges beeinflusst worden, nach denen die Ausführung der zahlreichen in Ungarn vorhandenen Bahnen dieser Art erfolgt ist.

Die Schweiz hat den Concessionen zu den verschiedenen *Schweiz:*
zum Theil schmalspurigen Bahnen minderer Ordnung, die auf *hefte (Cahiers*
ihrem Areale entstanden sind, umfassende, die technischen Ver- *des Charges).*
hältnisse derselben von Fall zu Fall, aber ungefähr nach demselben Schema ordnende Bedingnisshefte beigegeben.

In Oesterreich erfolgt die technische Beeinflussung der *Oesterreich:*
Bahnen minderer Ordnung durch ausführliche, den Concessions- *stimmungen*
Urkunden angefügte Bestimmungen. Wir geben als Muster eines *cessions-Ur-*
solchen Actenstückes die Concessions - Urkunde der „Secundär- *kunden.*
bahn" Leobersdorf-St. Pölten im Anhange VIII.

Werfen wir nun eingehendere Blicke auf die Erfolge der in den verschiedenen Staaten verfolgten Methoden, die Entwickelung und Gestaltung der Bahnen minderer Ordnung in technischer Beziehung zu beeinflussen.

Das engl. Gesetz „light Railway" betr. vom 31. Juli 1868.

Das englische Gesetz (Anhang I) vom 31. Juli 1868 schreibt in einem, dem Gesetze angefügten Formulare (Anhang I a) vor, welche ziemlich detaillirten Auskünfte der Petition einer Gesellschaft, eine Bahn als „leichte Bahn" *(„light Railway")* ausführen zu dürfen, beizugeben sind. Diese Auskünfte basiren sich immer auf die Voraussetzung, dass schon ein vom Parlamente genehmigtes Project in der Form der Normalbahnen vorhanden sei. Das Gesuch strebt daher nicht die directe Genehmigung des Projectes zu einer „leichten Eisenbahn" an, sondern die der Abänderung eines vorhandenen Projectes nach den Erfordernissen der „leichten Eisenbahnen" und die Gestattung, die so modificirte Bahn nach den Formen dieser Bahngattung betreiben zu dürfen. Der erste Theil der Auskünfte giebt daher die graphische Darstellung der Modificationen, welche das genehmigte Project erfahren soll, durch Eintrag derselben in die betreffenden Zeichnungen mit rother Farbe.

Princip des Gesetzes.

Die anderen geben dann Notizen in Betreff der Vertical- und Horizontalprojectionen der Bahn, der hauptsächlichen Erd- und Kunstarbeiten, Niveauübergänge, Wegeverhältnisse; ferner Beschreibung des Oberbaues, der Betriebsmittel und Stations-Constructionen, Angabe der grössten beabsichtigten Fahrgeschwindigkeit, Anschlag des erwarteten Verkehrs und Specification der durch die Construction als „leichte Bahn" erzielten Ersparnisse.

Das Gesetz selbst behält, sehr praktisch, die Art und Weise, nach der „leichte Eisenbahnen" construirt werden sollen, den Bestimmungen vor, welche die Oberaufsichtsbehörde über das Eisenbahnwesen (der *Board of Trade*, Handelsministerium) von Zeit zu Zeit erlassen wird, und fixirt die Ausgangspunkte für sämmtliche Constructionen und Organisationen nur in den aller allgemeinsten Umrissen durch blos zwei Bestimmungen:

Allgemeinheit der Bestimmungen des Gesetzes.

1. dass die Belastung keiner Achse grösser als acht Tons,
2. dass die Fahrgeschwindigkeit nicht grösser als 25 Meilen in der Stunde sein dürfe.

Alle Vielfältigkeiten der Formen, die nicht ausserhalb dieses sehr weiten Rahmens liegen, erscheinen dem Gesetze als zulässig.

Sehr charakteristisch für englische Gesetzgebung bedroht das Gesetz (§ 28) für jeden Fall, wo eine Achse stärker belastet, oder die Fahrgeschwindigkeit eine grössere gewesen ist, und für jeden

Strafbestimmungen für Uebertretung des Gesetzes.

Tag, während dessen die Ueberschreitungen dauerten, mit einer Strafe von 20 Pfd. Sterl., und jede Person, welche die Ueberschreitung herbeiführte, mit Gefängniss, mit oder ohne harte Arbeit, bis zu zwei Jahren.

Ferner schreibt es die Publication der für die Construction einer „leichten Eisenbahn" vom Handelsministerium erlassenen Bestimmungen (§ 29) vor, und zwar in den Formen, die durch die „*Railway Clauses Consolidation Act*" vom Jahre 1845, § 110, festgesetzt worden sind, *) bei Strafe von 5 Pfd. Sterl. für jeden Tag der Nichterfüllung der Vorschrift. Es geht hieraus hervor, dass auch durch dieses Gesetz der Individualisirung der Bahnen fast vollständig freies Spiel gelassen ist, besonders da die Grenzen der Fahrgeschwindigkeit und Achsbelastung so weit gegriffen sind, dass sie, nach continentalen Begriffen, die Construction von Bahnen normaler Ordnung, die nicht gerade Gebirgsbahnen sind, gestatten würden, wobei indess die Achsbelastung nicht in strenger Harmonie zu der Fahrgeschwindigkeit steht. *Art der Publication der Vorschriften.*

Jedenfalls ist das vorliegende englische Gesetz der Entwickelung von Systemen der „leichten Eisenbahnen" in allen Nuancen derselben, die sich noch aus der Modification eines Projectes zu einer Normalbahn erzielen lassen, günstig genug.

Schwieriger ist die Behandlung von Bahnen sehr abweichender Formen, besonders der Schmalspurbahnen, deren es indess in England bekanntlich sehr wenige giebt, der Dampf-Tramways etc. Es müssen in Fällen dieser Art drei Gesetze mehr oder weniger gewaltsam herangezogen werden, die auf Bahnen minderer Ordnung niederster Kategorien Bezug haben.

Es sind dies:

1. Der *Improvement of Land Act* (Boden-Meliorations-Gesetz) vom 29. Juli 1864. *27—28 Victoria cap. 114*. *Boden-Meliorations-Gesetz v. J. 1864.*

2. *the Tramways (Ireland) Act* (Irisches Tramway-Gesetz) vom 28. August 1860. *Irisches Tramway-Gesetz v. J. 1860.*

3. *The Tramways (Scotland) Act* (Schottisches Tramway-Gesetz) vom 1. August 1861. *Schottisches Tramway-Gesetz vom Jahre 1861.*

---

*) Der bezeichnete Paragraph giebt genau an, wie die Tafeln beschaffen sein müssen, auf denen die Publicationen an dem Publikum zugängigen Stellen der Bahnen anzubringen sind, und wo dieselben aufgestellt und aufgehängt werden müssen. D. V.

Das erste dieser Gesetze sagt § 9:

Eisenbahnen als Landverbesserungen. „Als Landverbesserungen sollen angesehen werden: die Herstellungen von permanenten Landwirthschaftswegen, von permanenten Tramways und Eisenbahnen und schiffbaren Canälen und alle sonstigen zur Hebung des Werthes der Besitzungen nöthigen Verbesserungen."

Die beiden anderen Gesetze reguliren die Verhältnisse, unter denen „Tramways" in Irland und Schottland ausgeführt werden dürfen, und sind besonders wichtig durch die Füglichkeit, welche sie ausdrücklich gewähren, zur Anlage derselben Heerwege, Provinzial- und andere Strassen zu benutzen und, selbst in Ortschaften, Strassen und Plätze im Niveau zu überschreiten.

Das schottische Gesetz geht von dem Gesichtspunkte aus, dass die Tramways auf den Strassen von den Eigenthümern der letzteren angelegt und betrieben werden, und sagt § 7, dass die Tramways auf den Strassen oder an den Seiten derselben angelegt werden können, und da, wo dies der Fall ist, einen Theil der Strasse bilden, und dass die Wegezölle auf die auf ihnen beförderten Lasten Anwendung finden.

Das irische Gesetz beschränkt § XXIV den Betrieb der Tramways ausdrücklich auf animalische Kraft und schreibt für die Anlage der Bahn die landesübliche Spurweite von 5 Fuss 3 Zoll vor, gestattet aber auch deren Anlage auf öffentlichen Strassen und Plätzen aller Art.

Es liegt nahe, dass, wenn nach und nach der Dampf als Motor auf den Tramways mehr und mehr Anwendung findet, auch die schottischen und irischen Tramways, trotz der entgegenstehenden Gesetzparagraphen, sich von dieser Verbesserung nicht werden fernhalten können, wodurch dann von selbst deren Umgestaltung in Bahnen minderer Ordnung der oben unter 4 angeführten Form, der „Strassenbahnen" erfolgen wird. Der oben angezogene § 9 des „Boden-Meliorations-Gesetzes" vom Jahre 1864 hat die Handhabe zur technischen Genehmigung der Localbahnen exceptioneller Construction geliefert, indem man sie als Dependenzen von Berg-, Forst- oder Grundbesitz betrachtete.

In dieser Weise ist z. B. die „Festiniogbahn" zunächt als Dependenz der Schieferwerke von Dinas, Festiniog und Duffws und als Pferdebahn entstanden und hat nur sehr mühsam und unter Protesten der Staatsoberaufsicht gegen Uebernahme der

— 31 —

Verantwortung, auf Andringen der Adjacenten, die Gestattung zum Dampfbetriebe und zur Personenbeförderung erhalten

Es sind dies Consequenzen der Starrheit der englischen Gesetzgebung, die sehr eindringlich auf die Gefahren hindeuten, Angelegenheiten der rasch fortschreitenden Technik, oder des schnell umgestalteten Verkehrslebens, an die Schwerbeweglichkeit des legislatorischen Apparates zu knüpfen.

Es dürfte auch jetzt noch in England kaum möglich sein, die Concession zu einer Bahn sehr abweichender Construction auf anderem als ähnlichem Umwege zu erhalten.

Fast im diametralen Gegensatze zu der englischen Gesetz- *Französisches* gebung in Betreff der Bahnen minderer Ordnung steht die *setz vom 12.* französische, weil sie, nicht weniger als dort die englische den *hang II.* englischen, hier den französischen Nationalcharakter mit seinen typisch-schematischen, der individuellen Gestaltung in jeder Beziehung möglichst wenig Spielraum gewährenden Tendenzen, reflectirt.

Der Schwerpunkt der französischen betreffenden Gesetzgebung beruht in dem erwähnten auf „Localbahnen" bezüglichen Gesetz vom 12. Juli 1865 *(Loi relative aux chemins de fer d'interêt local)*, das wir im Anhange sub II in ganzer Ausdehnung geben.

Artikel 4 dieses Gesetzes stellt die gesammte Technik der Localbahnen unter die strengen, detaillirten und zum Theil halbveralteten Bestimmungen des Polizeigesetzes vom 15. Juli 1845 *Unterstellung* und ermächtigt nur die Präfecten, die Weglassung der Einzäunung *bahnen unter* der Bahnen und der Barrieren an wenig frequenten Wegübergängen *gesetz vom 15.* zu gestatten. *Juli 1845.*

Auf einige weitere kleine Vergünstigungen: Curvenradien, Steigungen, Kronenbreite etc. betreffend, die auf dem Verwaltungswege den Concessionären gewährt wurden, kommen wir weiter unten zurück.

Die Wirkung der Massnahmen, welche fast sämmtliche, von *Schwache Re-* den Verhältnissen der Normalbahnen hergeleitete, nur für die *Gesetzes.* Wesenheit derselben geeignete Formen der Herstellung und Manipulation auf die „Localbahnen" übertrugen, war, dass die selbstständigen „Localbahnen" in Bau und Betrieb fast so hoch zu stehen kamen, als Normalbahnen.

Selbst wichtige, für die Prosperität von Provinzen und Gemeinden fast unerlässliche Linien blieben daher unausgebaut, und

Frankreich besass bis zum Ende 1874 nur 1504 Kilometer Bahnen, die auf Grund des Gesetzes vom Juli 1865 errichtet waren. Die gesammten auf Grund dieses Gesetzes ertheilten Concessionen um-

Motive für die unwirksame Form des Gesetzes.

fassten nur 4286 Kilometer Bahnlänge. Man würde sich aber täuschen, wenn man glauben wollte, dass die Emanation des Gesetzes in dieser Form, welche die Entwickelung des Localbahnsystems fast verhinderte, eine Folge rein sachlicher Anschauungen der betreffenden schaffenden Autoritäten gewesen wäre.

Verhindernde Einflüsse des grossen Capitals.

Mehr als in irgend einem anderen Lande hat man in Frankreich mit der Macht des grossen Capitals zu rechnen.

Einer der bedeutendsten und mächtigsten Theile dieses grossen Capitals ist in den sechs grossen Eisenbahnunternehmungen (Nord, Est, Ouest, Paris-Lyon-Mediterrannée, Orleans, Midi) angelegt, deren jede, durch Neubauten, finanzielle Einflüsse und Fusionen mit Concurrenzgesellschaften, nach und nach die absolute Herrschaft über ein ganzes Hauptverkehrsgebiet gewonnen hat; ja es ist ihnen gelungen, factisch vom Staate die Monopolisirung ihrer Thätigkeiten zu erlangen. Hinter diesen grossen Unternehmungen steht nun nicht allein die starke Schaar der direct und indirect bei ihnen interessirten Geldinstitute und „Welthäuser" mit ihren kolossalen Einflüssen, sondern selbst die Regierung hat, durch die ihnen gewährten, grossen Vergünstigungen, Interesse an ihrer Prosperität. Diese grossen Gesellschaften sind ferner durch Mitglieder ihrer Verwaltungen und bei ihnen interessirter Institute, nicht allein mächtig im Parlamente repräsentirt, sondern ihre Geschäftsbereiche bilden auch eine ausgiebige Domäne des Instituts

Corps des Ponts et Chaussées.

der Staats-Ingenieure *(Corps des Ponts et Chaussées)*, das, durch staatliche Position, Disciplin und Organisation, eine mit der der deutschen Ingenieurcorps nicht zu vergleichende Stellung im Staatsmechanismus und einen fast allenthalben massgebenden Einfluss auf alle Eisenbahnangelegenheiten hat.

Durch diese offenkundigen, und andere weniger officiell, aber nicht weniger allgemein bekannten Verhältnisse, sind jene sechs Gesellschaften zu Staaten im Staate geworden, deren vereinigtem Einflusse die Regierung selbst nur schwer oder gar nicht widerstehen kann, deren egoistisch ausgenutzte Verkehrs-Monopole

Versuche, mittelst der Localbahnen den grossen Linien Concurrenz zu machen.

aber, wie die Parlamentsverhandlungen der letzten Jahre zeigen, schwer und drückend auf dem Verkehrsleben Frankreichs liegen. Es lag daher nahe, dass Versuche gemacht wurden, dieses Monopol zu brechen, und die Localbahnen sollten hierzu das Mittel bieten, indem man hoffte, aus denselben nach und nach zusammenschliessende Netze bilden und endlich den grossen Gesellschaften Concurrenz machen zu können. Unter anderen verdanken die Philippart'schen Unternehmungen diesen Bestrebungen ihre verunglückte Existenz. So kam es, dass in der Zeit, wo der Erlass eines Localbahngesetzes in Aussicht stand, eine Menge Gesuche um Concession von Localbahnen eingingen, die fast sämmtlich nicht, wie man gehofft hatte, eine den grossen Bahnen Zuflüsse zuführende, sondern eine solche Richtung hatten, die deutlich das Bestreben erkennen liess, jenen nach Kräften Concurrenz zu machen. Die Regierung konnte dem Andringen auf Concessionen dieser Tendenz nicht widerstehen und setzte daher am 5. November 1861 eine Commission nieder, welche die Verhältnisse der Localbahnen erörtern und Vorschläge für deren Entwickelung machen sollte. Unter dem Druck der zahlreichen Einflüsse der grossen Gesellschaften, erstattete diese am 1. Mai 1863 ihren Bericht, dessen wesentlicher Vorschlag auf Entlastung der grossen Gesellschaften von jeder Concurrenzgefahr durch die Localbahnnetze, hinausging, indem er auf Herstellung der Localbahnen mit schmaler Spur drang.

Vorschläge der Commission vom 5. Nov. 1861 hiergegen.

Der Tact der gesetzgebenden Körper verhütete zwar diesen allzu ostensiblen Schritt zu Gunsten der herrschenden Gesellschaften, aber es war nicht zu vermeiden, dass dem Gesetze eine Form gegeben wurde, welche, auf anderem Wege, die Entstehung von Localbahnen erschwerte. So ist das Gesetz vom 12. Juli 1865 entstanden und in diesem Sinne sind seine Bestimmungen zu interpretiren.

In der That beschränkten sich die Vergünstigungen, welche der Construction der Localbahnen im Vergleich zu der der Hauptbahnen gewährt wurden, ausser dem facultativen Wegfalle der Einzäunungen und einiger Barrieren, fast auf nichts, wenn man in Betracht zieht, dass den grossen Gesellschaften, durch Uebereinkommen mit der Regierung, für den Bau ihrer sogenannten „Neuen Netze" die Reduction der Curvenradien von 500 auf 300 Meter und die Erhöhung des Steigungs-Maximums von 10 auf 18 Millimeter per Meter zugestanden worden war.

Ungenügende durch das Gesetz von 1865 den Localbahnen gewährte technische Vergünstigungen.

Die den Eisenbahnconcessionen angefügten Special-Bedingnisshefte *(Cahiers des Charges)* gestatteten auch von Fall zu Fall

Erhöhungen dieser Steigungen bis zu 30 und 33 Millimeter und eine Reduction der Kronbreite, ebenfalls von Fall zu Fall verschieden, gingen aber, dem „*Cahier des Charges général*" vom 11. Juni 1859 genau folgend, in das ganze Detail der Construction ein.

Ueberblickt man nun Gang, Motive und Resultate der französischen, auf die technische Entwickelung des Localbahnwesens abzielenden legislatorischen und administrativen Massnahmen, so ergiebt sich, dass die ersteren deutschen Verhältnissen theils so wenig congruent sind, dass sie kaum irgend welche Nutzanwendung auf diese zulassen, theils zur Nachahmung wenig anlocken und dass die letzteren überaus ungenügend erscheinen. Wohl aber lässt sich, aus dem Studium der französischen Behandlung des Gegenstandes, ein nicht unbedeutender formaler Nutzen für die entsprechenden Massnahmen in Deutschland gewinnen, wenn man die Benützung der „Bedingnisshefte", „*Cahiers des Charges*", im Princip acceptirt.

System der Bedingnisshefte.

Diese zweckmässige Einrichtung sichert die formale Gleichförmigkeit der Behandlung der auf der Technik der Bahnen Bezug habenden Vorschriften und Bestimmungen und durch Benützung desselben Schemas für dieselbe deren administrative Vergleichbarkeit.

Die Ausfüllung der Schemas aber könnte, von Fall zu Fall, ganz verschiedenen Inhalts sein und der Individualisirung der einzelnen Linien in unbeschränktem Masse Rechnung tragen.

Die Concession für die Bahn selbst wurde dadurch völlig von Detailbestimmungen befreit und es steht dann deren legislatorischer Behandlung, wenn man sie erforderlich hält, nichts entgegen.

Strassenbahnen in Frankreich.

Zum Theil durch das Verfehlen der durch Erlass des Localbahngesetzes angestrebten Zwecke, zum grösseren Theil aber auf Anregung der Agricultur und Industrie, die emsig nach Mitteln suchten, die Communication minderer Ordnung auszubreiten, ist in Frankreich, in neuester Zeit, die Frage der Entwickelung jener dritten Kategorie der Bahnen minderer Ordnung, die wir oben „Strassenbahnen" nannten, lebhaft wieder angeregt worden. In Deutschland (Bröhlthalbahn, Casselerbahn), der Schweiz (Lausanne-Echallons) und Italien (Turin-Rivoli) hatte das Princip schon günstige Resultate liefernde Anwendung gefunden.

Unter dem 17. März 1875 legte der Präsident der Republik dem Parlamente einen Entwurf zu einem Gesetze zur Förderung solcher Anlagen vor, das wir im Anhange IV nebst der zubehörigen Betriebs- und Bauordnung (unter V) geben. „Versuchsweise" und vor Genehmigung des Gesetzes durch den gesetzgebenden Körper, wurde vom Präfecten des Maas-Departements die Bahn von Haironville nach Triancourt nach diesem Systeme am 10. October 1876 concessionirt, deren Concession wir im Anhange XI geben.

Das Princip der Strassenbahnen ist für alle Länder von grosser, jedoch verschiedengradiger Bedeutung. Ganz besonders aber für Frankreich, dessen Strassennetz zu den ältesten und dichtesten der Welt gehört und ohne Zweifel das bestausgelegte ist, das es giebt. Die Benützbarkeit der Strassen ist daher dort eine sehr grosse, auch steht der Entwickelung der dabei in Frage kommenden Gattung von Bahnen seitens der grossen Eisenbahn-Gesellschaften kein Hinderniss entgegen.

Dem Abgeordnetenhause ist daher in der Sitzung vom 17. März 1875 der oben erwähnte Gesetzentwurf „Zur Regelung der Benützung der Strassen für den Eisenbahnbau" *(Chemins de fer sur accotement des routes)* vorgelegt worden.

Dieser Gesetzentwurf gestattet die Anlage von mit Dampf oder Pferden betriebenen Tramways auf den Staats- oder anderen öffentlichen Strassen.

Das Ermessen der mit Prüfung dieses Gesetzentwurfes betrauten Commission der Deputirtenkammer ist in einem, dem Protokolle der Sitzung vom 23. März 1877 angefügten Berichte niedergelegt.

Die Quintessenz dieses Berichtes ist in einem ausführlichen Gegengesetzentwurfe enthalten.

Nach demselben sollen die technischen Verhältnisse der Bahnen dieser Art, nach erfolgtem Studium und erstattetem Berichte des Präfecten und Anhörung der Gemeinden, vom Generalrathe des Departements, in dem die Bahn liegt, festgestellt werden. Diese Feststellungen sollen sich auf die Richtung der Bahn, ihre Constructionsformen und ihre Betriebsdispositionen beziehen.

Die Anerkennung der „öffentlichen Nützlichkeit" der Bahn soll, wenn diese auf Staatsstrassen liegt, vom Staatsrathe; wenn sie auf anderen Wegen liegt, vom Präfecten, auf Grund eines Beschlusses des Departements-Generalrathes, ausgesprochen werden.

So wohl es sich nun empfiehlt, den mit genügenden fachlichen Organen ausgerüsteten Provinzialverwaltungen, die am meisten in der Lage sind, die technische Anordnung einer Bahn nach den Ortsbedürfnissen zu organisiren, diese Thätigkeit zu überlassen, so wenig rationeller Zusammenhang lässt sich zwischen der Lage einer Bahn auf einer Staats- oder anderen Strasse und den Nothwendigkeiten finden, die öffentliche Nützlichkeit derselben entweder durch den Staatsrath oder den Departementalrath entscheiden zu lassen. Die grössere oder mindere Erspriesslichkeit einer Anlage kann nicht von den Eigenthumsverhältnissen des Areals, auf dem sie liegt, abhängen. Bei der „Versuchsconcession" der Bahn von Haironville nach Triancourt ist die öffentliche Nützlichkeit, obwohl die Bahn auf Departementalstrassen liegt, vom Staatsrathe ausgesprochen worden, da man diese Concession noch nach dem Gesetze vom Jahre 1865 behandelt hat. Auch die Entschliessung hierüber dürfte zweckmässig, und dem Charakter der Linien entsprechend, in die Hände der Provinzialbehörden, unter Cognition der Regierung, gelegt werden.

Nach Ansicht der Commission der Deputirtenkammer ist, wie eigentlich selbstverständlich, das Expropriationsgesetz vom 21. Mai 1836 für die Stellen der Bahn anzuwenden, wo sie von den Strassen abweicht.

Der Gesetzentwurf nebst seinem obligaten Anfuge des Entwurfes zu einer Bau- und Betriebsordnung für „Strassenbahnen" (Anhang IV und V) belastete das neue System, wie auch die mehrerwähnte Probeconcession zeigt, mit dem ganzen technischen und administrativen Apparate des Polizeigesetzes von 1845 und der dazu gehörigen Ausführungs-Verordnung vom Jahre 1846, so der Entwickelung des so überaus erspriesslichen Princips wiederum grosse administrative Schwierigkeiten bereitend.

Die Commission der Deputirtenkammer hat sich das Verdienst erworben, ihn beträchtlich zu seinem Vortheile zu modificiren und einen Gegenentwurf aufzustellen, der wesentliche Erleichterungen enthält.

Derselbe befreit, um einige Hauptmomente aufzuführen, die Bahnen von der undurchführbaren und unzweckmässigen Verpflichtung, 6 Meter Strassenbreite freizulassen, unter dem richtigen Aufführen, dass die Einlegung des Gleises in eine Strasse nicht eine Beengung, sondern nur eine andere Verwendung der Strasse

sei, und dass, wie die Tramways in den frequenten Strassen grosser
Städte zeigten, die Gleise den Verkehr nicht störten, wenn sie
als Theile der Strasse behandelt und deren Verkehr preisgegeben
wurden.*)

Ausdrücklich spricht sich die Commission dahin aus, dass
den Eigenthümern solcher Bahnen das Recht zustehen müsse, von
Fall zu Fall deren Spurweite zu wählen. Sie schlägt als Fahrgeschwindigkeit ein Maximum von 20 Kilometer vor (Art. 5 des
Gegenvorschlages zu einem Gesetze für Strassenbahnen) und schreibt
(ebenda) die Unterdrückung der Dampfpfeife als Signalmittel für diese Gattung von Bahnen (gewiss mit gutem Rechte,
dringende Gefahrfälle ausgenommen) vor.

Sie proponirt ferner (§ 4 des Gegenentwurfes) aus dem *Technische*
Polizeigesetze von 1845 für die „Strassenbahnen" folgende Bestimmungen herüberzunehmen, betreffend:

Art. 12, 13, 14, 15: Die Behandlung der Collisionen zwischen *Beibehaltun-*
dem Bahnbaue und den Rechten der Schifffahrt, des Strassen- *Gesetze von*
wesens und des Wasserlaufes, und die Bestrafung der Verletzung derselben;

Art. 16—27: Die culposen und dolosen Beschädigungen der Bahnanlagen, Herbeiführung von Unfällen aller Art, Störungen des
Betriebes, Vernachlässigungen des Dienstes durch Beamte und
die administrative Behandlung von Fällen dieser Art.

Der Vorschlag behält daher von 27 Paragraphen des Gesetzes
nur 16 bei, während der Gesetzentwurf der Regierung alle, den
§ 4, der von den Abschlüssen der Bahn handelt, und die §§ 5,
6, 7, 8, welche die Distanz der Baulichkeiten von der Bahn,
Arbeiten in deren Nähe, den Feuerrayon und Material-Anhäufungen in der Distanz von weniger als 5 Meter betreffen, beibehält und dadurch die Hervorrufung und Manipulation der Bahnen
dieses Systems durch Bestimmungen erschwert hatte, die für dieselben irrelevant oder hindernd sind.

Von den 80 Paragraphen der „Ausführungsverordnung vom *Beibehaltun-*
November 1846" schlägt der „Gegenentwurf" nur 36 zur Beibe- *Verordnung*
haltung vor, und zwar die betreffend:

1. Die Circulation des Publikums und der Fuhrwerke auf den
Stationen;

---

*) Vide oben die irischen und schottischen Tramway-Gesetze.

2. die Bahnerhaltung;
3. die Bahnbewachung;
5. die Zwang- und Schutzschienen;
11. Mittel gegen das Feuerwerfen der Maschine;
14 Bezeichnung der Platzzahl in den Wagen;
18. Besetzung, Bewachung, Stärke der Züge;
19. Stellung der Locomotiven an der Spitze der Züge;
20. Vorschriften für die Bespannung der Züge mit Locomotiven;
21. Explodirende Gegenstände in den Wagen;
22. Zusammenkuppelung der Züge;
23. Verbindung zwischen dem Zugs- und Maschinen-Personal;
26. Revision der Locomotiven;
27. Zeithaltung und Folge der Züge, Distanz derselben;
32. Haltsignale bei Unfällen;
33. Signale bei Reparatur der Bahn;
36. Pflichten des Locomotivführers;
37. Befahren der Stationen und Abzweigungen, Weichensignale;
38. Pfeifensignale der Führer;
39. Mitfahren auf der Locomotive;
50. Regulirung des Güterverkehres;
61. Abschluss und Nichtbetretbarkeit des Bahnareals;
62. Ausnahmen davon;
63. Verhalten der Passagiere in den Wagen;
64. Beschränkung der Passagier- auf die Platzzahl;
65. Ausschluss von der Mitfahrt;
66. Anmeldung von feuergefährlichen Transporten;
68. Bevollmächtigung der Bahnbewachung;
70. Ausschluss des Hausirhandels von den Stationen;
71. Centralisation der Machtvollkommenheiten mehrerer Departementsvorstände in einer Hand;
72. Ausführung des Vorigen;
74. Qualification der Locomotivführer;
76. Beschwerdebücher;
77. Paraphirung von Registern und Ausweisen;
79. Strafverfolgung der Contravenienten.

Ungenügen der Vereinfachung der Gesetzbestimmungen. Es ist indess für den Fachverständigen zweifellos, dass, trotz der vorgeschlagenen Reduction der Bestimmungen des genannten Gesetzes und der genannten Verordnung, auch die beibehaltenen Paragraphe des Gegenentwurfes noch einen grossen Ueberschuss von Weisungen enthalten, die, von den Verhältnissen der Hauptbahnen hergeleitet, für die von Bahnen so untergeordneter Kategorie wie die „Strassenbahnen" mancherlei durchaus Ueberflüssiges, ja Hinderndes und der Natur der letzteren Antipathisches enthalten; von Widersprüchen abgesehen, wie z. B. zwischen Art. 5 des Gegenentwurfes, der den Gebrauch der Dampfpfeife, mit Recht, verbietet, und des § 38 der Verordnung von 1846, welcher denselben befiehlt.

Sehr wohl entbehrlich sind z. B. für Bahnen dieser Ordnung, bei ihrer verhältnissmässig schwachen Frequenz und langsamen Fahrbewegung, die Vorschriften über Bezeichnung der Platzzahlen in den Wagen, Besetzung und Bewachung der Züge, Stellung der Locomotiven in denselben, Form der Bespannung der Züge, Correspondenzmittel zwischen Zug- und Maschinenpersonal, Zeithaltung und Distanz der Züge, Abschluss der Bahnanlagen, Weichensignale, Befahren der Stationen und Abzweigungen etc. Fast alle diese haben nur Bedeutung bei grossen Verkehren und rascher Fahrbewegung, können aber für die Individualisirung sehr wohlfeiler Anlagen und von Betrieben minderer Bedeutung, sehr grosse Hindernisse werden. *Ueberflüssige Vorschriften.*

Gewiss ist, dass weder der von der französischen Regierung dem gesetzgebenden Körper vorgelegte Gesetzentwurf für Strassenbahnen, vom 17. März 1875, noch der, unstreitig verbesserte, Gegenentwurf der Commission der Deputirtenkammer geeignet sind, dem Systeme der Strassenbahnen in technischer Beziehung dasjenige Mass von Freiheit der Gestaltung zu gewähren, deren es bei der Vielheit der Bedingungen, nach Ort und Zeit, unter denen die Linien dieser Art in das Leben zu rufen sein werden, zu seiner gedeihlichen und für Agricultur und Industrie unerlässlichen Entwickelung bedarf. *Weder Entwurf der Regierung noch Gegenentwurf der Commission dem Wesen der Strassenbahnen entsprechend.*

Ja es ist nicht zu viel gesagt, dass das Gesetz, in der Form des Regierungsentwurfes erlassen, dem Systeme der Strassenbahnen wahrscheinlich dasselbe Schicksal bereiten würde, welches die „Localbahnen" in Frankreich durch das Gesetz vom Juli 1865 erfahren haben. *Beide nicht geeignet, die Entwicklung des Systems der Strassenbahnen zu fördern.*

In Bayern ist ein allgemeines Gesetz mit der Tendenz, die Entstehung der Bahnen minderer Ordnung zu fördern, am 29. April 1869 (vide Anhang VI), unter der Bezeichnung: „Gesetz, die *Das bayerische Gesetz vom 29. April 1869. Anhang VI.*

Ausdehnung und Vervollständigung der bayerischen Staatsbahnen, dann Erbauung von Vicinalbahnen betreffend" erlassen worden.

Dasselbe enthält keine die technischen Verhältnisse der „Vicinalbahnen" betreffenden Bestimmungen. Dieselben sind sämmtlich vom Staate ausgeführt und es sind ihrer Construction die Formen zum Grunde gelegt worden, welche die oben erwähnten „Grundzüge für die Gestaltung der Secundärbahnen" geben. Die bei der Manipulation grosser, centralistisch-bureaukratisch, verwalteter Eisenbahncomplexe, zu denen das bayerische Eisenbahnsystem mit in erster Reihe gehört, unausbleiblich hervortretenden, generalisirenden Tendenzen, machen sich beim Betriebe dieser Vicinalbahnen durch die Staatsbahnverwaltung geltend, der es selbstverständlich überaus schwer fällt, der Individualität der einzelnen Linien in einer Weise Rechnung zu tragen, die deren technische und finanzielle Prosperität eigentlich erfordern würde. Die staatliche Betriebsverwaltung ist daher unablässig bemüht, zwischen den Bau- und Betriebsformen der Vicinalbahnen und denen der Hauptbahnen eine thunlichste Annäherung herbeizuführen, durch welche die Manipulation des ganzen Umfanges ihrer Netze sehr, aber gewiss nicht zum Vortheile der Oekonomie der Vicinalbahnen, erleichtert werden würde. Sie wird in diesen Bestrebungen noch durch die Adjacenten der Bahnen bestärkt, die, wenig an der Prosperität der Bahnen interessirt (sie haben, wie wir weiter unten sehen werden, nur die Kosten für Grunderwerb und Erdarbeit aufzubringen gehabt), sämmtlich darnach streben, durch die in ihrem Bereiche liegenden Bahnen so vieler der Vortheile theilhaft zu werden, welche Eisenbahnen, und zwar wo möglich solche höherer Ordnung, gewähren können als möglich, während der dafür erwachsende Mehraufwand der Allgemeinheit zur Last fällt. Es sind dies die Nachtheile zu starker Staats- und zu schwacher Betheiligung der Adjacenten und Interessenten an Eigenthum und Prosperität der Bahnen minderer Ordnung.

Die bayerischen Vicinalbahnen sind, wie erwähnt, sämmtlich vom Staate und durch seine Organe erbaut und betrieben.

Der verhältnissmässig hohe Preis der Herstellung und Manipulation ist denn auch Grund gewesen, dass bisher die Bahnen keinen, oder doch nur sehr geringen Ertrag geliefert haben.

Die Staatsbeihilfe für Errichtung der Vicinalbahnen ist hier eben, wie wir weiter unten sehen werden, einer Errichtung durch den

Staat fast gleich, und so ist es trotzdem gekommen, dass zur Zeit 77·92 Kilom. auf Grund des Gesetzes vom 29. April 1869 erreichter Bahnen im Betriebe und ca. 40 Kilom. im Bau begriffen sind. Nicht in Betracht kommen hierbei einige ältere und jüngere Linien in Bayern, die einen gewissermassen secundären Charakter haben, ohne officiell als „Vicinalbahnen" zu gelten. Dahin gehören: die eminent rentirende alte Nürnberg-Fürther Linie, die Winden-Bergzabern, Spalt-Georgsgemünd-Wiesau-Tirschenreuth-Bahnen etc. Selbstverständlich lassen aber die Verhältnisse Bayerns, wo das gesammte Eisenbahnwesen eine Dependenz der Staatsverwaltung ist, nur Schlüsse darauf zu, wie sich das System der Bahnen minderer Ordnung etwa in Ländern mit ganz durchgeführtem Staatsbahnprincip entwickeln würde, wenn da überhaupt von einer Entwickelung die Rede sein kann, wo die ganze Einwirkung des öffentlichen Lebens auf die Gestaltung eines seiner bedeutsamsten Zweige nur durch das Medium der Regierung erfolgen und ausserdem nur in Gewährung von Grund und Boden und gewissen Garantieleistungen bestehen kann.

Auf Grund des Gesetzes vom Jahr 1805 in Bayern ausgeführte „Vicinal"-Bahnen.

Die in Bayern bisher eröffneten Vicinalbahnen, die sich von den Hauptbahnen in technischer Beziehung verhältnissmässig nicht viel unterscheiden, sind:

Steinach-Rothenburg	11·10 Kilom.
Immenstadt-Sonthofen	8·34 „
Holzkirchen-Tölz	21·40 „
Sinzing-Mittelalling	4·14 „
Dombühl-Feuchtwangen	11·10 „
Biessenhofen-Oberdorf	6·52 „
Neustadt Windsheim	15·32 „

im Bau begriffen sind:
Feucht-Altdorf,
Prien-Aschau,
Senden-Weissenhorn,
Weilheim-Murnau.

Schweizer Bahnen minderer Ordnung.

Die Schweiz besitzt verhältnissmässig von allen continentalen Ländern die meisten Bahnen, welche sich, theils durch ihre Spurweite, theils durch ihren ausgesprochen localen Charakter, abgesehen von denen ganz specieller Zwecke, wie die Rigibahnen, Rorschach-Heiden-, Uetliberg-Bahn etc., als Bahnen minderer Ordnung bezeichnen.

Ja man könnte, bei der Unbestimmtheit des Begriffes dieser Bahnen, versucht sein, die meisten Schweizer Bahnen, in mehr oder minder ausgeprägtem Sinne, unter denselben fallen zu lassen, mit Ausnahme der Linien:
1. Romanshorn, Frauenfeld, Winterthur, Zürich, Bötzberg, Basel;
2. Basel, Olten, Herzogenbuchsee, Bern, Freiburg, Lausanne, Genf;
3. Romanshorn, Zürich, Olten, Herzogenbuchsee, Solothurn, Lyss, Yverdun, Lausanne, Genf;
4. Solothurn, Pontarlier;
5. Winterthur, Schaffhausen.

Weder Bundes- noch Cantonalgesetze, Bahnen minderer Ord- nung betr. vorhanden.
Die Schweiz besitzt weder ein Bundes- noch ein Cantonnalgesetz, welches die Bahnen minderer Ordnung charakterisirte und die allgemeinen Bedingungen für ihren Bau und Betrieb feststellte.

Eisenbahngesetz vom 23. Dec. 1872.
Das „Bundesgesetz über den Bau und Betrieb der Eisenbahnen auf dem Gebiete der Schweizerischen Eidgenossenschaft vom 23. December 1872", durch welches die Concessionirung und Beaufsichtigung der Eisenbahnen aus den Händen der Contonalregierung in die der Bundesregierung gelegt worden ist, macht in seinen Bestimmungen keinen Unterschied zwischen den Bahnen verschiedener Ordnung.

Verordnung vom 1. Febr. 1875, Concessions-Werbung betr.
Eine zu diesem Gesetze unter dem 1. Februar 1875 auf Antrag des Eisenbahn- und Handelsdepartements vom Bundesrathe erlassene Verordnung, stellt die Bedingungen fest, die bei der Concessionswerbung, ohne Unterschied der Ordnung der Bahnlinie, zu erfüllen sind. Auch diese sind für alle Gattungen von Bahnen nahezu dieselben. Die ziemlich ähnlich lautenden Concessionsurkunden für die Bahnen minderer Ordnung enthalten dieselben allgemeinen technischen Bestimmungen wie die der Hauptbahnen, d. h. über

Zahl der Gleise,
Spurweite,
Fahrgeschwindigkeit und
Wagenclassenzahl.

Vorrechte der Hauptvor den Bahnen minderer Ordnung.
Nur die Concession einiger Linien sehr ausgesprochen minderer Ordnung, wie z. B. die der Uetliberg-Bahn (vom 22. October 1872) enthalten die schwerwiegende, den untergeordneten Charakter der Bahn deutlich bezeichnende Bestimmung (§ 13), dass später zu construirende, die Bahn kreuzende Hauptbahnen, be-

rechtigt sein sollen, solche Abänderungen der ersteren zu verlangen und auf ihre (der Hauptbahnen) Kosten auszuführen, die für den rationellen Bau und Betrieb der Hauptbahnen erforderlich sind.

Das Detail der technischen Verhältnisse der Bahnen minderer Ordnung wird durch den Concessionen angefügte Bedingnisshefte geregelt, die, untereinander nicht wesentlich abweichend, den französischen zwar im Allgemeinen nachgebildet, jedoch in rationeller Weise wesentlich vereinfacht sind.

Wir geben im Anhange XII das technische Bedingnissheft für die Schmalspurbahn: Lausanne-Echallens.

Schweizerisches Bedingnissheft für Bahnen minderer Ordnung. Anhang XII.

Obgleich, wie gesagt, wesentlich gegen das französische (vide Anhang III) vereinfacht, enthält das schweizerische Bedingnissheft doch noch eine Anzahl von Bestimmungen, die als der Technik der Bahnen minderer Ordnung nicht förderlich und der Entwickelung derselben hinderlich, zweckmässig aus Erlässen dieser Art entfernt werden können.

Welche dies sind, ergiebt sich aus der Vergleichung des eben erwähnten schweizerischen Bedingnissheftes und des angeführten Entwurfes zu einem solchen.

Auch in Schweden, dem in Bezug auf das Eisenbahnwesen minderer Ordnung lehrreichsten Land Europas, das weitaus die meisten, durch Spurweite und Situation als Bahnen minderer Ordnung charakterisirte Linien besitzt, besteht kein allgemeines, die Bahnen dieser Gattung betreffendes Gesetz, obgleich sowohl Anlage wie Administration des gesammten Eisenbahnsystems in diesem Lande mit vieler Wohlüberlegtheit behandelt worden ist.

Schwedische Bahnen minderer Ordnung.

Auffällig möchte dabei die grosse Anzahl der Spurweiten sein, nach denen die verschiedenen Bahnen minderer Ordnung ausgeführt worden sind, wenn nicht die weite Trennung dieser Linien, die Verkehrsnatur derselben und hie und da zu weit getriebenes und nicht ganz correctes Bestreben, dieselben zu individualisiren, diese Vielzahl erklärte.

Verschiedenheit der Spurweiten in Schweden.

In der That sind in Schweden die Bahnen minderer Ordnung, die sich sämmtlich in den Händen von Privatgesellschaften befinden, mit sieben verschiedenen Spurweiten ausgeführt worden, und zwar:

1. 129·3 Kilom. mit 1·435 Meter Spurweite
2. 166·6 „ „ 1·219 „ „
3. 35·3 „ „ 1·188 „ „
4. 36·3 „ „ 1·093 „ „
5. 140·0 „ „ 1·067 „ „
6. 221·2 „ „ 0·891 „ „
7. 54·5 „ „ 0·800 „ „

Summa 783·1 Kilom.

Die Länge der normalspurigen Staatsbahnen beträgt 1509·4 Kilometer, die der Normalspur-Privatbahnen, welche man als Hauptbahnen betrachten kann, 1166·9 Kilometer. Die Bahnen mit minderer Spurweite bilden daher ein gutes Drittheil der sämmtlichen Privatbahnen Schwedens.

Herstellungskosten der schwedischen Bahnen.
Obgleich solche Vergleichungen, wegen der grossen Verschiedenheit der Errichtungsumstände der Bahnen, keinen ernsten Werth haben, so ist es doch nicht uninteressant, einen Blick auf die Herstellungskosten der verschiedenen Gattungen dieser Bahnlinien zu werfen.

Es kosten per Kilometer in runden Zahlen durchschnittlich:
Die normalspurigen Staatsbahnen . . . . . . 111.200 Mark
„ „ Haupt-Privatbahnen . . 64.800 „
Die Bahnen minderer Ordnung
mit Normalspur . . . . 64.000 „
„ 1·219 Meter Spur . . . . 60.400 „
„ 1·188 „ „ . . . . 50.400 „
„ 1·093 „ „ . . . . 27.200 „
„ 1·067 „ „ . . . . 51.200 „
„ 0·891 „ „ . . . . 31.200 „
„ 0·800 „ „ . . . . 43.300 „

Wohlfeilste Bahnlinie.
Die wohlfeilste aller Bahnlinien ist die 37·4 Kilom. lange Strecke Ulricehamn-Wartofta von 0·891 Meter Spurweite, die nur 26.000 Mark per Kilometer kostet und dabei mit 0·1 Locomotiven, 0·1 Personenwagen und 1·87 Güterwagen per Kilometer ausgerüstet ist. Dieser Preis ist, trotz der im eminenten Masse stärkeren Ausrüstung mit Betriebsmaterial, dem ungefähr gleich, zu dem der verdienstvolle Buresch die kleine Schmalspurbahn Ocholt-Westerstede in Oldenburg ausgeführt hat.

Nicht viel höher stellt sich der Preis einiger anderen schwedischen Schmalspurbahnen, so z. B. Köping-Uttersberg (36·3 Kilom.

lang) von 1·093 Meter Spurweite, die mit einer Gesammt-Ausrüstung von 4 Locomotiven, 10 Personenwagen und 80 Güterwagen nur 27.440 Mark per Kilometer kostet.

Als die wohlfeilste normalspurige Haupt-Privatbahn zeigt sich Karlskrona-Wexiö (113·6 Kilom. lang), die, bei einer Ausrüstung mit 7 Locomotiven, 21 Personen- und 139 Güterwagen, nur 51.000 Mark per Kilometer kostet, während sich der Preis einer anderen normalspurigen Privatbahn: Ostro-Wermland ·von 48·1 Kilom. Länge, bei einer Ausrüstung mit 4 Locomitiven, 9 Personen- und 220 Güterwagen sich auf 94.400 Mark per Kilometer erhebt. *Wohlfeilste Normalspurbahn.*

Diese, wie andere Zusammenstellungen solcher Art thun für den denkenden Fachmann nur die absolute Müssigkeit der Vergleichung von Herstellungskosten von unter ganz verschiedenen Verhältnissen entstandenen Bahnen dar. Leider lassen sich theils minder entwickelte Intelligenzen häufig durch solche irrationelle Zahlenmanipulationen selbst täuschen, noch häufiger aber werden diese, gewissenlos genug, zur Täuschung des nicht sachverständigen Publikums benützt, zu dem, wieder leider, ein grosser Theil der im Eisenbahnwesen massgebenden Intelligenzen gehört. Jedenfalls ist Schweden das Land, das die hohe Wichtigkeit der Entwickelung der Bahnen minderer Ordnung von allen Ländern Europas am frühesten und klarsten begriffen und sie am energischesten gefördert hat. *Unvergleichbarkeit der Kosten unter sehr verschiedenen Verhältnissen entstandener Bahnlinien.*

Vielleicht giebt es aber auch kein europäisches Land, ausser Ungarn, dessen wirthschaftliche Configuration, vermöge der Vertheilung und des Werthes der Berg- und Bodenproducte, der Land- und Wasserwege, zur Errichtung wohlfeiler Bahnen so bestimmt hindrängte, wie Schweden. Die Natur der Landes-Producte theils, welche die Kosten, Mühen und das Risico der Umladung auf ein Minimum reducirt und den Zeitverlust dabei als irrelevant erscheinen lässt, theils der Charakter der dortigen Bahnen minderer Ordnung selbst, der sie, zu nicht unwesentlichem Theile, als Verbindungen der grossen Wasserstrassen, oder als deren Ersatz zur Winterzeit charakterisirt, und endlich die schlichte Lebensform der in Betracht kommenden Bevölkerungen, liess hier die vielfache Anwendung einer minderen Spur als zulässig und sogar zweckmässig erscheinen. Aehnliche Motive führten in Norwegen sogar dahin, die Schmalspur von 1·067 Meter als Normalspur bei allen Linien des ganzen Landes, die nicht in Beziehung zu den ausländischen *Bahnen minderer Ordnung durch die Natur des Landes bedingt.*

Individualisirung der schwedischen und norwegischen Bahnen.

(schwedischen) stehen, zu acceptiren. Ein Fall, wo die Abminderung der Spurweite durchaus, die betreffenden Bahnen nicht als Bahnen minderer Ordnung charakterisirt.

Wie schon die Vielfältigkeit der Spurweite bei den verschiedenen Bahnen und der überaus niedrige Herstellungspreis derselben darthut, ist die Individualisirung bei den verschiedenen Bahnlinien minderer Ordnung und Spurweite auf der skandinavischen Halbinsel sehr weit getrieben worden. Es ist dies aber nicht allein in Bezug auf die Herstellung, sondern auch auf die Manipulation dieser Bahnen geschehen, so dass dieselben bei einem durchschnittlichen Bruttoerträgniss von 3640 Mark per Kilometer eine Verzinsung des Anlagecapitals von 4·49 Percent gewähren konnten.

Die Vergleichung der Entwickelung der Bahnsysteme minderer Ordnung in zwei so total verschiedenen Ländern, wie Frankreich und Schweden, wirft helles Licht auf die Wirksamkeit der zur Förderung dieser Entwickelung in beiden Ländern angewandten administrativen und legislatorischen Principien.

Einwirkung der bureaukratischen u. freiheitlichen staatlichen Einflusse auf die Entwickelung der Systeme von Bahnen minderer Ordnung. Frankreich u. Schweden.

Während in dem reichen Frankreich, unter dem Einflusse stricter, beengender, die Individualisirung der Linien nach Anlage und Manipulation fast ganz verhindernder, gesetzlicher und administrativer Reglementirung das „Vicinalbahnsystem" trotz den Beihilfen des Staates und der angrenzenden grossen Linien, nur zur spärlichsten Entwickelung kommen konnte, verhältnissmässig sehr untergeordnete Dienste leistete und das aufgewendete Capital fast gar nicht verzinste, hat die Freiheit der Entwickelung in dem armen Schweden in wenig Jahren, mit geringen Capitalien, ein Netz von Bahnen minderer Ordnung geschaffen, das den Bedürfnissen in eminenter Weise entspricht und sogar dem Capitale eine angemessene Verzinsung gewährt.

Das Studium der schwedischen Bahnsysteme minderer Ordnung ist daher überaus lehrreich für die Kenntniss dieser Bahnsysteme und die Massnahmen, unter deren Einfluss dieselben am besten prosperiren können.

In Preussen bestehen zur Zeit keine gesetzlichen Vorschriften für die Herstellung und Manipulation der Bahnen minderer Ordnung. Die Sicherheitsverhältnisse derselben sind durch das „Bahnpolizei-

— 47 —

Reglement für die Eisenbahnen Deutschlands" regulirt worden. In neuester Zeit, unterm 10. Mai d. J., ist eine speciell für die Bahnen minderer Ordnung bearbeitete "Sicherheitsordnung für normalspurige Eisenbahnen Preussens" vom k. k. Handelsministerium erlassen worden, die wir im Anhange VII geben. Bisher hat man der Construction der Bahnen minderer Ordnung und der Organisation von deren Betrieb die mehrerwähnten "Grundzüge für die Gestaltung der Secundär-Eisenbahnen" zur Basis gegeben. Diese "Grundzüge" sind aber nirgends officiell als Richtschnur vorgeschrieben, sondern der Hinblick auf ihre Provenienz aus dem Kreise der geachtetsten Fachmänner und die Zweckmässigkeit ihrer Vorschriften hat selbstverständlich zu ihrer Massgabe bei den Bahnprojecten geführt.

Sicherheitsordnung für die normalspurigen Eisenbahnen Preussens, 10 Mai 1877.

Die Revision dieser Projecte und deren Genehmigung durch die staatliche Oberaufsichtsbehörde hat diese Zugrundelegung meist gelten lassen, und so tragen denn die in Preussen (und anderen deutschen Ländern) ausgeführten Bahnen minderer Ordnung sämmtlich in der Hauptsache die durch jene "Grundzüge" gegebene Physiognomie.

Nur zwei dieser Bahnen sind schmalspurig angelegt, nämlich Ocholt-Westerstede mit 0·75 Meter und die Bröhlthal-Bahn mit 0·785 Meter Spur. Die letztere ist auch die einzige, bei der umfassendere Benützung der Heerstrasse stattgefunden hat.*)

Nur zwei Bahnen in Deutschland schmalspurig.

Die mit einiger Entschiedenheit als Bahnen minderer Ordnung charakterisirten, in Deutschland (mit Ausschluss jener bayerischen Vicinalbahnen, die wir oben schon aufzählten), hergestellten Bahnen sind folgende:

In Deutschland ausgeführte Bahnen minderer Ordnung

Neumünster Heide-Tönning	28·50 Kilom.
Bröhlthal-Bahn	33·13 „
Freiburg-Breisach	22·44 „
Basel-Schopfheim	19·94 „
Renchthal-Bahn	18·80 „
Schwaben-Erding	15·00 „
Murgthal-Bahn	14·93 „
Wiesau-Tirschenreuth	11·10 „
Ermsthal-Bahn	10·90 „
Winden-Bergzabern	10·00 „

---

*) In neuester Zeit ist dies auch bei der Casseler Bahn geschehen. D. V.

Fröttstedt-Friedrichsrode	9·00 Kilom.
Cronberger Zweigbahn	7·90 „
Spalt-Georgsgemünd	7·50 „
Hasbergen-Georgs-Marienhütte	7·46 „
Elzthal-Bahn	7·12 „
Hintere Wiesenthal-Bahn	7·24 „
Ocholt-Westerstede	7·00 „
Höchst-Soden	6·65 „
Kirchheimer-Bahn	6·35 „
Nürnberg-Fürth	6·04 „
Siegelsdorf-Langenzenn	5·60 „
Lahrer-Bahn	3·18 „
Summa	415·28 Kilom.

Mehrere dieser Bahnen nähern sich in ihrer Ausführung völlig denen normaler Ordnung, wie z. B. die Nürnberg-Fürther etc., so dass man kaum sagen kann, dass obige 415·3 Kilom. Bahn die Entwickelung der Systeme minderer Ordnung in Deutschland repräsentiren, obwohl sie selbst dann noch als eine ziemlich kümmerliche bezeichnet werden müsste.

Industriebahnen. Das Verhältniss würde sich wesentlich günstiger gestalten, wenn man, wie der Vergleichung wegen nicht zulässig ist, die nicht für den öffentlichen Verkehr dienenden Industriebahnen mit hinzurechnen dürfte, deren Preussen allein im Jahre 1875 682·11 Kilom. normalspurige und 245·39 Kilom. schmalspurige besass.

Der Preis der Bahnen minderer Ordnung ist in Deutschland, Dank der mangelhaften Individualisirung derselben, noch sehr hoch. Er erhebt sich im Mittel ungefähr und in runden Zahlen auf:

98.000 Mark per Kilom. in Baden
74.000 „ „ „ „ Bayern
129.000 „ „ „ „ Württemberg
54.000 „ „ „ „ den mitteldeutschen Staaten
58.000 „ „ „ „ Norddeutschland

und selbst der der preussischen Industriebahnen, die nicht mit allen Betriebs-Elementen ausgerüstet sind, beträgt volle 63.000 Mark per Kilometer. Dieser ist dem der schwedischen Normalspurbahnen mit allen Verkehrsgattungen, fast gleich und der Preis der Bröhlthal-Bahn, welche für Grunderwerb und Unterbau so gut wie nichts auszugeben hatte, nähert sich dem der streng individualisirten

Ocholt - Westerstede-Bahn, welche diese Erleichterungen nicht genoss. *)

So grosse Unterschiede beruhen aber in ihrer Allgemeinheit nicht blos auf Terrain- und Arbeitsverhältnisse, sondern ganz vornehmlich auch auf dem Einflusse, den generalisirende, gesetzliche und administrative Bestimmungen auf die Herstellung der Bahnen, theils unbedingt üben mussten, theils durch ihre Handhabung und subjective Auslegung in der verschiedensten Form geäussert haben. *Einflüsse der Generalisirung und Individualisirung auf den Preis der Bahnen.*

Ungarn besitzt, nächst der Schweiz und Schweden, verhältnissmässig die meisten Bahnen minderer Ordnung unter den Ländern Europas. Ganz andere, aber nicht minder zwingende Motive als in jenen Ländern drängen in diesem, specifisch continentalen und vorherrschend ebenen Lande, zur Entwickelung der Bahnsysteme minderer Ordnung bis in die letzten Consequenzen. *Ungarische Bahnen minderer Ordnung.*

Mit einem sehr dünngeflochtenen Netze von Strassen und Wasserwegen bedeckt, entbehrt es im weitaus bedeutendsten Theile seines Areals der Materialien zum Strassenbau. Seine Producte sind niederwerthige Massenerzeugnisse, deren Handelspreis keinen weiten Achsentransport verträgt, deren Vermarktung hingegen keines schnellen Transportes bedarf. Soll die Verwerthung derselben unter der Mehrzahl der Bedingungen, welche die Getreide-, Erz-, Holz- und Weinhandels-Conjuncturen stellen, möglich sein, so ist, bei dem Mangel an anderen Communicationsmitteln, eine Verästung der Netze von Bahnen minderer Ordnung von den Hauptlinien ab bis in die einzelnen Parzellen der Productionsgebiete hinein erforderlich. *Natur des Landes und der Producte.*

Selbstverständlich müssen diese Ausästungen, je kleiner die Flächen sind, die sie zu bedienen haben, um so wohlfeiler, primi-

---

*) Das oben schon erwähnte Verdienst Buresch's, der mit dieser Bahn zum ersten Male den ganzen Einfluss der strengen Individualisirung zeigte, ist jedenfalls bedeutend.

Jedoch ist mit den Anordnungen derselben weder die Grenze der Individualisirung, noch die der Oekonomie erreicht. Von der Ocholt-Westerstede-Bahn abwärts liegen noch die, unter Verhältnissen sehr brauchbaren und nutzbringenden Linien, die mit gebrauchten Schienen der Hauptbahnen (welche hier noch lange gut dienen können) ohne Laschenverbindungen, mit stumpfen Weichen etc. ausgeführt werden sollen und deren Natur und Gebrauch der Verfasser in seinen Schriften: „Neue Pfade der Volkswirthschaft", Leipzig, und „Individualisirung der Eisenbahnen", Leipzig, Teubner, dargelegt hat.

tiver, individueller sein, wenn sie ihre Zwecke durch Ermöglichung der grösstmöglichen Wohlfeilheit der Transporte erreichen sollen.

Die ungarische Staatsverwaltung, der es stets viel weniger an politisch-wirthschaftlichem Scharfblick zur Schaffung guter Institutionen, als an Ernst und Festigkeit zur Durchführung derselben gefehlt hat, ist für diese Verhältnisse nicht ohne Verständniss gewesen. Sie hat daher, um ihnen in technischer Beziehung zunächst Rechnung zu tragen, durch den seiner Zeit an die Spitze des ungarischen Eisenbahnwesens berufenen, ausgezeichneten Schweizer Ingenieur, Achille Thommen, die oben erwähnten Normalien für zwei Classen von Bahnen minderer Ordnung entwerfen lassen. Die eine dieser Classen, die man, im Gegensatze zu den, im Wesentlichen nach den „Grundzügen für die Hauptbahnen Deutschlands" ausgeführten Hauptbahnen, Linien II. Ranges nannte, umfasst Normalspurbahnen mit erleichterten Bau- und Betriebsformen. Die andere, Bahnen III. Ranges genannt, umfasst die Schmalspurlinien, für die eine Spurweite von einem Meter acceptirt wurde.

Thommen's Normalien für Bahnen minderer Ordnung.

Diese wohlgemeinte Classificirung und Normalisirung ist, neben anderen, nicht hier zu erwähnenden Motiven, Grund gewesen, dass die Verästung der Bahnen minderer Ordnung eine geringere geblieben ist, als man erwartete, und noch weit weniger dem Bedürfnisse von Ungarns Agricultur und Industrie entsprochen hat. Zwar hat die österreichische Staatsbahn-Gesellschaft ausgedehnte Industriebahncomplexe für ihre Bedarfe bei Reschitza und Steierdorf geschaffen, aber für die wirkliche Verästung in die minder wohlhabenden Agricultur- und Industriebereiche sind die, nach den ungarischen Normalien ausgeführten Bahnen noch viel zu kostspielig, gestatten die Bestimmungen der Normalien noch lange nicht genügende Individualisirung nach Ort und Zeit, um die Bau- und Betriebsanordnungen den kleinen und kleinsten Bedürfnissen, denen die letzten Ausläufer der Linien zu dienen haben würden, anschmiegen zu können.

Ungenügende Entwicklung der Netze.

Zwar hat die ungarische Regierung, durch eine „Betriebsvorschrift für die Locomotiv-Eisenbahnen II. Ranges" vom 17. Mai 1871 (vide Anhang IX), die an Liberalität und klarer Erkenntniss der Bedürfnisse kaum zu wünschen übrig lässt, dem Betriebe der Bahnen minderer Ordnung thunlichste Erleichterung zu verschaffen gesucht; die Höhe der Anlagecapitalien der meisten ausgeführten Linien ist aber zu hoch gewesen, um zu rascherer Entwickelung

Betriebsvorschrift für die Bahnen II. Ranges. Anhang IX.

der Netze zu ermuthigen, der übrigens auch die Zeitverhältnisse ein starkes Hinderniss bereitet haben.

Die Concessionsurkunden der Bahnen II. und III. Ranges enthalten, in nahezu übereinstimmender Form, die der Ausführung bedeutende Erleichterung gewährenden, technischen Vorschriften für Anfertigung der Projecte, die Ausführung des Unterbaues, Oberbaues, der Hochbauten, Bahnabschlüsse, Signale, der Stationen und die Beschaffung und Construction der Betriebsmittel unter Hinweis auf die in Kraft bestehende Betriebsordnung und die Normal-Bauvorschriften. Meist ist auch, wenig rationeller Weise, ein Pauschalbetrag per Meile für die Beschaffung der Betriebsmittel in die Concessionsurkunden eingestellt. *Technische Bestimmungen in den Concessions-Urkunden.*

Diese Methode der Aufnahme einer grossen Menge von technischen und administrativen Bestimmungen in die Concessionsurkunde macht dieselbe schwerfällig und weitläufig und steht jedenfalls in praktischer Brauchbarkeit gegen die französisch-schweizerische Form der Ertheilung dieser Vorschriften, in Gestalt von Bedingnissheften, zurück, die der einfach und sachlich gehaltenen Concessionsurkunde angefügt werden.

Die Bahnen minderer Ordnung sind in Ungarn theils durch den Staat selbst, theils durch Concessionäre ausgeführt, die zum Theil die benachbarten, grossen Eisenbahn-Gesellschaften (Staatsbahn Gesellschaft, Ungar. Nordost-Bahn etc.), theils Consortien, aus Grossindustriellen, Grundbesitzern etc. bestehend, sind. *Vom Staate und von Concessionären ausgeführte Bahnen.*

Officiell als öffentliche Bahnen minderer Ordnung sind in Ungarn
15 Linien II. Classe mit Normalspur,
2 „ III. „ „ Schmalspur
anerkannt. Von den ersteren hat der Staat 8 ausgeführt.

Diese Linien minderer Ordnung sind: *In Ungarn ausgeführte Bahnen.*

Normalspurige Staatsbahnen.

	Kilom.	Mark
1. Vamos-Györk-Gyöngyös	12·77 lang, kostet	—.— pr. Kilom.
2. Miskolz-Banreve	45·50 „ „	90.840 „ „
3. Abony-Erlau	16·71 „ „	—.— „ „
4. Altsohl-Neusohl	21·61 „ „	95.420 „ „
5. Miskolz-Dyösgyör	51·20 „ „	94.226 „ „
6. Banreve-Fülek	48·35 „ „	}
7. Banreve-Dobschan	70·11 „ „	} 100.236 „ „
8. Feled-Theissholz	49·71 „ „	}

Totale 315·96 Kilom.

Normalspur-Privatbahnen.

	Kilom.	Mark
9. Valkany-Pergamos	42·87 lang, kostet	51.174 pr. Kilom.
10. Vojtek-Bogsan	47·37 „ „	52.484 „ „
11. Tot-Megyer-Surany	8·44 „ „	47.172 „ „
12. Nyiregyhaza - Csap-Unghvar	93·91 „ „	105.470 „ „
13. Surany-Neutra	26·58 „ „	—.— „ „
14. Zakany-Dombovar-Battazek	166·21 „ „	139.454 „ „
15. Arad-Körösthal	62·00 „ „	52.280 „ „

Totale 447.38 Kilom.

Schmalspurige.

	Kilom.	Mark
1. Gran-Brezniz-Schemnitz	23·1 lang, kostet	—.— pr. Kilom.
2. Banreve-Nadasd	28·4 „ „	41.200 „ „

Totale 51·5 Kilom.

Bahnen minderer Ordnung in Oesterreich. Betriebsord. nung vom 16. Nov. 1851.

Auch in Oesterreich bestehen, wie oben erwähnt, keine allgemeinen, gesetzlichen, die Verhältnisse der Bahnen minderer Ordnung regelnden Vorschriften. Auf die technischen Verhältnisse derselben finden die Bestimmungen der mit Gesetzeskraft ausgerüsteten „Betriebsordnung für die Eisenbahnen Oester, reichs" vom 16. November 1851 mit ihren Nachträgen Anwendung, insoweit sie nicht durch Specialgesetze (Concessionsurkunden) modificirt sind.

Dürftige Pflege des Systems der Bahnen minderer Ordnung.

Die Pflege des Systems ist bisher, obwohl das grosse Land mit seinen bedeutenden Productions-Schätzen, deren entsprechende Verwerthung und Vermarktung aber durch zu weites Auseinanderliegen erschwert wird, der Entwickelung der Bahn minderer Ordnung fast eben so unumgänglich bedarf als Ungarn, und obgleich es eines der ersten war, welches Bahnen dieser Art ausführte (Linz-Budweis, Lambach-Gmunden etc.), nicht sehr eifrig gehandhabt worden. Die unter einem Chef aus französischer Schule neugeschaffene k. k. Generaldirection der österreichischen Eisenbahnen hat im Jahre 1875 versucht, das System der Bahnen minderer Ordnung mit dem des Schmalspursystems zu identificiren und die grösste Anzahl der Linien, deren Genehmigung durch den Handelsminister vom Reichsrathe verlangt wurde, nach diesem Systeme

— 53 —

construirt, obgleich sich dasselbe zur Verwendung auf den meisten dieser Linien nicht empfahl.

Eine gesunde Strömung in der Volksvertretung liess sie diese Combination der beiden Systeme ablehnen.

Die Bahnen minderer Ordnung haben, erst vom Herbst 1875 an, eine officielle Bezeichnung als „Localbahnen" in Oester- *Localbahnen.* reich erhalten. Die technischen (und andere) Verhältnisse der- selben sind durch Specialgesetze, deren Tenor im Wesentlichen *Regelung der technischen* derselbe ist, von Fall zu Fall geregelt worden. Die Bestimmungen *Verhältnisse derselben* dieser Specialgesetze, den Concessionsurkunden der Privatbahnen an- *durch Special gesetze.* gefügt, betreffen gewisse den „Localbahnen" charakteristische Bau- details: Kronenbreite, Schienengewicht, Fahrgeschwindigkeit etc., und enthalten übereinstimmend die allgemeine Zusicherung, dass beim Baue alle irgend zulässigen, die Oekonomie fördernden Erleichterun- gen und beim Betriebe alle erleichternden Nachlässe von der erwähnten „Betriebsordnung vom 16. November 1851" gewährt werden sollen, welche, unter den Verhältnissen der betreffenden Localbahn, zur Förderung der Oekonomie des Betriebes statthaft scheinen. Be- sonders bezieht sich dies auf die Sicherheitsvorkehrungen: Ein- friedigungen, Wegebewachung und Abschluss, Bahnbewachung, Signalisirung etc., deren Abminderung, beziehungsweise Weglassung, nach Massgabe der verringerten Fahrgeschwindigkeit, bei „Local- bahnen" thunlich schien.

Bis jetzt ist die Entwickelung des „Localbahnsystems" in Oester- reich eine sehr mässige gewesen. Einen Theil derselben hat der Staat in Ausführung oder noch auszuführen. Die bis jetzt *Ausgeführte und in Aus-* hergestellten oder in Ausführung begriffenen, beziehentlich der- *führung be- griffene* selben nahen Linien sind folgende: *Linien.*

Staatsbahnlinien. Normalspurig.

1. Mürzzuschlag-Neuberg,
2. Erbersdorf-Würbenthal . . . 20·0 Kilom. lang,
3. Unterdrauburg-Wolfsberg,
4. Kriegsdorf-Römerstadt . . . 13·8 Kilom. lang.

Privatbahnen. Normalspurig.

5. Elbogen-Neusattel,
6. Leobersdorf-St. Pölten,
7. Leobersdorf-Gutenstein,
8. Pöchlarn-Gaming,

9. Bozen-Meran . 31·2 Kilom. lang.
10. Wien-Aspang.

Privatbahnen. Schmalspurig.

11. Lambach-Gmunden . . . 28·22 Kilometer lang, kostet 154.600 Mark pr. Kilom.

Schlussfolgerungen. Prüft man nun die Einflüsse, welche die legislatorischen und administrativen, auf die Technik der Bahnen minderer Ordnung bezüglichen Massnahmen in den verschiedenen Staaten auf die Entwickelung der Netze von Linien dieser Art geäussert haben, so findet man, dass diejenigen unter ihnen, welche eine Verallgemeinerung der Formen derselben, eine gewisse Schematisirung ihrer Institutionen anstrebten, wie das Gesetz von 1865 in Frankreich, die Normalien in Ungarn, das Gesetz vom 29. April 1869 in Bayern, jener Entwickelung gewiss nicht förderlicher waren, als diejenigen, welche die freiere Gestaltung der Linien von Fall zu Fall der Administration vorbehaltend, die Anschmiegung der Verhältnisse derselben an das Orts- und Zeitbedürfniss, bis zu einem *Liberalste u. dehnbarste Massnahmen die förderlichsten.* gewissen, mehr oder minder ausreichenden Grade erlaubten. Wie überall giebt auch hier der Inhalt der Vorschrift oder Bestimmung weit weniger den Ausschlag, als deren Ausführung und Handhabung. Immerhin werden die staatlichen Massnahmen, welche die auf die technische Gestaltung der Bahnen minderer Ordnung den mindestmöglichen beengenden Einfluss üben, sowohl der Anlage und Organisation der Linien, als der Aufsicht des Staates über dieselben möglichst weiten Spielraum gestatten, für die Entwickelung von Verkehrsanstalten die förderlichste sein, deren erste Lebensbedingung das „Mitten im localen Leben Stehen" die „Individualisirung ihrer Wesenheit" ist.

Für die Erreichung dieses Zweckes kann eine Vorschrift kaum allgemein, kaum dehnbar genug gefasst sein und dabei noch kaum jemals genügende Füglichkeit bieten, dem Fortschritte der Zeit ge- *Bedenklichkeit der Gesetzesform für Bestimmungen, Bahnen minderer Ordnung betr.* mäss umgestaltet zu werden.

Es wird sich daher, wie schon erwähnt, stets gefährlich zeigen, Massnahmen dieser Art die Form von Gesetzen zu geben, zu deren Abänderung das schwerbewegliche Zusammenwirken der gesetzgebenden Körperschaften gehört, und sich hingegen empfehlen, den Schwerpunkt dieser

Massnahmen in die beweglichere Administration zu legen. *Verlegung der betreffenden Massnahmen in die Administration.*

Aber auch innerhalb der Administration, ist der Sache der Bahnen minderer Ordnung eine raschere, localere, man gestatte den Ausdruck, subalternere Behandlung zu sichern, als die, welche die Angelegenheiten der Bahnen höherer Ordnung in den meisten Ländern, z. B. auch in Preussen, erfahren.

Die hier in's Spiel kommenden, kleineren Angelegenheiten der Provinzen, Gemeinden und Privaten vertragen eine, viele Monate, ja Jahre während Behandlung beim Durchgange durch alle Dikasterien des Staatsmechanismus nicht, und der Kosten- und Zeit Aufwand dabei steht ausser Verhältniss zu den Objecten, um die es sich hier in vielen Fällen handeln wird. Als Bedürfniss, ja Nothwendigkeit für die gedeihliche Pflege des Systems der Bahnen minderer Ordnung in technischer Beziehung ergiebt sich daher die Verlegung der entscheidenden Behandlung ihrer technischen Angelegenheiten mit allen ihren Dependenzen, aus der Staats- in die Provinzialregierung, die allein im Stande ist, auf Grund der Autopsie der Verhältnisse, denselben durch individuelle Gestaltung der Bahnen Rechnung zu tragen. Diese „Behandlung" muss Prüfung und Genehmigung der Projecte und die Beaufsichtigung des Baues und Betriebes umfassen, wenn sie der Wesenheit der Bahnen minderer Ordnung gemäss sein soll. *Entscheidende Behandlung der Angelegenheiten durch die Provinzial-Regierungen.*

Der Staatsregierung würde dabei nur noch die Entscheidung über die Nützlichkeit der Bahn überhaupt und die Hauptrichtung derselben zufallen. *Functionen der Staatsregierung dabei.*

Die Concession selbst würde von der Provinzialregierung ertheilt werden. Die technischen Verhältnisse des Baues und Betriebes der Bahn würden durch ein „Bedingnissheft" geregelt werden, dessen Form und Anordnung für alle Concessionen dieselbe, dessen Inhalt aber für jede derselben ein anderer, in allen Theilen den Orts- und Zeitverhältnissen der Bahn angepasster, die technische Individualisirung der Bahn gestaltender sein müsste. *Technische Bedingnisshefte.*

Das Substrat für die Verfassung dieser Bedingnisshefte würden für deutsche, beziehentlich preussische Bahnen die: *Substrate für die Bedingnisshefte.*

„Grundzüge für die Gestaltung der Secundär-Eisenbahnen" und die

„Sicherheitsordnung für die normalspurigen preussischen Bahnen"

liefern, deren Bestimmungen, sehr wenige ausgenommen, elastisch und allgemeingiltig genug sind, um, bei sachgemässer und geistvoller Handhabung der Auswahl unter denselben, wohl zur Individualisirung jeder Nuance von Bahnformen dienen zu können.

Die Selbstverständlichkeit des Geltens aller Bestimmungen jener Elaborate für eine ganze Gattung von Bahnen würde aufhören müssen und an deren Stelle die ausdrückliche Aufführung derer treten, die für den gegebenen Fall zu gelten haben.

Das geistlos classificirende Schema würde damit durch den individualisirenden Geist belebt.

Und hierin besteht der im Wesen schon grosse Unterschied der hiermit vorgeschlagenen, administrativen Behandlung der Bahnen minderer Ordnung von der französischen, der sie in der allgemeinen Form nachgebildet ist.

Individuelle Gestaltung anstatt der schematischen.

Sie setzt die technische Gestaltung des Individuums an die Stelle des Schemas für die Classe, gestattet dadurch jedem Masse der Oekonomie, jeder speciellen Lebensbedingung für jede Eisenbahnlinie in beliebigem Masse Rechnung zu tragen und damit das hauptsächlichste unter den technischen Momenten hinwegzuräumen, die bis jetzt der Entwickelung des Systems der Bahnen minderer Ordnung in den meisten Ländern und dem Aufblühen ihrer Prosperität hindernd gegenüber gestanden haben.

IV. ABSCHNITT.

Bei Schaffung der Bahnen minderer Ordnung mitwirkende Elemente.

Der Interessenkreis, dem die Bahnen minderer Ordnung ihre Entstehung verdanken, ist ein anderer wie der, welcher die Hauptbahnen producirt. *Schaffender Interessenkreis.*

Bedeutsame staatswirthschaftliche, politische und militärische Interessen lässt den Staat, die Speculation, theils im Hinblick auf hohe Verzinsung, häufiger auf starken Gewinnst am Umsatz der Capitalien, lässt die Finanzmächte an die Schaffung der Hauptbahnen gehen, die nur gelingt, wenn Interesse und Wirksamkeit beider parallel laufen.

Die eigentlichen Besitzer der Hauptbahnen, die Titresinhaber, haben meist an der Bahn keinerlei anderes Interesse, als dass sie ihnen die Dividenden und Zinsen für ihre Actien und Obligationen liefere. Inwieweit sie hingegen ihre sonstigen Pflichten gegen Staat, Provinz, Adjacenten aller Art erfüllt, ob sie zur wirklichen Prosperität der Districte, die sie durchsetzt und verbindet, beiträgt, ob sie redlich oder unredlich, gut oder schlecht verwaltet sei, ist jenen eigentlichen Besitzern völlig gleichgiltig, so lange ihnen die Fructificirung ihres Capitals genügt; ja sie sind, sehr häufig, fern von ihrem Bahnbesitzthume lebend, ausser Stande, thatsächliches Interesse an ihren Leistungen zu nehmen. *Die Besitzer der Hauptbahnen.*

Die meisten Ungesundheiten des Privateisenbahnwesens entspringen aus dieser Form der Unternehmungen, sind fast untrennbar damit verknüpft.

Die Entstehungsform der Bahnen minderer Ordnung und ihre durch die verschiedenen, ihnen beigelegten Benennungen als „Local-", „Vicinal-", „Secundär"-Bahnen etc. gekennzeichnete *Entstehungsform der Bahnen minderer Ordnung.*

Natur, ist eine andere. Das Verlangen nach der „Localbahn" wird rege, nicht durch den Wunsch mit ihrem Errichtungscapitale zu speculiren, sondern durch den nach einer Eisenstrasse, welche den Interessen der um sie herumliegenden Unternehmungen und Productionsgebiete dienen soll.

<small>*Charakterisirende Unterschiede der Bahnen höherer und minderer Ordnung.*</small>

Das Werben ihres Capitals tritt zurück gegen die Vortheile, die sie ihren Adjacenten zu schaffen hat.

Eine Bahn minderer Ordnung, die ihr Capital gar nicht verzinst, kann nichtsdestoweniger von unschätzbarem Werthe für ihre Besitzer sein.

Die Hauptbahn ist selbst werbendes Institut, die Bahn minderer Ordnung Mittel, Institute werbend zu machen.

Es kommt bei ihr daher nicht darauf an, dass sie selbst rentirt, sondern dass sie nützt; dass sie die in ihrer Nachbarschaft angelegten Capitalien rentiren zu machen hilft.

Ihre Manipulation wird daher, wenn sie dem Zwecke der „Localbahn" gemäss sein soll, eine, ihrem ganzen Wesen nach, von der der Hauptbahn abweichende sein müssen.

Dieser, ihrer eigensten Natur gemäss, und kraft der verhältnissmässigen Geringfügigkeit der Capitalien, die ihre Schaffung in Bewegung setzt, wird die Bahn minderer Ordnung selten allgemein marktbare Titres produciren, noch seltener die Speculation der grossen Finanzkreise reizen.

<small>*Nichtproduction marktbarer Titres.*</small>

<small>*Besitzer der Bahnen minderer Ordnung.*</small>

Ihre Besitzdocumente, seien es nun Actien, Obligationen oder Antheilscheine sonstiger Art, werden daher meist in den Händen Derjenigen bleiben, die auch an ihrem wirklichen Leisten, an ihrer Erspriesslichkeit für die Gegenden, die sie bedient, das meiste Interesse haben und zum grossen Theile ihre Schöpfer waren, der Adjacenten. Unter diese muss man im weiteren Sinne die Provinzen, die Gemeinden, die industriellen und agricolen Institute rechnen, deren Areale die Bahnen durchsetzen.

Während bei der Hauptbahn die Schöpfer derselben sehr häufig im Augenblicke, wo sie geschaffen ist, auch schon nicht mehr ihre Besitzer, und ihre jeweiligen Besitzer durchaus nicht auch ihre Pfleger und Benutzer sind, fallen diese Begriffe bei den Bahnen minderer Ordnung so häufig zusammen, dass dies Verhältniss als ihnen specifisch eigenthümlich betrachtet werden kann.

Es ist daher unzweifelhaft, dass für die Gestaltung der Vergesellschaftungen, denen die Bahnen minderer Ordnung ihre Existenz danken, die Form der Actiengesellschaft durchaus nicht die entsprechende ist. Im Gegentheile würden sich hierfür weit mehr jene Formen empfehlen, die ein intensiveres Zusammenwirken aller Betheiligten sichern, wie die der Commanditgesellschaften, der *„Not limited Companies"*, der „Antheilgenossenschaften zu Gewinnst und Verlust" u. s. w. *(Form der Actiengesellschaft nicht die entsprechendste.)*

Wenn trotzdem die meisten Gesellschaften, denen selbstgeschaffene oder erworbene Bahnen minderer Ordnung gehören, Actiengesellschaften, in meist wenig von der der Hauptbahnen abweichenden Form, sind, so liegt das theils darin, dass dies die geschmeidigste von allen ist, die bequemste Accommodation für die verschiedenartigsten Betheiligungen von Interessenten bietet; theils darin, dass doch hie und da Concessionen zu Bahnen dieser Art speculationsweise durch Gesellschaften von ihren ursprünglichen Concessionären erworben worden sind; theils darin, dass diese Form der öffentlichen Anschauung die geläufigste ist, und endlich wohl auch darin, dass sie die Füglichkeit gewährt, Gründungs- und andere mehr oder weniger legale Spesen leichter zu „drapiren" als jede andere. *(Actiengesellschaften, Besitzer der meisten Bahnen minderer Ordnung.)*

Da aber nun der Gemeinsinn nur an sehr wenig Orten so kräftig entwickelt ist, um ein gemeinnütziges Unternehmen der fraglichen Art, durch freie Betheiligung der Interessenten allein, zu Stande zu bringen, die Besitztitel der Bahnen minderer Ordnung, wie gesagt, und mit Recht, wenig Anziehungskraft für das Finanz-Publikum haben können, so wird es nur in wenig Fällen gelingen, eine Bahn minderer Ordnung von einiger Bedeutung ohne Hilfe des Staates oder der Provinzen und Gemeinden zu Stande zu bringen. *(Unumgänglichkeit der Staats-, Provinzial- und Gemeinde-Beihilfen.)*

Diese Hilfsleistungen können nur nach Massgabe des Interesses gewährt werden, welches Staat, Provinzen oder Gemeinden am Zustandekommen derselben zu nehmen haben. In der That wird es wenig solche Unternehmungen geben, an denen nicht einer oder der andere der genannten drei Factoren der öffentlichen Autorität ein mehr oder minder reges Interesse zu nehmen hätte, und sei es auch nur nach dem Grundsatze, dass die Prosperität des Einzelnen Hebel der allgemeinen Wohlfahrt sei. *(Hilfeleistung nach Massgabe des Interesses.)*

Aber das Mass dieses Interesses ist verschieden.

Es wird sich eben so gut, unter Verhältnissen, motiviren, wenn der Staat eine Bahn minderer Ordnung ganz auf eigene Kosten herstellt, als wenn er sich, in verschiedenen Abstufungen, bis zu geringfügigen Vergünstigungen hinab, an der Unternehmung fördernd betheiligt. Das, was für den Staat gilt, hat relativ gleiche Geltung für Provinz und Gemeinde.

Bedingungen für die legislatorische Förderung.
Deshalb dürfen die legislatorischen und administrativen Massnahmen, welche die Entwickelung der Bahnsysteme minderer Ordnung zu fördern, die Inslebenrufung solcher Linien zu erleichtern bestimmt sind, nicht an Bedingungen geknüpft sein, die eine grosse Anzahl der bedeutsamsten Fälle, bei denen die Förderung durch Staat oder Provinz gerade am unerlässlichsten wäre, von derselben ausschliessen.

Solche Bedingungen bilden vor Allem die Fixirung der Höhe des Preises der Bahn, pro Längeneinheit, bei dem eine staatliche Betheiligung oder Unterstützung noch statthaft sein soll; und die Fixirung des Procentsatzes der Herstellungskosten der Bahn, bis zu welchem Staats- oder Provinzialhilfe noch gewährt werden darf.

Der Subventionssatz nicht limitirbar.
Der Einheitspreis für Bahnen, deren Natur sie als Bahnen minderer Ordnung charakterisirt, lässt sich nicht limitiren, vielleicht selbst weniger noch, als dies bei gewissen Kategorien der Hauptbahnen möglich ist. Denn das Amt und der Wirkungskreis der Bahnen minderer Ordnung ist noch vielgestaltiger als bei den Hauptbahnen.

Vielfaltigkeit der Formen der Bahnen m. O.
Es giebt keine Formen der Hauptbahnen, die dieselben unter sich so total und drastisch unterschieden, wie die der Bahnen minderer Ordnung.

Zwischen den Touristenbahnen der Schweiz auf den Rigi, nach Heiden und nach dem Uetliberge hinauf, und den Industriebahnen des Jura; zwischen der Kahlenberg-Bahn bei Wien und den ungarischen Flachlandbahnen II. Ranges; zwischen der Festiniog-Bahn und den schottischen Normalspur- „leichten Linien"; zwischen der Bröhlthal-Bahn und den bayerischen „Vicinalbahnen" etc. etc. liegen grössere Totalabstände in Constructionen, Manipulationsformen und Organisation, als sie zwischen Hauptbahnen vorkommen.

Ebenso drastisch verschieden sind auch die Anlagekosten.

Zwischen den Anlagekosten der Bahnen niedersten Preises wie: *Bahnen niederster und höchster Anlage-Preise.*

Ocholt-Westerstede	26.083	Mark per Kilom.
Köping-Uttersberg	27.212	" " "
Wickern-Mickeln	26.400	" " "
Ulricehamn-Wartofta	26.000	" " "

und denen der Linien höchsten Preises wie:

Vitznau-Rigi	243.000	Mark per Kilom.
Ostermundinger-Bahn	218.000	" " "
Arth-Rigi	469.000	" " "
Ermsthalbahn	147.000	" " "
Winkeln-Herisau	199.000	" " "
Festiniog-Bahn	112.000	" " "

liegen Unterschiede vom fast Zehnfachen. Nun ist es sehr wohl denkbar, dass Bahnen, denen der Staat oder die Provinz, als besonders für das öffentliche Wohl werthvoll, das regste Interesse entgegenbringen muss, auch besonders hoch im Preise fallen können. *Limitirung der Anlage-Preise.*

Wollte man daher nur Linien, deren Preis ein gewisses Mass nicht überschreitet, in ihrer Entstehung durch Staatshilfe fördern, so würden vielleicht, um dieses Princips willen, überaus wichtige Bahnen unausgebaut bleiben.

Dasselbe ist deshalb verwerflich.

Nicht weniger hinderlich ist die Limitirung des finanziellen Antheils, den die Staats- etc. Beihilfe an einer Bahnschaffung zu nehmen berechtigt sein soll. Diese Beschränkung kann zur Folge haben, dass entweder eine nützliche Unternehmung, an deren Anlagecapital noch eine kleine Summe fehlt, die auf anderem Wege nicht mehr zur Stelle gebracht werden kann, nicht zu Stande kommt, oder dass man, um die darin liegende Uneigentlichkeit zu vermeiden, das Gesetz, in mehr oder minder umfassender Weise, auf dem oder jenem, jedenfalls nicht ganz egalen Wege, umgehen muss. *Limitirung des Antheils.*

Auch ein drittes, die freie Einwirkung des Staates, der Provinzen und Gemeinden auf die Inslebenführung der Bahnen minderer Ordnung beschränkendes Princip ist durch das französische Localbahngesetz vom Jahre 1865 (vide Anhang II, § 5) geschaffen worden.

Es ist dies die Limitirung des Masses der Förderung, welche die Schaffung der Bahn erfahren darf, nach gewissen Steuererträgnissen, mit anderen Worten nach dem Wohlstande, der Provinzen, welche die Bahn bedienen soll. Die zu gewährende Beihilfe steigt *Bemessung der Förderung nach der Wohlhabenheit der bedienten Provinz.*

mit dem Mindermasse der Wohlhabenheit. Der Zweck der Bestimmung ist gewesen, die Provinzen zu, nach jenem Masse der Wohlhabenheit bemessenen, Anstrengungen zur Schaffung der Bahnen anzuspornen, deren Existenz speciell in ihrem Interesse liegt. Diese Pression trifft aber nicht die rechte Stelle und bleibt daher verhältnissmässig wirkungslos, da es kein Zwangsmittel giebt, die Bewohner einer Provinz zu Leistungen heranzuziehen, zu welchen der Gemeingeist sie nicht treibt. Auch hier kann diese Beschränkung das Zustandekommen erspriesslicher Verkehrswege, um einer geringfügigen Summe willen, verhindern.

<small>*Giltiges Motiv für die Unterstützung des Staates etc. Beihilfen nur nach freiem Ermessen von Fall zu Fall zu gewähren.*</small> Die Nothwendigkeit der Unterstützung des Staates kann nur nach der höheren oder minderen Erspriesslichkeit einer Bahn bestimmt werden, und nach dieser allein kann sich jene bemessen; das Mass der Wohlhabenheit der bedienten Provinzen steht damit in gar keiner Beziehung. Auch dies Princip ist daher nicht zur Adoptirung zu empfehlen.

Nach je freierem Ermessen der dazu berufenen Staats-, Provinzial- und Gemeinde-Regierungsorgane die Unterstützung der Inslebenrufung von Bahnen minderer Ordnung erfolgen kann, je rationeller sie den Ort- und Zeitverhältnissen des Districts, den die Bahn bedienen soll, und der Individualität der letzteren nach Form und finanziellem Betrage, angepasst werden kann, um so wirksamer wird sie für die Entwickelung der Netze sein, in um so geringere Gefahr wird sie die Börsen der unterstützenden Staaten, Provinzen, Gemeinden etc. bringen.

<small>*Vielfältigkeit der bei Schaffung von Bahnen m.O. zusammenwirkenden Kräfte.*</small> Der geringere Umfang der bei der Inslebenrufung der Bahnen minderer Ordnung in das Spiel kommenden Capitalien, die Intimität der Interessen, denen sie zu dienen haben, sind Ursache, dass die Form ihrer Schaffung eine weit vielgestaltigere sein kann, als die der Hauptbahnen zu sein pflegt, und dass die dabei mitwirkenden Kräfte weit verschiedenartigerer Natur sind, verschiedengestaltiger zusammenwirken als bei diesen.

Mit wenig Ausnahmen sind die Hauptbahnen entweder durch den Staat allein, oder durch ganz selbstständige Actiengesellschaften, oder durch vom Staate in verschiedener Form unterstützte Actiengesellschaften, geschaffen worden.

Die dabei obwaltenden, grossen finanziellen, administrativen, wirthschaftlichen und politisch-militärischen Verhältnisse werden anderen Entstehungsformen kaum jemals in nennenswerthem Masse Raum lassen.

Anders die Bahnen minderer Ordnung. Bei diesen können die schaffenden Kräfte in kaum übersehbarer Zahl von Gestalten und Wirkungsformen auftreten. *Factoren der Insleben-rufung.*

Sie können in das Leben gerufen werden:
durch den Staat allein;
durch Provinzen allein;
durch Gemeinden allein;
durch Private allein;
durch Actiengesellschaften allein.

Sodann durch die Combination dieser Factoren, z. B.: *Combination derselben.*
durch Provinzen, Gemeinden, Private und Actiengesellschaften, vom Staate in den verschiedensten Weisen und Formen gefördert und unterstützt;
durch Gemeinden, Private und Actiengesellschaften, von den Provinzen, oder auch durch die Provinzen, vom Staate unterstützt;
durch Private und Actiengesellschaften, von Gemeinden oder Provinzen oder dem Staate, oder von allen dreien unterstützt;
durch Private, unter Beihilfe eines oder mehrerer der anderen Factoren;
durch Actiengesellschaften unter Garantie und Unterstützung der anderen Factoren etc. etc. etc.

Die Zahl der Combinationen, in der diese Zusammenwirkungen erfolgen können, ist selbstverständlich sehr gross.

Dieselbe wird fast bis in's Unendliche vermehrt, wenn man die verschiedenen Formen und Methoden in Rechnung zieht, in denen die gegenseitige Unterstützung und Förderung erfolgen kann.

Um nur etliche derselben zu bezeichnen, seien hier nur einige hauptsächliche und schon in der Praxis in Anwendung gebrachte Förderungsformen für die Entwickelung von Bahnsystemen minderer Ordnung aufgeführt. Diese Förderung kann erfolgen und ist respective schon erfolgt: *Formen der Förderung und Beihilfe.*
durch Capitalunterstützung à *fonds perdu* (Prämien);
durch Capitalunterstützung mit Rückzahlung, ohne Versinsung;
durch Capitalunterstützung mit Rückzahlung und Verzinsung;
durch Uebernahme von Actien;
durch Uebernahme von Prioritäten;

durch Bruttoeinnahme-Garantien;
durch Nettoeinnahme-Garantien;
durch partielle Brutto- und Netto-Garantien (alle drei in den verschiedensten Formen, wie sie z. B. die Staatsgarantien der österreichischen Bahnen aufweisen);
durch Arealgewährungen;
durch Gewährungen von Materialien, Arbeitskräften und anderen Leistungen;
durch Steuer- und Zollnachlässe etc. etc.

Jede dieser Förderungsformen (Steuer- und Zollnachlässe ausgenommen) kann, unter Verhältnissen, von jedem der oben genannten, bei Schaffung einer Bahn minderer Ordnung betheiligten Factoren, zu Gunsten der Unternehmung in Anwendung gebracht werden, ja es steht nichts im Wege, dass mehrere derselben von verschiedenen Seiten her derselben Unternehmung zu Gute kommen.

Complication der Insleben-rufung von Bahnen m.O. Deutlich aber geht aus alledem die überaus grosse Complication der Verhältnisse hervor, unter denen Bahnen minderer Ordnung in das Leben gerufen und manipulirt werden können.

Es ist hier nicht der Ort, die Verdienste und Uebelstände *Gesetzgebung* der verschiedenen Methoden der Förderung zu prüfen, gewiss aber *muss derselben Rechnung tragen.* ist, dass eine Gesetzgebung, welche für die Entwickelung der Bahnsysteme minderer Ordnung wirklich fördersam sein soll, allen Combinationen unter allen Förderern und allen Förderungsmethoden freie Hand lassen, alle mit ihren Bestimmungen treffen muss.

Es ist daher ein grosser Fehler der wenigen Gesetzgebungen, welche sich bisher mit den Verhältnissen der Bahnen minderer Ordnung im Allgemeinen befasst haben, gewesen, dass sie fast nur deren Entstehung als Actiengesellschaften, deren Förderung durch Beihilfe des Staates, oder der Provinzen und Gemeinden in das Auge gefasst haben.

Die schwachen Erfolge der französischen sowohl wie der bayerischen Gesetzgebung in Bezug auf rasche Förderung der Entwickelung der Netze von Bahnen minderer Ordnung, sind hierauf vornehmlich zurückzuführen, da, im Gegensatze zu den grossen Hauptbahnen, die ihre Existenz entweder grossen staatswirthschaftlichen und politischen Tendenzen oder der Speculation schulden, die Bahn minderer Ordnung ihre Schaffung ganz specifisch localen und speciellen Interessen verdankt, und die Träger dieser Interessen daher, wie oben erwähnt, auch Schöpfer und Eigenthümer dieser Bahnen sein werden, während die Träger der in zweiter Linie an die Bahn geknüpften Interessen, als deren Förderer und Unterstützer auftreten werden. Wir können diese Interessen primäre und secundäre nennen.

Nun ist es sehr wohl denkbar, dass der Staat an der Schaffung einer Bahn minderer Ordnung fast ausschliessliches Interesse haben kann. Wenn es gilt, eine wenig productive Provinz, die selbst, ihrer Natur nach, der Bahn noch wenig bedarf, den staatlichen Einflüssen zu öffnen; oder einige, bisher durch Gebirgsstöcke, Meer etc. vom Reich getrennte Districte, an dasselbe anzuschliessen; einen strategisch wichtigen, aber keiner grossen Massenbewegung bedürftigen Punkt zugänglich zu machen, so wird der Staat sich in der Lage finden, Bahnen minderer Ordnung allein auszuführen. Oesterreich war z. B. in dieser Lage, als es die dalmatinischen Bahnen, die Linie durch Istrien nach Pola, seinem Kriegshafen, baute; wenn es die Arlberg-Bahn bauen wird. Alle diese Linien, obwohl der Richtung und Lage nach Hauptbahnen, sind doch, nach Verkehr und Handhabung als Bahnen minderer Ordnung charakterisirt. Es sind dies ferner sämmtlich Bahnen, welche, auf Menschenalter hinaus, selbst bei ökonomischster Manipulation, keine Rentabilität versprechen, welche unproductive Provinzen durchsetzen, deren Culturzustand den Zeitwerth nicht kennt und die für das Eisenbahnwesen nicht reif sind; Bahnen, deren Verkehrsmass, ihre Herstellung als Bahnen minderer Ordnung, und zwar primitivster Form gestattete, für deren Ausführung sich niemals eine Unternehmung gefunden haben würde, die aber, aus rein staatlichen Rücksichten, gebaut werden mussten.

Es sind dies Linien minderer Ordnung, zu deren Herstellung der Staat allein berufen ist. Die bedeutende Heranziehung der armen Provinzen, die sie durchziehen und ihrer kaum selbst bedürfen, zu deren Herstellung würde ein ungerechtfertigter Druck sein. Der Staat wird sich ferner genöthigt finden, Linien selbst herzustellen, die für die allgemeine oder die Wohlfahrt von Provinzen und Districten nothwendig sind, zu deren Ausführung sich aber weder Speculation noch Gemeinsinn herbeilassen wollen.

Gilt es aber einer blühenden oder aufblühenden Provinz für die Verwerthung ihrer Producte eine vermehrte Beziehung zu dem Hauptbahnnetze, ihrer Industrie erweiterte Concurrenzkraft zu schaffen, so tritt das Interesse des Staates, ohne zu schwinden, doch gegen das der Provinz zurück. Die Provinz hat dann als Schöpferin der Bahnen minderer Ordnung aufzutreten und der Staat das Zustandekommen derselben, nach Massgabe seines Interesses an ihnen (das sich mit dem naturgemässen in der Provinz verknüpft), durch geeignete Unterstützung zu fördern. So entsteht ein Theil der Bahnen „*d'intérêt local*" in Frankreich, der Vincinalbahnen in Bayern, der schwedischen Provinzialbahnen.

Bahnen von speciellem Gemeinde-Interesse.
Der Vorgang wiederholt sich in absteigender Reihe, wenn, bei Hervorrufung einer Bahn minderer Ordnung, das Interesse einer Ortschaft, einer Gemeinde das dominirende wird.

Ein Bade- oder Cur- oder Vergnügungsort, der die Gäste- und Touristenbewegung, ein Industrieplatz, der den Zu- und Abfluss von Materialien und Producten durch eine Bahn minderer Ordnung, die ihn mit dem Hauptbahnnetze in Verbindung bringen soll, zu fördern strebt, wird sachgemäss diese nicht allein in's Leben zu rufen, sondern auch durch in seiner Macht stehende Gewährungen aller Art zu erleichtern haben; während die Förderung durch die Provinz erst in zweiter, die durch den Staat erst in dritter Linie einzutreten hat.

Beispiele für das Zustandekommen von Bahnen minderer Ordnung in dieser Form liefern nächst der Höchst-Sodener Bahn besonders mehrere der Schweizer Bahnen, die man mehr oder weniger in diese Kategorie rechnen kann.

Die Vergnügungs- und Touristenbahnen der Schweiz, deren Interesse weit über das örtliche hinausreicht, haben ein Baucapital von nicht weniger als 14,920,000 Francs in Anspruch genommen, bei dessen Aufbringung sich Gemeinden und Cantone betheiligt haben. So haben die Cantone Appenzell und St. Gallen von den Obligationen II. Ranges der Zahnradbergbahn Rorschach-Heiden für 365,000 Francs, die Städte Rorschach und Lutzenberg 135,000 Francs übernommen etc. Ferner gehören unter die Kategorie der Provinzial- und Gemeindebahnen die Ocholt-Westerstede, die Bozen-Meran, die Fröttstedt-Friedrichsrode*) und andere Linien.

Bahnen von privatem Interesse.
Noch weniger als bei den vorwiegend dem Interesse einzelner Gemeinden dienenden Bahnen minderer Ordnung grenzt sich dasselbe bei solchen Linien dieser Art ab, die von den Besitzern

---

*) Dem Sachsen-Gothaischen Staate gehörig, verpachtet.

industrieller oder agricoler Unternehmungen, zunächst zum Vortheile dieser, in's Leben gerufen werden. Unter Verhältnissen kann aber der Bestand solcher Linien für die Gemeinden, deren Gebiet sie durchsetzen, oder selbst die Provinzen, in denen sie entstehen, und endlich sogar auch für den Staat von Bedeutung werden, und zwar entweder direct, indem die Bahn allen diesen Factoren Verkehrsdienste leistet, oder indirect durch ihre hebende Rückwirkung auf die Industrie, der sie ihren Ursprung verdankt und der sie dient. In beiden Fällen werden sich jene Factoren geneigt finden, den Privat-Adjacenten, welche die Bahn in ihrem Interesse herzustellen beabsichtigen, ihre Bestrebungen durch gewährte Vortheile theils pecuniärer, theils anderer Art zu erleichtern.

Je enger der Interessenkreis der Bahnen, je kleiner deren Herstellungscapital wird, um so mehr treten Gewährungen an Naturalleistungen dabei in den Vordergrund, um so mehr Bedeutung erhalten sie.

So ist, abgesehen von den vertragsmässigen Arealgewährungen bei Inslebenrufung der Bahnen in Bayern, Frankreich etc., das Zustandekommen mehrerer schwedischer Bahnen minderer Ordnung durch Gewährung von Steinen, Holz, Kalk etc. aus Staatsbesitzungen gefördert worden; bei Herstellung der Bozen-Meraner Secundärbahn spielen die Gewährungen von Materialien, Arbeitsleistungen und Arealen, Benutzung von Baulichkeiten seitens der Adjacenten und Gemeinden eine bedeutende Rolle. Der Canton Vaud hat die Entstehung der Suisse-Occidentale-Bahn durch Gratisgewährung von Bauholz, Schwellen, Land etc. subventionirt etc.

Mitwirkung bei der Schaffung der Bahnen durch Naturalgewährungen.

Nächst dem Interesse der adjacirenden Industrie und Agricultur verdanken die meisten deutschen und französischen, österreichischen, ungarischen, schweizerischen und schwedischen Industriebahnen ihre Existenz der Förderung, in verschiedener Form, durch Staat, Provinzen, Gemeinden und indirect betheiligte Adjacenten. Die ganz ohne fremde Beihilfe von einzelnen Privaten errichteten Bahnen minderer Ordnung von einiger Ausdehnung, besonders wenn sie Güter- und Personenverkehr führen sollen, sind selten. Zu den interessantesten derselben gehört die Mr. Edward Cropper gehörige, aus dem Herzen von Pembrokeshire bis nach Fishguard an's Meer geführte Maenclochog-Bahn von 17·6 Kilom. Länge, die der genannte Industrielle, aus eigenen

Einzelnen Besitzern gehörige Bahnen.

Mitteln gebaut und deren Betrieb er, in Personen- und Güterdienst, durch in seinem Solde stehende Beamte führen lässt.

Eine zweite derartige Linie ist die Hemel-Hempstead-Bahn, welche die grosse Midland- und die grössere London North-West-Bahn in Hertfordshire verbindet, 22·4 Kilometer weit durch schwieriges Terrain führt und ausschliesslich Privateigenthum des M. J. J. Barrow ist.

In den meisten Fällen wird die Inslebenrufung von Bahnen minderer Ordnung durch Private nur durch Zusammenschluss von Interessen und Förderungen von aussen her thunlich sein.

<small>*Adjacirende Haupt- bahnen Her- vorrufer von Bahnen m. O.*</small> Eine weitere Form der Inslebenrufung der Bahnen minderer Ordnung bildet die durch grössere Bahnlinien als Adjacenten, welche sie, im Interesse ihres eigenen Verkehrs, theils um demselben Massen durch Erschluss von Industrie- und Agricultur-Districten und Unternehmungen zuzuführen, theils um sie Concurrenzbahnen abzugewinnen, nach denen jene Productionspunkte bisher gravitirten, ausführen. Auf solche Unternehmen können nun entweder, wenn sie ganz mit dem Hauptunternehmen verschmolzen <small>*Schwierig- keiten, Ei- werbsgesell- schaften zur Schaffung von Bahnen m. O. zu gründen.*</small> werden, die Förderungen des letzteren ausgedehnt werden, oder die Eigenthümer des grossen Unternehmens können die Garantien und Förderungen für das kleinere, neue in den verschiedensten Formen übernehmen. In letzterem Falle erscheinen die bestehenden Bahnlinien als Adjacent wie jeder andere, dem nur zufällig ganz besondere Befähigung für die Schaffung der neuen Bahnlinie beiwohnt.

Wenn aber einerseits die Factoren, welche bei der Inslebenrufung von Bahnen minderer Ordnung thätig sein können und zu sein pflegen, nicht einfacher Art sind, so werden in den meisten Fällen die Betriebs- und Ertragsverhältnisse derselben so wenig complicirter, klarer Art sein, dass sie selten eine Täuschung über das finanzielle Resultat bei der Schaffung einer solchen Bahn zulassen werden.

Nur in verhältnissmässig wenig Fällen werden dieselben solche sein, dass sie eine hohe Fructificirung des angelegten Capitals in Aussicht stellen, die zur Gründung einer selbständigen Actiengesellschaft zur Ausbeutung dieser Verhältnisse reizen könnte.

Wenn es nun auch, unter den meisten Umständen, durch strenge Individualisirung von Bau und Betrieb der Bahnen, möglich sein wird, den Betriebsaufwand derselben durch ihre Einnahmen zu decken, ja dem Capitale auch eine gewisse Verzinsung zu sichern,*) so wird es doch unter die seltenen Ausnahmen gehören, dass diese Verzinsungen hoch genug sein werden (z. B. bei der Festiniog-Bahn etc.), um in Anhoffung derselben eine Erwerbs-Actiengesellschaft zu Stande bringen zu können, wenn nicht die der Bahn gewährten Vergünstigungen das werbende Capital auf ein Minimum reduciren und die Betriebsverhältnisse besonders günstig sind. In wie weitgehendem Masse beides der Fall für die Prosperität des Anlagecapitals sein muss, geht z. B. aus den Verhältnissen der Bröhlthal-Bahn hervor, von deren, 760.000 Mark betragendem Baucapitale, der Staat 180.000 Mark übernommen und das Areal der Strasse gratis hergegeben hat, und die doch, bei lebhaftem Massenverkehr zu Thal, kaum beginnt, ihren Actionären einen Ertrag zu liefern.

Der Schwerpunkt der Motive für die Schaffung einer Bahn minderer Ordnung wird folgerichtig daher immer weit mehr in ihrer indirecten Nützlichkeit, als im directen Erwerbsmass der aufgewendeten Capitalien liegen.

Aus der vorstehend kurzen Aufführung der Kräfte, welche bei Schaffung der Bahnen minderer Ordnung thätig sein und der Combinationen, in denen sie sich zur Erreichung dieses Zweckes auftreten können, geht die überaus grosse Complication der Verhältnisse hervor, welche möglicherweise, wie wir oben schon a priori erwähnten, bei derartigen Schaffungen zur Erscheinung kommen werden. *Schwerpunkt der Schaffung von Bahnen m. O. weniger hoher Fructificirung der Capitalien als in directer Nützlichkeit derselben.*

Hieraus wiederum ergiebt sich aber der Schluss, dass eine, die Verhältnisse der Inslebenrufung von Bahnen minderer Ordnung reguliren sollende Gesetzgebung, zur Deckung aller einschlagenden Bedürfnisse, nur die Wahl hat, zwischen enormer Vielseitigkeit und Vielfältigkeit präciser Bestimmungen für anscheinend jeden möglichen Fall, oder einer solchen Einfachheit und Allgemeinheit derselben, dass sie der Regierung gestatten, denselben, von Fall zu Fall, nach bestem Wissen und Ermessen, die für die Erreichung der gerade vorliegenden Zwecke entsprechende Auslegung zu geben. *Form der legislatorischen und administrativen Einwirkung auf die Schaffung von Bahnen m. O.*

---

*) Es scheint dies z. B. bei Buresch's interessanter Schöpfung der Ocholt-Westerstedter und der Fröttstedt-Friedrichsrodner Secundärbahn der Fall zu sein.

Im ersteren Falle wird sie Gefahr laufen, trotz aller Umsicht und Vollständigkeit ihrer Emanationen, in der Fülle der Verwickelungen des praktischen Lebens, doch fortwährend von Combinationen der Verhältnisse überrascht zu werden, an die ihre Weisheit nicht gedacht hatte und gedacht haben konnte, während der zweite der ausführenden, sachverständigen Autorität die volle Füglichkeit giebt, die allgemeine Bestimmung für den neuen Fall erspriesslich zu interpretiren und anzuwenden.

V. ABSCHNITT.

Die Form der Concessionirung der Bahnen minderer Ordnung.

Nachdem wir im Vorstehenden die Elemente, welche bei Schaffung von Bahnen minderer Ordnung in den vielgestaltigsten Combinationen mitwirkend auftreten können, gemustert haben, werfen wir einen Blick auf die ersten Einflüsse, die der Staat zunächst auf die Entstehung und Entwickelung der Bahnen dieser Art und der Netze, die sie bilden können, zu üben haben wird. *Erste Einflüsse des Staates auf die Entstehung der Bahnen minderer Ordnung.*

Der früheste, und einer der hauptsächlichsten der Acte dieser Beeinflussung besteht in der Concessionirung der betreffenden Linien, der nur die Prüfung von deren öffentlicher Nützlichkeit und ihrer Projecte und Programme vorauszugehen hat. *Concessionirung der Bahnen.*

Die ganze Natur der Beeinflussung, welche der Staat auf eine Bahnlinie zu üben beabsichtigt, oder gesetzlich verpflichtet ist, spricht sich in dem Specialgesetze aus, durch das deren Inslebenrufung die legale Berechtigung erhält und welches die Rechte und Pflichten zwischen Staat und Unternehmung feststellt.

Die meisten Länder besitzen, wie erwähnt, kein Gesetz, welches die Verhältnisse der Bahnen minderer Ordnung, im Unterschiede zu denen der Bahnen höherer Ordnung, im Allgemeinen feststellte. Daher unterscheidet sich auch die Form ihrer Concessionirung mit ihren Vorgängen nicht wesentlich von der für Normalbahnen, und jene tragen nur in Specialbestimmungen der anderen Natur der Bahnen, die sie betreffen, Rechnung.

Mit der unveränderten Form der Concessionirung bleiben aber auch die Massnahmen unverändert, die diese bei Normalbahnen begleiten und ihr vorausgehen. *Vorgänge der Concessionirung.*

Diese Massnahmen bestehen in der Erwerbung des Rechtes, die Studien für den Bau einer Bahn machen zu dürfen (Vorconcession), der Bearbeitung der Projecte, Pläne, Prospecte und Voranschläge, der Einreichung dieser Documente bei der betreffenden Behörde, der Prüfung derselben durch diese; den Verhandlungen über die Ausstellungen der Behörden; den Erörterungen der Angelegenheiten des Baues und der Expropriation durch verschiedene commissionelle Begehungen der Bahnstrecken; der Umarbeitung der Projecte und anderer Documente nach dem Ergebnisse dieser Commissionshandlungen; den Erörterungen über die Finanzirung der Unternehmung, das Tarifwesen, die Gestaltung der Bedingnisshefte der Bahn etc. etc. etc.

Widerspruch zwischen dem Umfange dieser Massnahmen und der Bedeutung mancher Bahnen minderer Ordnung.
Der für diese Massnahmen erforderliche Zeit-, Mühe- und Geldaufwand, nach den Verhältnissen der Hauptbahnen bemessen und diese selbst oft schwer belastend, steht oft völlig ausser Verhältniss zu dem Zwecke und der Gesammtnatur des Unternehmens einer kleinen Bahn minderer Ordnung.

Verlegung der Concessionirung der Localbahnen aus den Händen der Staats-Regierung in die der Departements-Regierung in Frankreich.
Die Kritik des Widerspruches, der zwischen den Tendenzen einer Bahn von einigen Kilometern Länge und schwachem Verkehr und dem gewaltigen Regierungsmechanismus liegt, welcher ihretwegen in Bewegung gesetzt werden muss, hat in Frankreich dazu geführt, die Concessionirung von Bahnen minderer Ordnung, (dort officiell „Localbahnen", *Chemins de fer d'intérêt local*), aus den Händen der Regierung in die der Departemental-Verwaltung zu legen. (Gesetz von 1865, Anhang II.)

Das Odium der Massenbewegung von Kräften und der Verzögerung der die Concessionen betreffenden Geschäfte ist dadurch von der Regierung genommen, die Vereinfachung des Vorgangs aber im Wesentlichen eine scheinbare.

Artikel 2 des Gesetzes vom 12. Juli 1865 (vide Anhang II) bestimmt, dass der Generalrath *(Conseil général)* des Departements, nach vorhergehender Berichterstattung des Präfecten, die Hauptrichtung und Route der projectirten Bahn, die Form ihrer Construction und die Betriebsbedingungen bestimme und schliesslich durch den Präfecten die Commissions-Ertheilung ausspreche.

Emanationen der Staatsregierung vor der Concessionirung durch das Departement.
Dieser gehen aber verschiedene wichtige Acte der Staatsregierung voraus, durch welche, wie gesagt, factisch die Concessionsertheilung von dieser ausgeht.

Die Staatsregierung hat vor der Concessionsertheilung auszusprechen:

1. dass die betreffende Bahn von öffentlichem Nutzen *(d'utilité publique)* sei;
2. die Genehmigung der Verhandlung des Departements mit den Concessionären über Inslebenführung der Bahn;
3. die Gewährung der Staatssubvention in Hinzufügung zu der des Departements.

Ehe die Staatsregierung diese Aeusserungen thut, hat sie folgende Handlungen vorzunehmen:

a) das Vorproject der Bahn,

b) die Erörterungen des Präfecten über deren öffentliche Nützlichkeit,

c) die Vorberathungen des Generalrathes des Departements mit den Concessionswerbern,

d) das denselben zu Grunde gelegte Verpflichtungsheft *(cahier des charges)*,

zu prüfen. Ferner:

e) das Gutachten des Generalrathes des „*Corps des Ponts et Chaussées*" darüber,

f) die Ansicht des Ministers des Innern und dessen der Finanzen über die Subvention einzuholen.

Dass demnach der Schwerpunkt der Massnahmen bei der Concessionirung der Localbahnen in den Händen der Staatsregierung verbleibt, deren Thätigkeit die des Departements dabei weit übersteigt, welche letztere eigentlich nur die Vorerörterungen, die Concess'onsertheilung und den Abschluss des Concessionvertrages mit den Concessionswerbern umfasst, geht aus dem Laufe des Concessions-Werbungs-Gesuches und Projectes durch die Behörden hervor.

Desgleichen ist es einleuchtend, dass dieser Lauf ein viel zu weitläufiger, weitaus zu vielen Verzögerungen und Erschwernissen unterliegender ist, um der Wesenheit der Secundärbahn congenial zu sein. In der That besteht zwischen dem Aufwande von Arbeitskraft und Zeit, den die Schaffung einer „Localbahn" und dem, welchen die einer grossen Hauptlinie verursacht, in Frankreich sehr wenig Unterschied, besonders da auch die technische Herstellung der ersteren, wie wir oben gesehen haben, sich nur in unwesentlichen Punkten von den der letzteren unterscheiden kann, weil beide in der Hauptsache durch das Eisenbahnpolizeigesetz vom Jahre 1845 reglementirt werden.

<small>Geringer Einfluss der Massnahmen auf die Beschleunigung und Vereinfachung der Geschäfte.</small>

Die Verfolgung des Ganges verschiedener Concessionsgesuche zu Localbahnen ergiebt, dass derselbe oft einen Zeitraum von mehr als zwei Jahren, von Einreichung des Gesuches an bis zur Ertheilung der Concession, in Anspruch genommen hat.

Die formelle Ertheilung der Concessionen für erstere durch die Departements ist daher eher eine Vermehrung der Complication des ganzen Verfahrens, als eine Erleichterung desselben. Dieselbe ist offenbar in dem Bestreben, die Localbahnen und ihre Entwickelung zu popularisiren, in Scene gesetzt worden, ohne dass dadurch ein wesentlicher Effect erzielt worden wäre.

Schwerfälligkeit des Ausführungsverfahrens. Ist daher auch das Princip der Concessionsertheilung durch die Provinzialregierung, nach Anerkennung der öffentlichen Nützlichkeit einer Linie durch die Staatsregierung, unzweifelhaft das Richtige für die Verhältnisse der Bahnen minderer Ordnung, so ist doch das französische Ausführungsverfahren ein viel zu weitläufiges und schwerfälliges, um nachahmenswerth zu sein.

Der Entwurf zu einem Gesetze, betreffend die Anlage von Eisenbahnen auf dem Körper der Staats-, Departemental- und Gemeindestrassen vom 17. März 1875 (vide Anhang IV), sagt nichts darüber, ob die Concession zu solchen Bahnen im Allgemeinen von der Regierung direct oder durch Vermittelung der Departements zu ertheilen sei. Der obenerwähnte Gesetzentwurf der Commission des Abgeordnetenhauses ergänzt diesen Mangel einigermassen durch seinen §. 2, der den Abschluss aller auf Bahnen dieser Art (Strassenbahnen) bezüglichen Verordnungen in die Hände der Departementsregierung legt. Für den Fall, dass eine solche Bahn bald eine Staats- (National-), bald eine Departementalstrasse berührt, sind die einschlagenden Verhältnisse zwischen der Staats- und Departemental-Regierung binnen 3 Monaten zu reguliren; gelingt dies nicht, so ist die Entscheidung durch die Staatsregierung einseitig zu treffen. Wem der Ausspruch über die öffentliche Nützlichkeit, nach diesem Entwurfe, in beiden Fällen zukommt, erwähnten wir schon oben.

In dem Falle der versuchsweisen Concessionirung der Strassenbahnlinie von Haironville nach Triancourt (vide Anhang XI) ist die Concession vom 10. October 1876 vom Präfecten des Departements der Maas ertheilt worden. Die derselben vorausgegangenen Acte der Staatsregierung sind fast genau dieselben, welche die Concessionirung einer Hauptbahn oder einer Localbahn einleiten, auch ist der Tenor der Concessionsurkunde im Wesentlichen dem der für gewöhnliche Localbahnen ohne Benutzung der öffentlichen Strassen, bis auf alle diejenigen Punkte fast gleich, die sich auf letzteres Verhältniss beziehen.

Das Verpflichtungsheft für diese Bahn ist ebenfalls auf das Polizeigesetz von 1845 basirt und enthält den grössten Theil der den Bahnen höherer Ordnung gegebenen, technischen Vorschriften für Bau und Betrieb.

Wenn daher der administrative Apparat, den die französische Gesetzgebung für die Inslebenführung der Localbahnen höherer Ordnung errichtet hat, sich als weitaus zu schwerfällig für die Entwickelung der Localbahnen erwies, so gilt dies in noch weit höherem Masse für die „Strassenbahnen", welche nach Fahrgeschwindigkeit, Anlage, Betriebssystem und oft auch Dimension der Spur, in den meisten Fällen zu den Linien niederster Classe unter den Bahnen minderer Ordnung gehören werden. Es ist nicht zu zweifeln, dass unter dem Drucke dieser administrativen, dem bureaukratisch-schematischen Geiste der französischen Staatsverwaltung entsprungenen Massnahmen, in Bezug auf Concessionirung und Herstellung der „Strassenbahnen" auch dieses System der Bahnen minderer Ordnung in Frankreich eine langsame und schwache Entwickelung haben werde, wenn, bei Berathung des betreffenden Gesetzentwurfes in den gesetzgebenden Körperschaften, derselbe nicht eine liberale, dem Wesen des betreffenden Bahnsystems mehr entsprechende Fassung erhält.

Das erwähnte, von den Herren Alcoque und Ricot der Deputirtenkammer erstattete Gutachten über den betreffenden Gesetzentwurf lässt in dieser Richtung keine weitgehenden Hoffnungen schöpfen.

Die schwedische Eisenbahn-Gesetzgebung unterscheidet die Ertheilung von Concessionen für Bahnen minderer Ordnung in nichts von der für Bahnen höherer Ordnung. *Schwedische Concessionirungsform.*

Alle Concessionen werden, nach Prüfung der Concessionswerbung in technischer und commercieller Beziehung durch die betreffenden Ministerien und die allgemeine Weg- und Wasserbaudirection, von der Regierung ertheilt. Das Verfahren dabei ist einfach.

In der Schweiz stand das Recht der Concessionirung der Eisenbahnen bis zum December 1872 den Cantonregierungen zu und wurden die Concessionen, auf Bericht und Antrag des mit den nöthigen technischen Elementen ausgerüsteten Regierungs- *Schweizer Concessionirungsform bis zum Jahre 1872* rathes, durch den grossen Rath der Cantone ertheilt. Die Concessionen bedurften aber, um rechtskräftig zu werden, der Genehmigung des Bundesrathes, der dabei die militärischen und politischen Interessen des Landes zu wahren hatte.

So ist es gekommen, dass für kurze Local- und Touristenbahnen oft die Concession von zwei oder mehr Cantonen, nebst den zugehörigen Genehmigungen des Bundes nöthig waren. Die kleine Strecke Kaltbad-Scheidegg der Rigi-Bahn bedurfte der Concession der Cantone Luzern und Schwyz; die Strecke Solothurn-Burgdorf die Concession von Bern und Solothurn; Winterthur-Singen-Kreuzlingen die Concession von Zürich, Schaffhausen und Thurgau. Die damit verknüpften Weitläufigkeiten und Unzuträglichkeiten liegen auf der Hand.

Gesetz über den Bau und Betrieb der Eisenbahnen auf dem Gebiete der schweizerischen Eidgenossenschaft vom 23. Dec. 1872.

Unter dem 23. December 1872 wurde daher das „Bundesgesetz über den Bau und Betrieb der Eisenbahnen auf dem Gebiete der schweizerischen Eidgenossenschaft" erlassen, welches diese Verhältnisse abänderte.

Es heisst Artikel 3 dieses Gesetzes:

„Die Ertheilung derartiger (Eisenbahn-) Concessionen „sowie die Erneuerung von solchen, die bisher von den Can„tonen ertheilt worden sind, ist von jetzt an Sache des Bun„des, jedoch unter Mitwirkung der betheiligten Cantone bei „den vorbereitenden Verhandlungen."

Ferner Artikel 4:

„Die Bundesversammlung ist berechtigt, eine Concession „auch dann zu ertheilen, wenn von einem Cantone Einsprache „gegen dieselbe erhoben wird. Die Entscheidung erfolgt nach „gehöriger Prüfung der streitigen Punkte und aller hierbei in „Betracht kommenden Verhältnisse."

Demgemäss sind seitdem sämmtliche, theils als Localbahnen officiell bezeichnete Linien, theils die nur durch ihre Herstellungsform als solche charakterisirten Bahnen der Schweiz, vom Bundesrathe, nach Prüfung der Projecte durch sein technisches Inspectorat, und auf Antrag von dessen Eisenbahn- und Handelsdepartement, concessionirt worden.

Verordnung zum Bundesgesetze vom 23. Dec. 1872 über den Bau und Betrieb von Eisenbahnen vom 1. Febr. 1875.

Vom Bundesrathe wurde zur Ergänzung des Gesetzes vom 23. December 1872 am 1. Februar 1875 eine Verordnung erlassen, die Natur der Vorlagen und die Bedingungen für die Concessionswerbung feststellend, die auch für die Bahnen minderer Ordnung Giltigkeit hat.

Durch eine unter dem 11. September 1873 vom Bundesrathe an die Bundesversammlung ergangene, auf eine vortreffliche Arbeit des technischen Inspectorats des Bundesrathes und der italienischen Ingenieure Rambaux und Rava über die virtuellen Längen der Eisenbahnen, basirte Botschaft, wurde eine Abänderung der Concessionsbedingungen, welche sich auf die Transportpreise bezogen, für eine Anzahl Bahnen minderer Ordnung beantragt. Der Antrag ging auf Erhöhung der Taxen für alle Bahnen minderer Ordnung, die über 10°/₀₀₀ Steigung haben, und betraf damit die *(Botschaft vom 11. Sept. 1873. Erhöhung der Tarife betr.)*

Brünig-Bahn,

Interlaken-Lauterbrunn,

Touristenbahnen im Berner Oberland;

die Schmalspurbahnen: Hatlingen-Esslingen; Zweilütschinen-Grindelwald; Winkeln-Appenzell; Neumünster-Grüningen; Muri-Aegeri etc.

Wir geben im Anhange XIII die Concessionsurkunde für die Schmalspurbahn von Stäfa nach Wetzikon, nach deren Schema auch die für andere „Secundärbahnen", wie Winkeln-Herisau nach Urnäsch-Appenzell; Muri-Affoltern-Aegeri; Zürich-Neumünster-Zürichberg-Grüningen mit den Abzweigungen nach Pfannenstiel und Uster etc. etc. ausgefertigt sind. *(Concessionsurkunde der Eisenbahn Stäfa-Wetzikon. Anhang XIII.)*

Artikel 5 der Concessionen knüpft die Ertheilung derselben an die nämlichen technischen und finanziellen Vorlagen, an welche die Concessionirung von Hauptbahnen geknüpft ist, auch behält dieselbe dem Bundesrathe in Beziehung auf Constructionen, Tarife etc. nahezu dieselben Rechte wie bei den Hauptbahnen vor.

In Oesterreich existirt ebensowenig wie in der Schweiz ein allgemeines, die Verhältnisse der Bahnen minderer Ordnung regulirendes Gesetz. Ein allgemeines, den „Betrieb der Localbahnen" betreffendes Regulativ ist in Arbeit, aber zur Zeit noch nicht erlassen. *(Oesterreichische Concessionsform.)*

Die Entscheidung darüber, welche Bahnen als „Localbahnen" zu betrachten, zu concessioniren, zu construiren und zu betreiben sind, hat sich die Staatsregierung vorbehalten und sind in dieser Beziehung Befugnisse den Regierungen (Statthaltereien) der einzelnen Kronländer nicht eingeräumt worden.

Mit der ausdrücklichen Bezeichnung als „Secundär- oder Localbahnen" sind in Oesterreich, wie erwähnt, zur Zeit nur 9 Linien in Herstellung begriffen, beziehentlich concessionirt worden: *(In Oesterreich concessionirte Linien minderer Ordnung.)*

1. Leobersdorf-Gutenstein;
2. Pöchlarn-Gaming;
3. Elbogen-Neusattel;
4. Erbersdorf-Würbenthal;
5. Mürzzuschlag-Neuberg;
6. Unterdrauburg-Wolfsberg;
7. Kriegsdorf-Römerstadt;
8. Bozen-Meran;
9. Wien-Aspang.

Hierüber besteht die ältere Bahn von Lambach-Gmunden, welche ihre Schmalspur als Bahn minderer Ordnung charakterisirt.

Von diesen sind nur die unter 1, 2, 5 und 8 und 9 aufgeführten an Privatgesellschaften concessionirt, die anderen auf Staatskosten hergestellt.

Gesetz, die Herstellung der Localbahn Kriegsdorf-Römerstadt durch den österr. Staat betr. Anhang XIV.
In dem Anhang XIV geben wir das Gesetz, welches die Regierung zur Herstellung der Secundärbahn „Kriegsdorf-Römerstadt" auf Staatskosten ermächtigt.

Dasselbe charakterisirt die Natur der Secundärbahn nur durch Beschränkung der Unterbau-Kronenbreite, des Schienengewichtes und der Maximal-Fahrgeschwindigkeit, und fordert die Regierung (Artikel II), wie schon oben erwähnt, auf, beim Bau und Betrieb alle möglichen, mit der Sicherheit vereinbaren Erleichterungen eintreten zu lassen.

Concession der Privat-Localbahn Elbogen-Neusattel. Anhang XV.
Dieselben Bestimmungen enthalten die Concessionen für die Privat-Localbahnen.

Dieselben sind allen Gesetzen gemeinsam, welche die Herstellung von „Localbahnen" seit 1875 officiell so genannt, durch den Staat oder durch Private regeln.

Die österreichische Concessionsform verlegt daher den Schwerpunkt der Bestimmungen über die hauptsächlichen Pflichten und Rechte des Concessionärs in die Concessionsurkunde selbst, im Gegensatze zu der französischen und Schweizer Form, welche alles Detail der schematischen Aufführung derselben den, den Concessionen angefügten Bedingnissheften (*Cahiers des Charges*) vorbehält.

Ungarische Concessionsform.
Zu den besten und sachgemässesten Massnahmen im Bereiche der auf die Bahnen minderer Ordnung bezüglichen Gesetzgebung gehören, wie schon oben in Bezug auf die Technik der Bahnen erwähnt, die ungarischen.

Die nach der dortigen (oben schon erwähnten) Nomenclatur Bahnen II. und III. Ranges (unter welchem letzteren schmalspurige Bahnen verstanden werden) genannten Bahnen werden theils auf Staatskosten, theils durch Private hergestellt (eigene Gesellschaften, Adjacenten, benachbarte Hauptbahnen). Eine allgemeine, die Verhältnisse der Bahnen regulirende Gesetzgebung existirt nicht und sind alle dahin einschlagenden Angelegenheiten durch Specialgesetze geordnet worden.

Die Concessionirung ist ausschliesslich der Regierung vorbehalten und hat man den Comitaten keinen Einfluss darauf gestattet.

Diese Specialgesetze sind fast alle genau dem Concessionsgesetze für die Banreve-Nadasder (Schmalspur) Eisenbahn vom 27. Juli 1870 nachgebildet. Sie enthalten eine Art von abgekürztem Bedingnissheft von zweckmässiger Fassung, das genügende Bestimmungen über die technische Herstellung der Bahn, die Verfassung derselben und ihre Verpflichtungen gegen den Staat umfasst. Diese Bestimmungen sind weit specieller als die der österreichischen Urkunden dieser Art. *Concession der Banreve-Nadasder Schmalspurbahn vom 27. Juli 1870.*

Diese Gesetze gewähren, in Bezug auf Anordnung der Bahnanlagen und Manipulation des Betriebes, den Eigenthümern der Bahnen grossen Spielraum. Leider ist die Benützung dieser Freiheit durch die von Frankreich nach Oesterreich-Ungarn herübergekommene, verwerfliche Massnahme der Erlassung von Normalien für das Detail der Construction etc. beeinträchtigt worden.

Die Betriebsverhältnisse sind, zweckmässiger Weise, nur durch die schon oben erwähnte „Betriebs-Vorschrift" vom 17. Mai 1871 geregelt, deren 13 sehr allgemein gehaltene Paragraphen wir in dem Anhange IX gegeben haben.

Englands Gesetzgebung macht in der Concessionirung der „*Light Railway*", welcher Ausdruck dort einen sehr dehnbaren, weder von der Gesetzgebung noch vom Usus der Eisenbahnwelt festgestellten Begriff umfasst, der nur gewisse Erleichterungen im Bau und Betrieb einer Bahn gegen die vom Parlamente genehmigte Formen bezeichnet, keinen Unterschied von der der Hauptbahnen. *Englische Concessionsform.*

Im Gegentheile bringt es der Usus mit sich, dass, wenn es die Herstellung einer Bahnlinie gilt, zunächst dem Gesuche um Concessionirung derselben, Projecte und Constructionen einer in den Formen der Normalbahnen auszuführenden Linie zum Grunde gelegt, demselben aber ein zweites Gesuch beigefügt werde, welches um die Gestattung bittet, die betreffende Bahn als „*Light-Railway*" ausführen zu dürfen. Nach den im Anhange I a. mitgetheilten Vorschriften für die Gestaltung dieses letzteren Gesuches sind, wie schon oben in Bezug auf technische Verhältnisse erwähnt, in die, demselben beigefügten, das Project als das einer Bahn höherer Ordnung darstellenden Zeichnungen und Pläne, sämmtliche Abweichungen in Roth einzutragen, durch welche die Herstellung der Bahn als „*Light Railway*" sich von jenen unterscheidet, so dass die Concessionirung des „*Light Railway*" als solche, nicht als ein, auf eine neue Gattung von Objecten gerichteter Act erscheint, sondern lediglich als eine Modification von Fall zu Fall der nach den usuellen Vorgängen ertheilten Eisenbahn-Concession.

Dies Verfahren entspricht dem Geiste der englischen Gesetzgebung, die sich auf „Vorgänge" zu stützen liebt.

Das bayerische Gesetz vom 29. April 1869, „Die Ausdehnung und Vervollständigung der bayerischen Staatsbahnen, dann Erbauung von Vicinalbahnen betreffend" (Anhang VI), kann nicht wohl von Concessionirung der letzteren handeln, da es, nach den in Bayern obwaltenden Eisenbahninstitutionen, hierbei ein Verhältniss im Auge haben musste, welches demjenigen diametral entgegengesetzt ist, welches in Bezug auf die Wechselwirkung zwischen Staat- und Vicinalbahnen in anderen Ländern obwaltet.

In diesen werden die Bahnen durch Concessionäre unter Beihilfe des Staates gebaut; in Bayern baut sie der Staat mit Naturalunterstützung der Bewerber um die Bahn, indem er sie ihnen nicht eher gewährt, bis ihm die unentgeltliche Lieferung der Areale und die Herstellung der Erdarbeiten, durch diese gesichert ist. (Vide Anhang VI.) Der Ausbau, die Betriebs-Organisation und Manipulation geschieht dann durch den Staat. Es ist dies eine, der Wesenheit der Bahnen minderer Ordnung durchaus nicht congeniale Maxime, da sie gerade diejenigen Elemente der Herstellung und Manipulation der Linien, durch welche ihre Individualisirung bewirkt und mithin das einzige Mittel, ihre Prosperität herbeizuführen, angewendet werden kann, in das Bereich der Stabilität und des Schematismus der Staatsverwaltung bringt, in welchem eine ausreichende Individualisirung fast niemals möglich sein wird.

Preussen besitzt keine die Concessionirung der Bahnen min- *Preussisches Verfahren.* derer Ordnung und ihre sonstigen Verhältnisse ordnenden, gesetzlichen Bestimmungen. In dem Gewährenlassen der Herstellung von Linien nach den mehrerwähnten „Grundzügen für die Gestaltung der secundären Eisenbahnen" und dem Zugrundelegen der Bestimmungen dieser „Grundzüge" bei den staatsaufsichtlichen Manipulationen, die sie betreffen, seitens der Staatsoberaufsicht, hat die indirecte Anerkennung der Existenz von Bahnen minderer Ordnung gelegen.

Wahrscheinlich ist dies der beste Weg gewesen, um vor Fixirung unreifer Verhältnisse durch die Gesetzgebung zu schützen und der, in dieser Sache gewiss richtigsten Politik von Fall zu Fall, und des Abwartens der Reifung der Verhältnisse, freie Hand zu lassen.

Fragt man nun nach den, in den verschiedenen Ländern mit den in ihnen bisher geübten Methoden der Concessionirung der Bahnen minderer Ordnung erzielten, allerdings weit mehr negative als positive Lehre gewährenden Resultaten, uns nach dem, dem Wesen dieser Verkehrsanstalten gemässesten Verfahren der Concessionirung, so ergiebt sich, in näherer Ausführung des oben schon, in Bezug auf Beeinflussung der Technik der Bahnen, Gesagten, Folgendes:

Die Bewerbung um die Concession hat bei der leitenden *Vorschläge für die Con-* Behörde der Provinz, in der die Bahn liegt, zu erfolgen, als der *cessionirungs-* Stelle, welche die Erforderlichkeit, Nützlichkeit, richtige Lage und *form.* Construction der Bahn am besten zu beurtheilen im Stande ist.

Die Behelfe (Unterlagen) bei dieser Bewerbung sollen sowohl in technischer als administrativer und wirthschaftlicher Beziehung die einfachstmöglichen sein, wo möglich nur in Einzeichnung der Bahn in eine gute Karte, nebst einer kurzen, technischen Beschreibung der Bahn, ganz allgemeinem Kostenvoranschlag und Motivenangabe für ihre Errichtung bestehen.

Die Provinzialbehörde berichtet begutachtend, unter Einsendung der zur Prüfung des Gutachtens nöthigen Behelfe, an das Ministerium, darüber: 1. ob es zweckmässig ist, die Bahn überhaupt, 2. sie als Bahn minderer Ordnung zu bauen oder nicht; 3. welche staatliche oder provinzielle Förderung ihr zuzuwenden sei.

Entscheidet das Ministerium für den Bau als Bahn minderer Ordnung, genehmigt dasselbe die staatliche Unterstützung, so kehrt die Angelegenheit in ihrer Gesammtheit in die Hände der Provinzialbehörde zurück und das Ministerium enthält sich aller ferneren Einmischung in das Detail der Sache; den Fall des Anrufes der Betheiligten ausgenommen.

Die Provinzialbehörde concessionirt die Linie, überwacht deren Ausführung nach den Concessionsbestimmungen und die Zahlung, Verwendung etc. der durch ihre Hände an die Unternehmung gelangenden Staats-, Provinzial- etc. Subventionen und Betheiligungen etc., so dass der ganze Schwerpunkt der staatlichen Manipulation des Systems von Bahnen minderer Ordnung in den Händen der Provinzialverwaltung liegt. Eine bedeutendere Disparität der Behandlung der Angelegenheiten gleichnamiger Art wird, theils wegen der ähnlichen Zusammensetzung der Provinzialbehörden aus in ähnlicher Weise herangebildeten Elementen, nicht häufig eintreten und würde, peinlich oder hindernd einwirkend, sich durch Heranziehung der Staatsregierung leicht ausgleichen lassen; theils könnte eine gewisse Ungleichheit kaum sehr zu fürchten sein, da die Linien nur selten aus Provinz in Provinz zusammenschliessen werden.

VI. ABSCHNITT.

Die Inslebenrufung der Bahnen minderer Ordnung.

Die Concessionäre der Bahnen minderer Ordnung haben, wie *Actiengesell-*
oben schon erwähnt, ihrer Unternehmung bisher in den weitaus *schaft nicht*
meisten Fällen die Form von Actiengesellschaften gegeben. *geeignet zur*
Form für
Bahnen min-
Diese Form ist die der öffentlichen Anschauung geläufigste, *derer Ord-*
auch hat sie für die finanzielle Manipulation viel Bequemes. *nung.*

Sie ist, wie ebenfalls erwähnt, nicht die dem Principe des Secundärbahnwesens angemessenste und wird es immer weniger, je localer, je specifisch individueller die Interessen werden, denen eine Unternehmung von Bahnen minderer Ordnung dient, je weniger die Bahn, der Idee der Localbahn gemäss, als selbstständig erwerbendes Institut gedacht wird.

Wenn sich der Gedanke der Actiengesellschaft nicht von Anfang an so enge mit dem der Eisenbahn überhaupt verknüpft hätte, so würde die Schaffung der Linien von ganz speciell provinziellem, communalem oder Adjacenten-Interesse gewiss meist auf ganz anderem Wege erfolgt sein.

Um die Mittel für die Herstellung einer speciell im Interesse *Mittelbeschaf-*
der Provinz oder von Gemeinden gelegenen Bahn zu beschaffen, *fung durch*
Provinzial-
würden diese Provinzial- oder Communal-Anleihen gemacht haben, *und Commu-*
nal-Anleihen.
die, auf Grund und Boden hypothekarisch festgelegt, die Capitalien jedenfalls zu weit wohlfeilerem Zinsfusse und unter Vermeidung aller Aufwände herbeigezogen hätten, die mit der Inslebenrufung einer Actiengesellschaft stets mehr oder weniger verknüpft sind.

Die Administrationen der auf diese Weise geschaffenen *Administra-*
tionsform der
Bahngesellschaften würden von kleinen Körperschaften bewirkt wer- *auf diese*
Weise ge-
den, die, aus Wahl der Provinzial- oder Communal-Vertretungen *schaffenen*
Bahnen.

hervorgegangen, in keiner Weise mit den Krankheiten behaftet wären, an denen die Verwaltungen der Actiengesellschaften mehr oder weniger schwer leiden, und die Gesammtwesenheit der Unternehmung wäre ihrerseits von den Unsauberkeiten befreit geblieben, die in Form von Strohmänner-Cliquen, Coterie- etc. Wesen, die Controle so vieler Actiengesellschaften völlig illusorisch machen, ja sogar ihr Recht auf Fortexistenz in Frage stellen. Die etwaigen Erträgnisse solcher Bahnen über die niedrige Verzinsung der Anleihen hinaus, auf die es übrigens in den meisten Fällen gar nicht abgesehen sein würde, da die Bahnen durch ihre Leistung den Interessen der Provinz und Gemeinde, nicht durch hohe Verzinsung des Capitals dem von Actienbesitzern zu dienen hätten, würde selbstverständlich der Casse der Provinz oder Gemeinde zum öffentlichen Besten und zur Erleichterung der Steuerträger zu Gute kommen. Würden mehrere Provinzen, oder Gemeinden, oder Provinzen, Gemeinden und Adjacenten gemeinschaftlich eine solche Bahn schaffen, so würde die Vereinigung die Form von Productivgenossenschaften erhalten.

Zusammentritt von Provinzen, Gemeinden und Privaten. Productivgenossenschaften.

In gleicher Weise könnten Complexe von grossem Grundbesitz, von industriellen Unternehmungen etc. zur Schaffung von Bahnen minderer Ordnung im gemeinsamen Interesse zusammentreten. Die finanzielle Form solcher Vereinigungen würde die der ritterschaftlichen Creditvereine sein können, die, besonders in West- und Ostpreussen, so segensreich für die Prosperität des Grundbesitzes gewirkt haben. Bei diesen Vereinigungen einer mehr oder minder grossen Anzahl von moralischen Individualitäten *ad hoc*, zur Schaffung einer Eisenbahn, gestalten sich indess die finanziellen Verhältnisse complicirter als bei den Bahnschöpfungen durch Provinzen und Gemeinden. Die Repartition der Beitragspflicht zu den Herstellungskosten und zur Sicherstellung des Betriebes ist hier ebenso schwierig wie die der Beneficien, welche aus dem Betriebe der Bahn, theils direct und baar, theils indirect erwachsen.

Repartition der Vortheile und Lasten.

Weder die Strecke, mit der die Bahn das Areal dieses oder jenes Adjacenten berührt, noch die Bedeutsamkeit von dessen Besitze, noch endlich die Lage desselben gegen die Bahn, kann hierfür allein einen Maassstab abgeben. Eine Menge Umstände compliciren selbstverständlich in dieser Richtung gehende Abschätzungen. Die Nähe einer Station, eine Niveaulage der Bahn etc.

Werthmomente.

ist mehr werth, als eine lange Berührungslinie ohne Station und ausser Niveau; die Producte des einen Adjacenten vertragen einen weiteren Landtransport zur Bahn als die des anderen; das Areal des einen wird von Strassen gekreuzt, die nach der Bahn führen, während der andere der Communication dahin entbehrt, auf Anlegung von Wegen angewiesen ist etc. etc. Andererseits können aber die Repartitionen der Beneficien, welche die Bahn bringt, nicht direct nach den Beiträgen der Adjacenten bemessen werden, da die Transportmassen und Vortheile, welche sie der Bahn zuführen, von jenen ganz verschieden sind.

Trotz dieser Schwierigkeiten erscheint die Bildung derartiger Vereinigungen, deren Organisation den Interessen aller Mitglieder der Gesellschaft so nahe als möglich Rechnung trägt, die Lasten und Vortheile der Herstellung so gerecht als thunlich vertheilt, überaus wünschenswerth vom Standpunkte der Förderung der in Rede stehenden Communicationen, so dass man nach Mitteln zur Ueberwindung dieser Schwierigkeiten sorgsam forschen muss.

Ein Vorgang hierfür existirt in der Eisenbahngesetzgebung nicht, wohl aber in der über Wasserlaufregulirungen, welche, bis zu einem gewissen Masse, Analogien mit den Eisenbahnverhältnissen besitzen.

Wir geben in dem Anhange XVII das ungarische „Gesetz über die Wasserregulirungs-Gesellschaften vom 10. Juni 1871", dessen modificirte Uebertragung auf die Local-Eisenbahngesellschaften der geistvolle Unter-Staatssecretär Karl Hieronymi angebahnt hat.

Ungarisches Gesetz über Wasser-Regulirungs-Gesellschaften vom 10. Juni 1871.

Dieses Gesetz regulirt die Vergesellschaftungen unter den Adjacenten, die innere Administration, die staatliche Ueberwachung derselben, die Mittel, sie zur Erfüllung ihrer eingegangenen Verpflichtungen anzuhalten etc., in einer so geistvollen und eingehenden Weise, dass das Elaborat der Bearbeitung eines auf gleichen Basen beruhenden Gesetzes für Herstellung und Betrieb von Bahnen minderer Ordnung mit Erfolg zum Grunde gelegt werden könnte. Die Repartition der Kosten und Beneficien erfolgt, nach diesem Gesetze, nach den Nutzverhältnissen der Adjacenten, durch freie Vereinbarung unter denselben über einen Schlüssel zur Berechnung dieser Nutzverhältnisse. Bei Construction dieses Schlüssels, die keine Allgerechtigkeit gewähren kann, ist den Distanzen vom Stromlauf, den Einwirkungen des Flusses auf das Eigenthum, den Beneficien, die aus der Regulirung erwachsen, in genügender Weise Rechnung getragen, so dass die Vortheile, der Genossenschaft anzugehören, über etwaige nicht vollständige Wunscherfüllungen weghelfen.

Eigenschaften der directen zur Schaffung einer Bahn zusammengetretenen Vereinsgesellschaftungen.

Die aus directen Vereinbarungen zur Herstellung einer Bahn minderer Ordnung hervorgegangenen Körperschaften und Administrationen werden vielleicht meist einen, mehr oder minder engen, patriarchalischen Charakter haben, es werden ihm aber alle die tüchtigen, moralischen Eigenschaften beiwohnen, die aus dem Gefühl des directen Besitzes an gemeinnützlichen Institutionen erwachsen und vielleicht, bei Vermehrung der Zahl und des Einflusses der auf diese Weise entstandenen Complexe von Bahnen minderer Ordnung, geeignet sein können, sogar eine heilsame sanirende Wirkung auf den durch und durch verrotteten Geist in so vielen besonders ausserdeutschen Eisenbahn-Actiengesellschaften zurückzuwirken, denen die Verkehrsinstitute nur noch Handelsartikel und Börsengeschäft-Objecte sind. Die Staatsverwaltung würde schon deshalb Interesse daran nehmen müssen, diese Formen der Gestaltung von Körperschaften, welche die Tendenz haben, Bahnen minderer Ordnung durch directe Vereinigung ihrer finanziellen Mittel zu schaffen, nach Kräften zu fördern, wenn ihr nicht überhaupt jede Art der Förderung der Entwickelung von Bahnsystemen minderer Ordnung am Herzen zu liegen hätte.

Herbeiziehung der Staatshilfe zu solchen Vergesellschaftungen.

Auch die in dieser Form entstandenen Gesellschaftungen für Bahnen minderer Ordnung würden es, ungeachtet des ihnen meist beiwohnenden, wohlfundirten Credits, besonders bei grösseren Unternehmungen, meist vortheilhaft finden, die Beihilfe des Staates zu denselben heranzuziehen. Dieselbe würde diesen Gesellschaftungen vermöge der Fundirung ihres Credits, ihrer Zusammensetzung und Verwaltungsform, leichter zu gewähren sein, als Actiengesellschaften gewöhnlicher Art.

Form dieser Beihilfe.

Mag jedoch eine solche Beihilfe in einer Form gewährt werden, welche sie wolle, so wird sie doch bei dem Umstande, dass Bahnen dieser Art keine Erwerbsinstitute sein sollen, und die Verzinsung des in denselben angelegten Capitals meist eine niedrigere als die der Staatsschuld sein wird, seltener die Form von Betheiligungen am Unternehmen als die von Darlehen, Subventionen etc. haben können, die den Staat, nicht wie bei Actiengesellschaften, bei denen er sich durch Actienentnahme etc. betheiligt, als Gesellschafter, sondern stets als Gläubiger erscheinen lassen. Es sei denn, dass sich derselbe, aus besonderen Gründen, veranlasst sähe, die Unternehmung durch *à fonds perdu* etc. Leistungen zu begünstigen, was, bei besonderer Bedeutung, welche auch eine kleine Bahn für das staatswirthschaftliche Interesse haben kann, nicht ausgeschlossen ist.

Unzweifelhaft hat, nach alle dem, die Gesetzgebung die Pflicht, die directe Entstehung von Bahncomplexen minderer Ordnung durch Anstrengung des Credits von Provinzen, Gemeinden und Interessengenossen, ohne Bildung von Actiengesellschaften, und die Administration der so entstandenen Linien durch Körperschaften zu fördern, die aus den Provinzial- und Gemeindevertretungen, oder der Gemeinschaft der Interessenten direct hervorgegangen sind.

Die Inslebenrufung der dermalen bestehenden Bahnen minderer Ordnung unterscheidet sich verhältnissmässig sehr wenig von der der Bahnen höherer Ordnung, nur treten bei ersteren, wie schon erwähnt, die Garantie- und Subventions-Verhältnisse in weit reicherer Variation auf.

Bau auf Staatskosten in Oesterreich.
Für den Bau der auf Staatskosten herzustellenden Bahnen minderer Ordnung in Oesterreich sind der Regierung vom Reichsrathe jährlich in das Budget einzustellende Credite für jeden einzelnen Fall eröffnet worden. So z. B. pro 1876 für

Erbersdorf-Würbenthal	400.000 fl.
Mürzzuschlag-Neuberg	250.000 „
Kriegsdorf-Römerstadt	300.000 „
Drauburg-Wolfsberg	300.000 „ etc.

Privatbahnen minderer Ordnung in Oesterreich.
Der nicht consumirte Theil dieser Credite ist in das nächste Jahr überzuführen. Die officiell als „Secundärlinien" in Oesterreich concessionirten Privatbahnen Leobersdorf-Gutenstein, Pöchlarn-Gaming und Elbogen-Neusattel, haben die Form von Actiengesellschaften, die vom Staate durch Steuernachlässe subventionirt sind.

Ueber die Concessionirung der ebenfalls als Actiengesellschaft begründeten Bahnen: Wien-Aspang und Bozen-Meran schweben noch Differenzen.

Bayerische Vicinalbahnen. — Die bayerischen „Vicinalbahnen" sind sämmtlich auf Staatskosten (Vicinalbahnbaufonds und Eisenbahnbau-Dotationscasse) unter der oben mitgetheilten Subvention der Gemeinden an Materialleistungen errichtet.

Schwedische „leichte Eisenbahnen". — Bei der Gestaltung der Bahnen minderer Ordnung in Schweden findet keine Abweichung von der der Hauptbahnen statt. Sie haben sämmtlich die Form von Actiengesellschaften, die von der Regierung und den Gemeinden etc. subventionirt sind.

Schweizer Secundärbahnen. — Auch die Bahnen minderer Ordnung der Schweiz haben die Form von Actiengesellschaften mit sehr verschiedenartiger Gestaltung der Subvention der Cantone und sonstiger Förderung von aussen her.

Ungarische Staatsbahnen minderer Ordnung. — In Ungarn ist das Netz der sogenannten Gömörer Industriebahnen, nämlich der Strecken Banreve-Feled-Fulek, Rosenau-Dobschau und Feled-Theissholz vom Staate ausgeführt worden, nachdem die Concession, welche seinerzeit an ein Comité zum Bau einer „Secundär-Privatbahn" ertheilt wurde, durch Nichterfüllung der Bedingungen derselben, hinfällig geworden war.

Combination von Staatsbau und Privat-Garantie. — Diese Unternehmung hat die sonderbare, aber für die Gestaltung der Linien minderer Ordnung ungemein lehrreiche Form einer vom Staate gebauten, aber trotzdem mit einer Prioritätsschuld belasteten Bahn, für deren Unterbringung die adjacirenden Industriellen und Grundbesitzer dem Staate Garantie leisten. Gleicherweise leisten diese dem Staate Garantie für die Zinsen des von ihm aufzuwendenden Baucapitals (Concessionsgesetz vom 11. Juni 1871). Wir kommen auf diesen interessanten Fall weiter unten zurück.

Concessionen zu Bahnen minderer Ordnung an Hauptbahn-Gesellschaften verliehen. — Hingegen sind die anderen ungarischen Bahnen minderer Ordnung Valkany-Pergamos, Vojtek-Bogsan, Nyiregyhaza-Unghvar, Banreve-Nadasd etc. Actiengesellschaften, vom Staate durch Steuerbefreiungen subventionirt, deren Concession zum Theile schon bestehenden grossen Bahnunternehmungen (wie z. B. Valkany-Pergamos und Vojtek-Bogsan an die Staatsbahngesellschaft; Nyiregyhaza-Unghvar an die ungarische Nordostbahn etc.) verliehen worden ist.

Englische light Railways". — Die englischen als „*Light Railways*" ausgeführten Bahnen sind Actiengesellschaften wie die Hauptlinien, und nur in einigen wenigen Fällen Privateigenthum einzelner Besitzer

Artikel I des Gesetzes vom Jahre 1865 gestattet zwar in Frankreich die Gestaltung der „*Chemins de fer d'intérêt local*" in fast jeder beliebigen Form. Zu ihrer Inslebenrufung sind aber durchaus Actiengesellschaften gebildet worden, obgleich die Concession häufig an Privatpersonen ertheilt worden ist. Auch haben einige Bahnen ersten Ranges wie Nordbahn, *Chemin de fer du Nord (Dep. Seine et Oise)* und Orleansbahn *(Dep. de la Sarthe etc.)* Concessionen zur Herstellung von Bahnen minderer Ordnung erhalten.

Die im Departement der Maas „versuchsweise" an einen Privatmann ertheilte Concession zu einer „Strassenbahn" (auf der Chaussée) von Haironville nach Triaucourt giebt dieser Unternehmung die Form wie die eines „*Chemin de fer d'intérêt local*"; da das für diese Gattung von Bahnen projectirte Gesetz noch nicht in's Leben getreten ist. *Versuchsconcession einer Strassenbahn im Dep. der Maas.*

Die wenigen in Deutschland (excl. Bayern) mit dem unzweifelhaften Charakter minderer Ordnung ausgeführten Bahnen haben theils die Form von Actiengesellschaften, deren Bahnen vom Staate betrieben werden (wie z. B. Mungthal-Bahn, Freiburg-Breisach, Reschthal-Bahn etc.), theils die von Actiengesellschaften, welche ihre Bahnen selbst betreiben (z. B. Bröhlthal-Bahn, Ocholt-Westerstede, Neumünster-Tönnig, Höchst-Soden etc. Fröttstadt-Friedrichsrode gehört dem Staate und wird von einem Pächter betrieben). An der Inslebenrufung einiger derselben (wie Bröhlthal, Ocholt-Westerstede, Neumünster-Tönnig) haben der Staat und die Gemeinden, theils durch Gewährung von sogenannten Prämien, theils durch Betheiligung an Actien etc., theils durch Zinsgarantien mitgewirkt. *Form der deutschen Bahnen minderer Ordnung.*

VII. ABSCHNITT.

Die finanzielle Hilfeleistung
bei Entwickelung und Manipulation der Bahnen minderer Ordnung.

Unrentabilität der meisten Bahnen minderer Ordnung. Es wird selten vorkommen, dass der Verkehr einer Bahn minderer Ordnung von Anfang an ausreichen wird, deren Anlagecapital zu einem annehmbaren Fusse zu verzinsen. In den meisten Fällen wird dies erst spät, in vielen niemals der Fall sein. Nur überaus wenige der zur Zeit bestehenden Bahnen minderer Ordnung rentiren. Mag dies auch zum Theil an der ungenügenden Individualisirung ihrer Herstellung und ihrer Betriebsorganisation liegen, so wird doch sehr häufig auch die sorgsamste Durchführung derselben gerade nur ausreichen, die Linie nicht nothleidend werden zu lassen.

Die weitaus meisten dieser Unternehmungen werden daher zu ihrem Zustandekommen der Beihilfe einer oder mehrerer moralischen Personen bedürfen, deren Besitzstand ihnen gestattet, auf zeitweilige oder dauernde Verzinsung von Capitalien entweder ganz Verzicht zu leisten, oder sich doch mit einem minimalen Zinsfusse zu begnügen, oder deren Interessen anderer Art am Zustandekommen der Bahn stark genug sind, sie zur Hilfeleistung dabei, auch mit Opfern, zu veranlassen.

Wir haben oben im Allgemeinen dargelegt, unter wie überaus verschiedenen Formen, von den verschiedensten Seiten her, diese Hilfeleistung erfolgen könne und bereits in vielen Fällen erfolgt ist. Die nachfolgende Darlegung der factisch schon in das Leben geführten Arten dieser Hilfeleistung wird zeigen, dass sie mit dem oben Angegebenen beiweitem nicht erschöpft sind.

Bei den Erörterungen über das Princip und die Methode der für das Zustandekommen der Bahnen minderer Ordnung zu leistenden Hilfen und deren Organisation und erspriesslichste Anwendung ist zunächst im Auge zu behalten, dass dieselben, ihrem Wesen nach, in drei Hauptkategorien zerfallen.

Sie können bestehen: *Arten der Hilfeleistung.*
1. in Geschenken (Fonds-perdu-Leistungen);
2. in Darlehen;
3. in Betheiligungen am Geschäft.

Die erste erfordert nichts als eine Organisation des Zahlungsmodus. *A fonds perdu.*

Die zweite eine Organisation der Zahlung und Rückzahlung, *Darlehen.* der Verwaltung des Darlehens und die Sicherstellung des dargeliehenen Capitals.

Die dritte bedingt, ihrem Wesen nach, die Theilhaberschaft *Betheiligung.* am Geschäft, nach Nutzen und Schaden und unter der gleichen Gefahr für das Capital, welche die gesammte Unternehmung läuft. Allerdings sind bei der Theilhaberschaft an einem Geschäfte auch gewisse Ausnahmestellungen von Participienten durch Verträge möglich; es wird dies aber fast immer zu unliebsamen Unklarheiten desselben führen.

Ein Ueberblick über die Formen der, unter dem Einflusse der Gesetzgebungen verschiedener Länder, dem Zustandekommen der Bahnen minderer Ordnung geleisteten Hilfen, wird am besten die verschiedenen Möglichkeiten derselben vor Augen führen und **den Umfang der Beweglichkeit bezeichnen, den die Gesetzgebung unerlässlicher Weise besitzen muss, um keiner der Hilfeleistungsformen, die zum Zwecke führen können, hindernd in den Weg zu treten.**

Frankreich. *Frankreich.*

Das Gesetz vom 12. Juli 1865*) „*Loi relative aux chemins de fer d'intérêt local*" spricht nur von der financiellen Förderung des Localbahnwesens durch den Staat, die Departements und die Gemeinden. (Art. 3.) *Durch die französische Gesetzgebung gewährte Förderungen.*

Es gestattet, die Hilfsmittel dazu zu verwenden, die durch das Gesetz vom 21. Mai 1836 zur Herstellung des Vicinalstrassen- *Localbahngesetz von 1865.*

---
*) Vide Anhang II.

systems, vermittels Zuschläge zu den directen Steuern, geschaffen worden sind.

Es limitirt den vom Staate für diesen Zweck aufzuwendenden Betrag auf 6 Millionen Francs jährlich.

Es limitirt den Antheil, den der Staat an den Herstellungskosten nehmen soll, im Allgemeinen auf ein Drittel des Betrages, der den Departements, den Gemeinden und den anderen Interessenten dabei zur Last fällt. (Art. 5.)

Es lässt die Vermehrung dieses Betrages bis auf die Hälfte in den ärmern Departements zu, in denen der Ertrag des „Centime additionel" zu den vier directen Steuern, sich nicht höher als auf 20.000 Francs erhebt. (Art. 5.) Es beschränkt diesen Antheil auf ein Viertheil in den wohlhabenden Departements, in denen dieser Ertrag 40.000 Francs übersteigt. (Art. 5.)

Die vom Staate subventionirten Linien können auch zu Gratisleistungen und Preisreductionen für denselben herangezogen werden.

Fehler der ziffermässigen Begrenzungen der Hilfen.
Die ziffermässige Begrenzung obiger Beträge, in jeder Beziehung ein Fehler, hat mit Recht im französischen Parlamente lebhafte Discussionen hervorgerufen, ohne indess eine Abänderung zu erfahren, welche vielleicht dem Localbahnwesen Frankreichs eine andere Physiognomie gegeben haben würde.*)

In der That ist zunächst die Summe von 6 Millionen Francs für die wirksame Förderung des Localbahnwesens im ganzen grossen Lande weitaus zu niedrig gegriffen; sodann hat sich die Fixirung der Summe auf ein Jahr unpraktisch gezeigt. Um kräftig und fördersam in die Entwickelung des Localbahnwesens eingreifen zu können, muss die Regierung im Stande sein, während einer Reihe von Jahren (z. B. einer Finanzperiode) die Summen nach dem Bedarf in der Zeit zu disponiren, in einem Jahre einen grössern, im anderen einen kleinern Betrag aufzuwenden, je nachdem die Bausummen nach den Chancen der Bauten fällig werden. Die Abgrenzung kann unter Verhältnissen gleichbedeutend sein mit dem zeitweiligen Stillstande der Ausführungen. Noch weniger dem Sinne kräftiger und sachgemässer Förderung entsprechend, hat sich die Bemessung der Staatsbetheiligung nach dem Wohlstandsmasse der Provinzen gezeigt. In der That steht die Nothwendigkeit der Herstellung einer Localbahn in keiner directen

---

*) *Séance du 24 Avril 1869. Journal Officiel.*

Beziehung zu der Blüthe der Districte, welche sie durchziehen soll, zu dem Interesse, welches die Regierung an ihrem Zustandekommen hat, zu den Möglichkeiten, die Capitalien zu einer wichtigen Localbahn ohne Beihilfe der Regierung zu beschaffen. Es ist sehr wohl denkbar, dass die Herstellung einer, für die Wohlfahrt einer Provinz oder einer Gemeinde überaus erspriesslichen Bahn, an der Limitirung des Staatsbeitrages zu den Kosten auf beziehentlich $1/_3$, $1/_2$ oder $1/_4$ scheitert und dadurch dem Staate ein ansehnlicher Steuerbetrag entgeht, den er durch eine leichte Modification seines Beitragsmasses hätte hereinbringen können. Es ist sehr wohl denkbar, dass eine, für die Gesammtwohlfahrt einer Provinz unerlässliche Bahn, so theuer ist, dass selbst ein so wohlhabendes Departement, dass der Betrag seines „*Centime additionel*" sich über 40.000 Francs erhebt, nicht im Stande ist, aus den ihm gesetzlich zustehenden Quellen, genügende Beträge zu schöpfen; dass ferner die Bahn das Publikum nicht zur Actienzeichnung anlockt, so dass sie nicht zu Stande kommt, wenn die Regierung ihre Subvention von $1/_4$ nicht auf $1/_3$ oder $1/_2$ erhöht. Soll die Bahn nicht gebaut werden, soll dem Staate ein Theil seiner Wohlfahrt entgehen, um das Princip festzuhalten? Und, ist das Princip durchbrochen, wo ist die Grenze?

Uebelstände der Limitirungen.

Man hat, wie in Fachkreisen verlautet, sogar eine noch weit gefährlichere Limitirung, die des **Betrages der Staatshilfe auf ein Maximum pro Kilometer Bahnlänge, oder die Verweigerung der Hilfe für Bahnen, deren Baucapital eine gewisse Höhe pro Bahn-Kilometer übersteigt**, angeregt. Beide Massnahmen würden, einerseits im Gegensatze mit dem Zwecke der Staatshilfe, das Mass derselben für die theure Bahn, welche ihrer am meisten bedarf, abmindern, oder sie für dieselbe ganz verhindern, andererseits aber das Zustandekommen von erspriesslichen Bahnlinien, deren Hilfsbedarf über jenes legale Mass um ein Weniges hinausginge, entweder *a priori* ganz unmöglich machen, oder zur Pflege der bedenklichen moralischen Sitte der niederen Veranschlagungen, mit dem Hinblicke darauf führen, dass angefangene, nützliche Bahnen vom Staate nicht liegen gelassen werden können, so dass dieser vor der Alternative stünde, entweder das Gesetz zu verletzen, oder seine schon aufgewendeten Capitalien nutzlos in Ruinen stecken zu sehen.

Limitirung der Hilfen auf bestimmte Baucapitalshöhen und Maxima der Beiträge.

Die Meinung der erleuchtetsten Autoritäten im Eisenbahnfache Frankreichs schreibt den geringen Erfolg, welchen das Gesetz von 1865 für die Förderung des Systems der „Localbahnen" gehabt hat, neben seinen oben erwähnten technischen Mängeln, dem Gebundensein der Regierung bei Subventionirung der Bahnen zu.

Geringe Erfolge des Gesetzes von 1865.

In der That sind, wie erwähnt, auf Grund desselben, in vollen zehn Jahren in Frankreich nur 130 kleine Linien in 39 Departements entstanden, deren eröffnete Gesammtlänge 1875 nur 1504 Kilom. betrug.

Im Jahre 1869 wurde eine von Dalloz beantragte, übrigens die Mängel des Gesetzes nicht behebende Abänderung desselben, obgleich man es als eine Fehlgeburt erkannt hatte, doch im Hinblick darauf abgelehnt, dass es erst vier Jahre bestehe und die Erfahrungen über seine Wirksamkeit nicht genügten. Der Krieg und die darauf folgenden Ereignisse haben die schwierige Frage in den Hintergrund gedrängt. Wohl aber ist, wie vorher erwähnt, um der Entwickelung des Localbahnsystems in Frankreich neue Wege zu öffnen, dem Parlamente der Gesetzentwurf vom 17. Marz 1875*) unterbreitet worden, durch den die Anlage von Bahnen auf den Reichs-, Departemental- und Vicinalstrassen gefördert werden soll. Die technischen Mängel desselben haben wir oben charakterisirt; von der finanziellen Förderung dieser Gattung von Bahnen durch den Staat spricht der Entwurf nicht.

Gesetzentwurf für Strassenbahnen vom 17. Marz 1875.

Es war daher selbstverständlich, dass die Commission von Sachverständigen, an welche das Parlament den Gesetzentwurf zur Begutachtung wies, denselben nicht allein in technischer Beziehung amendirte (wie oben dargelegt), sondern demselben auch einen Artikel (10) hinzufügte, der die Subventionirung derselben durch den Staat betrifft.

Abänderung des Entwurfs durch die Commission des Abgeordnetenhauses.

Und zwar hat dieser Artikel, in der von der Commission vorgeschlagenen Fassung, die rationellste Form, die einem Gesetzparagraphen dieses Inhaltes überhaupt gegeben werden kann. Artikel 10 des Gesetzentwurfes der Commission zu dem betreffenden Gesetze lautet:

Rationeller Inhalt derselben.

„Wenn die Strassenbahn einen Charakter
„von öffentlichem Interesse hat, kann ihr, durch
„einen Erlass des Staats-Rathes, eine Subvention
„gewährt werden."

---

*) Vide Anhang IV.

Diese Fassung stellt die Subventionirungsfrage nach Betrag, Gestalt und Princip der Beihilfe, ganz der Behandlung von Fall zu Fall, nach der Individualität der Linie, der Staatsverwaltung anheim.

Die den „Localbahnen" in Frankreich gewährten Subventionen rühren entweder vom Staate und dem Departement, oder von diesen beiden Factoren und den Gemeinden her.

Die Vertheilung des Herstellungspreises auf diese Subventionszahler und die Gesellschaft, erfolgt durch den zwischen dem concessionirenden Departement und den Concessionären abzuschliessenden Vertrag (vide als Beispiel Anhang X), in welchem der Beitrag des Staates stets, dem Artikel 5 des Gesetzes vom 12. Juli 1865 gemäss, nach dem Ertrage des „*Centime additionel*" d. h. im umgekehrten Verhältnisse des Wohlstandes der Provinz, bemessen wird. In dem von uns mitgetheilten (Anhang X) Concessionsbeispiele, dem die meisten derartigen Documente ähneln, ist (Punkt 5 der Stipulationen) mitgetheilt, dass das Departement sich auf Grund des Gesetzes vom 12. Juli 1865 und desjenigen vom 15. Mai 1869 eine Zuschlagsabgabe von 0·02 Francs und 0·75 Centimes, zu den vier directen Abgaben, zur Bezahlung seines Subventionsbetrages auferlegt habe. *Concession der Localbahn von St. Quentin nach Guise. Anhang X.*

Von einer Verzinsung der Subventionen und der Rückzahlung der vom Staate und dem Departement gegebenen, ist weder im Gesetze von 1865 noch in der Concessionsurkunde die Rede. Ebenso ist für dieselben nirgends eine Sicherstellung erfordert; wohl aber können die Bahnen, welche eine Staatssubvention erhalten haben, nach Artikel 7 des Gesetzes vom 12. Juli 1865 angehalten werden, „dem Staate Gratisdienste zu leisten und zu seinen Gunsten Personenfahrpreise zu ermässigen" *(être assujettis envers l'Etat à un service gratuit ou à une reduction des prix des places).* *Finanzielle Form der Subventionen.*

Die Hereinbringung der von der Commune und den Privatsubscriptoren gezeichneten Subventionen wird, für Rechnung der Gesellschaft, von der Staatsverwaltung besorgt. Die Zahlung der Subventionen an die Concessionäre erfolgt, sowohl seitens des Staates als der Departements, nach Bedürfniss, jedoch jederzeit erst, wenn Erstere die Herstellung des mehrfachen Werthes der Subvention an Arbeiten oder Materialbeschaffungen nachgewiesen haben. Diese Einrichtungen entsprechen durchaus dem Zwecke und der Wirksamkeit der Subventionen.

Resultate der Subventionirungsform.

Aus der Gesammtheit des Systems der Subventionen, durch welches die französische Gesetzgebung das „Localbahnwesen" zu fördern bestrebt ist, und der Praxis der Fälle, in denen sie Anwendung gefunden hat, geht hervor:

a) dass sie bei der Gewährung der Subventionen der Individualität der zu unterstützenden Bahnen zu wenig Rechnung trägt;

b) dass sie die Bemessung der Regierungssubvention an Bedingungen knüpft, die weder mit dem Interesse der Regierung am Zustandekommen und Bestehen der Linie, noch mit der Bedeutsamkeit derselben überhaupt in Beziehung stehen;

c) dass sie der Gestaltung der Subventionen zu wenig Spielraum gestattet und dadurch die Wechselwirkung zwischen der Leistung der Eisenbahn-Unternehmung und der der Subventions-Ertheiler zu einförmig feststellt, um das Leben in diesen Wechselwirkungen zu steigern;

d) dass sie hingegen die administrative Behandlung der Subventionen einfach und zweckmässig für diese Form derselben gestaltet;

e) dass sie, kraft der drei ersten ihr immanenten Eigenschaften, nicht im Stande gewesen ist, das „Localbahnwesen" Frankreichs, im Verhältnisse zu den für dasselbe gebrachten Opfern, zu fördern.

Schweiz.

Charakter vieler Schweizer-Bahnen als Linien minderer Ordnung.

Die Schweiz besitzt, wie erwähnt, kein Gesetz, welches die Verhältnisse der Bahnen minderer Ordnung im Allgemeinen regelte. Auch ist der Begriff derselben nirgends officiell festgestellt worden. Eine sehr bedeutende Anzahl der Schweizer Bahnen würden unter den Begriff derselben fallen, wenn man Construction und Organisation der grossen internationalen Linien des europäischen Continents dem Begriffe der Bahnen höherer Ordnung zum Grunde legen wollte.

Unter letzteren würden etwa nur die Linien gehören:

Linien unbestreitbar höherer Ordnung.

1. Romanshorn-Frauenfeld-Winterthur, Zürich-Brugg-Basel;
2. Basel-Olten-Herzogenbuchsee-Bern-Freiburg-Lausanne-Genf;
3. Romanshorn-Zürich-Olten-Herzogenbuchsee-Solothurn-Yverdun-Lausanne-Genf;
4. Solothurn-Pontarlier;
5. Winterthur-Schaffhausen.

Alle übrigen würden vielleicht Bahnen minderer Ordnung, allerdings sehr verschiedenen Grades, zu nennen sein.

Wie erwähnt, hat bis zum Erlasse des Bundesgesetzes vom 23. December 1872, welches die Concessionirung der Eisenbahnen in die Hände des Bundes legt, dieselbe zu den Ressorts der Einzelcantone gehört. Dieser Umstand hat die Schweiz nicht allein mit einem Netze von Eisenbahnen bedeckt, welches mit seinen fast absurden Concurrenzlinien und seiner, die Prosperität der meisten Linien für immer hintanhaltenden Disposition, ein treues und trauriges Bild engherziger Provinzialanschauungen aufweist, sondern auch die Cantone fast unter den Begünstigungen erdrückt, durch welche sie das Entstehen zum grossen Theile unfruchtbarer Bahnen fast mit Gewalt gefördert haben. *Belastung der Cantone mit Begünstigungen der Bahnen.*

Diese Subventionen sind in den verschiedensten Formen, von Fall zu Fall, nach den Verhältnissen gestaltet worden, ein Verfahren, das nur gebilligt werden kann.

So sind z. B. subventionirt worden: *Verschiedene Art der Cantonalsubventionen.*

à *fonds perdu:*

Vom Bunde: die Gotthard-Bahn und Zürich-Gotthard. *)
von Aargau: Wohlen-Bremgarten.
von Appenzell: Winkeln-Herisau.
von Bern: Ostwestbahn.
von Freiburg: Bulle-Romont etc.

Durch Entnahme von Prioritäten:

Aargau: Centralbahn, Bötzberg-Bahn.
Appenzell: Rorschach-Heiden.
Bern: Emmenthal-Bahn.
Freiburg: *Suisse occidentale.*
St. Gallen: Vereinigte Schweizerbahnen.
    Toggenburger Bahn.
    Rorschach-Heiden.
Genf: *Suisse occidentale.*
Glarus: Vereinigte Schweizerbahnen.
Luzern: Centralbahn.
Schwyz: Wädensweil-Einsiedeln.
Solothurn: Emmenthal-Bahn.
Thurgau: Nationalbahn.
Zug: Zürich-Zug-Luzern.
Zürich: Zürich-Zug-Luzern.
   Bülach-Regensberg etc.

*) Die einzige von der ganzen Eidgenossenschaft gewährte Subvention.

Durch Betheiligung am Actiencapital:
Baselland: Centralbahn.
Baselstadt: Jurabahn.
Bern: Ostwestbahn.
Jura-Bern-Bahn.
Bern-Luzern-Bahn.
Suisse occidentale.
Freiburg: Payerne-Esterayn.
Broyethal.
Freiburg-Yverdun.
St. Gallen: Bischofszeller Bahn.
Rorschach-Heiden.
Rechtsufrige Zürichsee-Bahn.
Glarus: Vereinigte Schweizerbahnen.
Graubündten: Vereinigte Schweizerbahnen.
Luzern: Centralbahn.
Zürichsee-Gotthard.
Neuchatel: Jura-Industriel.
Schaffhausen: Etzweil-Schaffhausen.
Thurgau: Nationalbahn.
Nordostbahn.
Bischofszeller Bahn.
Toggenburger Bahn.
Vaud: Broyethal-Bahn.
Fribourg-Yverdun.
Lausanne-Ouchy.
Lausanne-Echallens etc. etc.

Durch directe Anleihen, zum Theil ohne, zum Theil mit sehr niedriger Verzinsung.
Aargau: Centralbahn, Nordostbahn. Anleihe zu $3^1/_4\%$.
Glarus: Linksufrige Zürichsee-Bahn. Anleihe zu $3^1/_2\%$ und 3%.
Ziegelbrücke-Näfels. Anleihe zu $2^1/_2\%$.
Schaffhausen: Nationalbahn. Anleihe zu 3%.
Schwyz: Linksufrige Zürichsee-Bahn. Darlehen $3^1/_2\%$.
Zug: Linksufrige Zürichsee-Bahn. Anleihe zu $3^1/_4\%$.
Zürich: Bülach-Schaffhausen. Anleihe.
Zürich: Dielsdorf-Weningen. Anleihe ohne Zins.

Durch Zinsgarantien:

Zürich: Tössthal-Bahn. Garantie für die Zinsen der Obligationen.

Durch Lieferung von Grund und Boden und Naturalien:

Baselstadt: Centralbahn. Naturleistung.
Vaud: *Suisse occidentale.* Holz, Schwellen, Sand.
Lausanne-Echallens. Land etc.

Mehrere unter den in dieser Weise subventionirten Bahnen, wie Rorschach-Heiden, Emmenthal-Bahn, Tössthal-Bahn etc. sind entschieden Bahnen minderer Ordnung. In der Anlage XVI geben wir eine Uebersicht sämmtlicher von dem Staate Schweiz und von den Cantonen und Gemeinden gewährten Subventionen und sonstiger das Eisenbahnwesen fördernden Beihilfen. *Verzeichniss der vom Staate und den Cantonen etc. in der Schweiz gewährten Subventionen.*

Hingegen sind mehrere ebenfalls als Linien minderer Ordnung charakterisirte Bahnen, z. B. die schmalspurigen: Muri-Affoltern-Aegeri, Zürich-Grüningen-Uster, Stäfa-Wetzikon etc., ohne Beihilfen in's Leben gerufen.

Die Concessionsurkunden der Schweizerbahnen, mögen dieselben nun Bahnen höherer oder minderer Ordnung betreffen, vom Bunde oder Einzelncantonen ausgefertigt sein, haben unter einander ähnliche Fassung und enthalten keine Bestimmung über die staatlichen oder sonstigen Hilfeleistungen zur Inslebenrufung der Bahnen; auch enthält das „Bundesgesetz über den Bau und Betrieb von Eisenbahnen auf dem Gebiete der schweizerischen Eidgenossenschaft vom 23. December 1872" keine hierauf bezügliche Bestimmung. Die Verhältnisse und Bedingungen der Subventionen werden durch besondere, zwischen den Subventions-Gebern und Nehmern abgeschlossene Verträge von Fall zu Fall geregelt. *Keine allgemeine gesetzliche Bestimmung Subventionen betreffend. Keine Bestimmung darüber in den Concessionen.*

Es ist dabei sowohl, wie bei allen administrativen und finanziellen Massnahmen in der Schweiz ein Unterschied zwischen den Bahnen verschiedener Ordnung nicht gemacht worden. Gewiss hat die Behandlung der Bahnangelegenheiten von Fall zu Fall in der Schweiz die Individualisirung der Linien und damit die Entwickelung der Systeme der Bahnen minderer Ordnung weit mehr gefördert, als es die generalisirende und schematisirende Gesetzgebung in Frankreich vermocht hat.

Schweden.

Form der schwedischen Subventionen.

In gleicher Weise ist man in dem vortrefflich regierten Lande vorgegangen, in welchem die Bahnen minderer Ordnung die ausgedehnteste Entwickelung und die vollständigste, in der Wahl ihrer Mittel fast zu weitgehende Individualisirung gefunden haben.

Auch hier ist in der finanziellen und administrativen Behandlung der Bahnen verschiedenster Ordnung kein Unterschied gemacht worden.

Der Staat hat die Bahnen durch Subventionen *à fonds perdu* und durch rückzahlbare, verzinsliche Darlehen unterstützt. In erster Form sind nur vier Bahnen begünstigt worden:

Vexiö-Carlshamn,
Nassjö-Oskarshamn,
Arboga-Köping und die
Dahlslands-Bahn, d. h. der schwedische Theil der Linie von Christiania über Frederikshald nach dem Wenersee.

Durch rückzahlbare, mit 4—5% verzinsliche Darlehen sind 28 Bahnen, in einer Gesammtlänge von 1911 Kilom., das ist mehr als 38% aller schwedischen Bahnen und fast 53% sämmtlicher Privatbahnen, deren Länge sich auf 3560 Kilom. (1509 Kilom. sind Staatsbahnen) erhebt, unterstützt worden.

Der Betrag, bis zu dem das Darlehen sich *in maximo* in der Gesammtsumme der Herstellungskosten erheben kann, ist hier, weit rationeller als in Frankreich, hoch gegriffen und beläuft sich auf $^2/_3$ der letzteren. Auch ist hier die Gewährung der Höhe des Darlehens nur an das, auf genaues Studium der einschlagenden Verhältnisse basirte Ermessen der Regierung, geknüpft.

Methode der Gewährung.

Früher hatte sich der Reichstag die Entscheidung über die Subventionirung der Bahnen und deren Betrag in jedem Einzelfalle vorbehalten. Bald erkannte man die administrativen Schwierigkeiten und Schwerfälligkeiten, welche in dieser Organisation lagen, und vom Jahre 1871 ab, stellt der Reichstag der Regierung eine Summe von 10 Millionen Kronen zur Disposition, welche diese in der fünfjährigen Finanzperiode verwenden darf. Diese Einrichtungen zeigen von ungewöhnlicher Weisheit in Eisenbahnangelegenheiten und umschiffen klug die Klippen, an denen die französische Gesetzgebung in dieser Beziehung gescheitert ist.

Von den schwedischen Privatbahnen sind 1550·7 Kilom. ohne Staatsbeihilfe zu Stande gekommen.

Bei vielen schwedischen Bahnen haben sich Stadtgemeinden, bei einigen auch Landgemeinden, durch Actien- und Obligationenzeichnung betheiligt. *Subventionirung durch Stadt- und Landgemeinden in Schweden.*

Als eine Beihilfe für den Bahnbau mag hier erwähnt werden, dass der Staat immer, die Stadt- und Landgemeinden nicht selten, den Bahnen die unentgeltliche Entnahme von Materialien aus den ihnen gehörigen Stein- und Kalkbrüchen und Sandgruben gestatten und dass die ersteren auch häufig die freie Abtretung von Arealen für Stationen und sonstige Anlagen gewährt haben. Es ist dies für einige Bahnen von wesentlichem Nutzen gewesen. *Subventionen durch Naturalleistungen.*

Unstreitig gehören die schwedischen, auf finanzielle und administrative Hilfeleistung für das Zustandekommen von Bahnen gerichtete Institutionen, zu den wohl überlegtesten und zweckentsprechendsten, die es giebt, und verdienen das eingehendste Studium, in manchen Beziehungen sogar unzweifelhaft Nachahmung.

Ungarn.

Nächst Schweden und der Schweiz besitzt Ungarn die bedeutendste Anzahl von Linien, die, ihrer Natur nach, zu den Bahnen minderer Ordnung zu rechnen sind. Indess sind nicht alle derselben officiell als solche unter der Bezeichnung „Bahnen II. und III. Ranges" bezeichnet, wobei die letztere Kategorie die Schmalspurbahnen begreift. *Ungarisches Netz von Bahnen II. und III. Ranges.*

Auch in Ungarn ist mit dem administrativen Tacte, der dem magyarischen Volksstamme eigen, leider aber nicht mit ebenbürtiger Consequenz und Energie in der Durchführung guter Gesetze gepaart ist, ein universelles, die Gesammtverhältnisse der Bahnen minderer Ordnung regelndes Gesetz nicht erlassen worden.

Hingegen sind für die technischen Constructionen und Anlagen der Bahnen II. und III. Ranges, wie wir schon oben zu erwähnen hatten, Normalien entworfen und von der Regierung massgebend publicirt worden.

Die Angelegenheiten der Inslebenrufung, Finanzirung, Subvention und Administration sind von Fall zu Fall durch die ausführlichen Bestimmungen umfassender Concessionsurkunden geordnet worden, die zwar im Allgemeinen ähnliche Formen, aber in vieler Beziehung sehr abweichenden Inhalt haben. *Staatliche Beeinflussung von Fall zu Fall.*

In der That war kaum ein anderes Verfahren in Ungarn möglich, wo die Verhältnisse durch die überaus grosse Verschiedenheit der Natur der verschiedenen Provinzen nach Nationalität, Civilisations- *Complication der Einflüsse in Ungarn* grad, Bodenbeschaffenheit, Terrainconfiguration, Wohlstand und Ernährungsform der Bevölkerung, von einander in einer Weise abweichen, dass sie sich nicht durch allgemeine Bestimmungen decken lassen, wenn dieselben nicht leere Phrasen sein sollen.

Unzulässlichkeit der Herstellung der Netze von Bahnen minderer Ordnung in Ungarn.

Kein Land Europas bedarf, wie wir schon oben andeuteten, zu seiner Prosperität des Ausbaues der Netze von Bahnen minderer Ordnung in so hohem Masse wie Ungarn, dessen Strassensystem, in Folge von Misswirthschaft und Armuth einerseits, von Mangel an Strassenbaumaterial in der kolossalen Ausdehnung der Getreide- und Weinebene Südungarns andererseits, äusserst lückenhaft ist und dessen enorme, aber weit auseinanderliegende Bodenschätze zu ihrer Vermarktung der Bewegungsmittel entbehren. In keinem Lande würde eine rationelle Staats-, Provinzial- und Privatgrundbesitz-Wirthschaft eine solche Verästung der Bahnlinien, durch alle Kategorien der Bahnen minderer Ordnung, bis zu ihren allerprimitivsten, allerprovisorischsten Formen hinab, herbeizuführen suchen müssen, wie in Ungarn. Es gilt dort nicht allein ganze Bodencultur- und Montan-Provinzen zu ihrer Erschliessung mit

Verästung des Netzes durch Bahnen der niederen sten Kategorien, und solche temporärer Benutzung.

Bahnen minderer Ordnung der höheren Kategorie zu durchsetzen und mit den Hauptbahnen in Verbindung zu bringen, sondern die einzelnen Getreide-, Erz- und Forstdistricte durch Bahnen niederer und niederster Kategorien hieran zu schliessen und zuletzt auf einzelne Forst-, Feld- und Montanbesitzungen Linien der allereinfachsten Form zu erstrecken, die mit den Bahnen höherer Ordnung fast nichts als ein auf dem nackten Boden gelegtes Gleis gemein haben, auf dem, lediglich nach Bedürfniss, vielleicht sogar auf einigen nur zur Ernte- oder Forstungszeit, die Producte transportirt werden.

Zu der Errichtung und Subventionirung der Bahnen heranzuziehende Elemente.

Dass bei der Inslebenrufung der Bahnen so überaus verschiedener Natur alle möglichen Elemente, vom Staate an, durch die Kronländer und Comitate und Gemeinden, bis zum einfachen Kleingrundbesitzer hinab, in den verschiedensten Combinationen in Action treten können und müssen, ist selbstverständlich, und ebenso, dass die Gesetzgebung diesen Combinationen allenthalben förderlich, wenigstens nirgend hinderlich gegenüberzustehen habe.

Die ungarischen Staatsmänner haben dies sehr wohl erkannt und sich daher durch die Behandlung der Unternehmungen dieser Art von Fall zu Fall in der Manipulation des ganzen Systems freie Hand gehalten. Gemeinsam ist allen Kategorien von Eisenbahnen nur das Expropriationsgesetz vom 9. December 1868, das seine Tendenz durch den § 1 bezeichnet: „Die Expropriation findet aus Rücksichten des allgemeinen Wohles bezüglich solcher Realitäten statt, welche zum Bau von Locomotiv- und Pferdebahnen, sowie von öffentlichen Strassen, Canälen, für Flussregulirungen, Wasser- und Sumpfableitungen, zur Bindung des Flugsandes, zum Bau von Brücken und Häfen, zur Errichtung von Telegraphen, von Ufermagazinen und Legstätten (Docks), schliesslich für militärische Befestigungen erforderlich sind."

Für die überaus grosse Verschiedenheit, besonders auch der finanziellen Zusammenwirkungen, die beim Zustandekommen der ungarischen Bahnen minderer Ordnung in das Spiel treten müssen, leisten die Formen der Beihilfen Zeugniss, die bei den zur Zeit bestehenden Bahnen wirksam geworden sind. *Formen der ungarischen Beihilfen.*

Wir erwähnten schon oben, dass die Linie minderer Ordnung Miskolz-Banreve vom ungarischen Staate selbst ausgeführt worden ist. *Staatsausführungen von Bahnen m. O. in Ungarn.*

Desgleichen führten wir an, dass die Concession (vom 29. Mai 1870) für das sogenannte Gömörer-Industrie-Eisenbahnnetz den ursprünglichen Concessionären Pulszky, Stroussberg und Consorten, wegen Nichterfüllung von Concessions-Bedingungen, entzogen und das Ministerium im § 2 des Gesetzes vom 11. Juni 1871 vom Reichstage „angewiesen" wurde, den Bau dieser Bahnen zu übernehmen und auszuführen.

Das Ministerium erhielt ferner Weisung, für die 20^1/$_2$ Meilen lange Strecke eine Subvention von 100.000 fl. per Meile „aus den Landeseinkünften in Anspruch zu nehmen" und per Meile auch für 311.000 fl. 5percentige, mit ^{1}/$_6$% zu amortisirende, an den Börsen cotirbare Obligationen auszugeben.*)

Der Staat garantirt diese Verzinsung und Amortisation (§ 6 des Gesetzes) mit 18.038 fl. per Meile. *Wechselweise Garantie zwischen Staat und Adjacenten.*

Es waren aber, nach dem zwischen den früheren Concessionären und den „Industriellen und Grundbesitzern" der interessirten Gegenden am 7. April 1870 abgeschlossenem Vertrage, die letzteren verpflichtet, die Verzinsung zu 5% von 80.000 fl. per Meile auszugebender Actien zu garantiren.

---

*) Die Kosten dieser „Secundärbahn" erhoben sich daher auf 411.000 fl. per Meile.

Als der Staat an die Stelle der Concessionäre trat, entliess er diese „Industriellen und Grundbesitzer" ihrer Verpflichtung nicht, sondern nahm nach § 7 des Gesetzes vom 11. Juni 1871 deren Garantie für 80.000 fl. per Meile des Baucapitals in Anspruch. Wir haben daher in diesem Falle die Vereinigung von

Staatssubventionen, *à fonds perdu* für 100.000 fl. per Meile.

Staatsgarantie für die 5% Zinsen und Amortisation von 311.000 fl. Obligationen per Meile.

Rückgarantie der Adjacenten für die 5% Verzinsung von 80.000 fl. per Bahnmeile.

Subvention der Arad-Köröstal-Bahn.
Die Arad-Körösthal-Bahn II. Ranges, 62·8 Kilometer lang, erforderte zu ihrer Herstellung, laut Concessionsurkunde 1,620.000 fl. in Summa, oder 256.000 fl. per Meile. Hierzu steuerten die Gemeinden 111.950 fl., die adjacirenden Grundbesitzer 600.140 fl. Ueberdies ermässigten dieselben die Grunderwerbungskosten in der Weise, dass sie in Summe 26.000 fl. betrugen, von denen nur 6000 fl in Baar und 20.000 fl. in Actien bezahlt wurden. Die weiter nöthigen 982.000 fl. wurden durch Emission von Actien beschafft.

Valkany-Perjamos.
Die durch das Gesetz vom 24. Juni 1870 ertheilte Concession für die Valkany-Perjamos-Locomotivbahn II. Ranges wurde von den Concessionären auf die k. k. privilegirte Staatsbahn-Gesellschaft übertragen, so dass diese mächtige Gesellschaft z. Z. Concessionsträgerin für die in Rede stehende 42·87 Kilometer lange Linie ist.

Steuerbefreiung von Bahnen II. Ranges.
Dieselbe wurde in ihrem Zustandekommen nur durch 30jährige Befreiung von Erwerb- und Einkommensteuer, sowie von Stempel und Gebühren für Actien, Obligationen, Besitzstandumschreibungen, Verträge und Urkunden aller Art unterstützt.

Die Concession der Nyiregyhaza-Unghvarer Eisenbahn II. Ranges wurde der Gesellschaft der ungarischen Nordostbahn durch Gesetz vom 29. Mai 1870 ertheilt und das Zustandekommen des Unternehmens durch folgende Vergünstigungen gefördert:

Garantie des Netto-Ertragnisses durch den Staat nebst Steuerbefreiung und gegenseitige Garantie zweier Bahnen.
Für die 13 Meilen lange Eisenbahnlinie wird auf 90 Jahre (Concessionsdauer) vom Staate ein Reinerträgniss von 20.000 fl. per Meile garantirt, überdies eine zu vereinbarende Quote zur Tilgung des emittirten Capitals (§ 24 der Concession).

In den Jahren, wo der Betrieb das garantirte Reinerträgniss nicht liefert, wird von der Bahn keine Erwerbs- noch Einkommensteuer erhoben (§ 29).

Die Coupons der Actien und Prioritäten sind volle 10 Jahre, vom Beginne des Betriebes der ganzen Linie an gerechnet, steuer-, stempel- und gebührenfrei (§ 29). Ebenfalls stempel- und gebührenfrei sind Actien und Prioritäten erster Emission und ihre Interimsscheine. Desgleichen ist die Bahn frei von Umschreibungsgebühr und von Stempel für Verträge, Urkunden etc.

Die in Rede stehende und die Nordostbahn-Linie garantiren sich gegenseitig insofern das Reinerträgniss, dass der, auf der einen von beiden Linien sich zeigende Ueberschuss, zur Deckung des Abganges auf der anderen verwendet wird (§ 24).

Die Regierung leistet Abschlagszahlungen auf ihre Garantie zur Zahlung der fälligen Coupons.

Der gezahlte Garantiebetrag ist lediglich 4percentiger Vorschuss (§ 27).

Ueberschreitet das Erträgniss der Bahn den Garantiebetrag, so wird die Hälfte des Ueberschusses zur Zurückzahlung der Vorschüsse nebst Zinsen verwendet.

Sind zur Zeit des Erlöschens der Concession noch unbezahlte Vorschüsse vorhanden, so müssen dieselben aus dem Vermögen der Gesellschaft berichtigt werden.

Zur Wahrung der durch die übernommene Garantie erwachsenden Interessen hat die Regierung das Recht, das gesammte Gebahren der Gesellschaft eingehend zu überwachen. —

Unter allen Garantieformen ist die eines Reinerträgnisses die am wenigsten zu empfehlende, da sie alle Mängel der Betriebsmanipulation zudeckt und das Interesse an der Herbeiführung eines günstigen Verhältnisses zwischen Einnahme und Ausgabe erschlaffen macht. Es ist von Anwendung derselben, auf Grund der bei österreichischen und ungarischen Bahnen damit, zu grossen Lasten der Steuerträger, gemachten Erfahrungen, dringend abzurathen. *Garantie des Reinerträgnisses verwerfliche Subventionsform.*

Durch Gesetz vom 27. Juli 1871 ist die Banreve-Nadasder Bahnlinie mit ihren Zweigen nach den Grubenwerken in Center und Karn der Rima-Muranyer Eisenwerks-Gesellschaft concessionirt worden. Diese Bahn ist eine schmalspurige mit 1 Meter Spurweite. *Subvention schmalspuriger Bahn durch den Staat mittels unverzinslichem Vorschuss und Steuerfreiheit.*

Das Anlagecapital derselben beträgt (§ 16 der Concessionsurkunde) 529.100 fl. oder 143.000 fl. per Meile. Zwei Drittel dieser Summe werden in Actien A, ein Drittel in Actien B emittirt.

Die mit B bezeichneten Actien werden dem Staate im Verhältnisse der durch ihn flüssig gemachten Subventions-Summen übermittelt. Zum Zwecke des Zustandekommens des Unternehmens wurde demselben, auf Grund des Gesetzes vom 10. December 1868,*) eine Subvention vom Staate bewilligt.

Diese Subvention (§ 17), welche ein Drittel des in § 16 festgesetzten Baucapitals nicht überschreiten darf, wird unter folgenden Bedingungen gewährt:

1. Die Staats-Subvention wird nach Massgabe der in den Anlagen factisch investirten Geldsumme verabfolgt.
2. Vom Reinerträgnisse der Bahn sind zunächst die $7^1/_2\%$ des durch die Concessionäre beschafften Theiles des Capitals zu decken. Bis dies geschehen, verzichtet der Staat auf Verzinsung seiner Subvention.
3. Erst wenn das Reinerträgniss höher kommt, participirt der Staat daran.
4. Die Hälfte der Superdividende ist zur Tilgung der Zinsen der Staats-Subvention zu verwenden.

Die Staats-Subvention wird zur Sicherstellung der Interessen des Staates auf dem Lastenblatt des Grundbuches der Gesellschaft intabulirt (§ 19 der Conc.-Urk.).

Die Bahn ist, so lange sie nicht das ganze Actiencapital mit $7^1/_2\%$ verzinst, jedoch *in maximo* während 20 Jahren, von allen Steuern, Stempeln und Gebühren befreit. Bei der übergrossen Unwahrscheinlichkeit der Erzielung eines Erträgnisses der Bahn von $7^1/_2\%$ ist die in Rede stehende Subvention hier einer Dotation *à fonds perdu* fast gleichzuachten. Zugleich zeigt diese Concession zum ersten Male die Sicherstellung der Ansprüche des Staates durch hypothekarischen Vormerk derselben in den Grundbüchern der Bahn (§ 19), ohne dass hieraus dem Staate, so lange es nicht auf eine Erwerbung der betreffenden Bahnlinie durch ihn ankommt, ein sonderlicher Vortheil erwachsen könnte.

Hypothekarische Sicherstellung des Staatslehens.

Die Form der Subventionirung ist durch die Individualität des Unternehmens gerechtfertigt, bei dem es mehr auf die Prosperität der Werke, denen die Bahn dient, als die der Bahn selbst abgesehen sein musste.

---

*) Die Verwendung des für Canal- und Eisenbahnbauten gemachten Anlehens betreffend. D. V.

Es werden diese Beispiele für die Darlegung der Vielfältigkeit genügen, in welcher, vor allen Ländern in Ungarn, die Verhältnisse auftreten, welche das Zutandekommen der Bahnen minderer Ordnung bedingen und denen die Gesetzgebung Rechnung tragen muss, wenn sie wirklich fördernd auf dieses System von Communicationen einwirken soll.

Oesterreich. Oesterreich besitzt ebensowenig als Ungarn allgemeingiltige gesetzliche, die Verhältnisse der Bahnen minderer Ordnung regelnde Bestimmungen. *Oesterreichische Bahnen minderer Ordnung.*

Wie oben erwähnt, ist ein wesentlicher Theil seiner Bahnen dieser Art, die officiell als „Localbahnen" bezeichnet werden, auf Staatskosten ausgeführt und in Ausführung begriffen:

Dahin gehören die Linien:
1. Ebersdorf-Würbenthal,
2. Mürzzuschlag-Neuberg,
3. Kriegsdorf-Römerstadt und
4. Unterdrauburg-Wolfsberg.

Als Privatbahnen sind concessionirt, bezüglich in Vorbereitung zur Concession begriffen:

5. Leobersdorf-St. Pölten-Gutenstein nebst Pöchlarn-Gaming,
6. Elbogen-Neusattel,
7. Bozen-Meran,
8. Wien-Aspang.

Hierüber ist die schon im Jahre 1855 als Locomotiv-Schmalspurbahn concessionirte Lambach-Gmundener Bahn zu erwähnen, die früher einen Theil der Linz-Gmundener Pferdebahn bildete. Diese 28·22 Kilometer lange Bahn ist vom Staate durch Garantie von 5%iger Verzinsung ihres Anlagecapitales und ⅓%igem Amortisationsbeitrag begünstigt.

Die unter 5 genannten Linien wurden durch Gesetz vom 16. Mai 1874 mit der Begünstigung der Steuer- und Stempelfreiheit auf 20 Jahre für ihre Coupons, Titres, Verträge, Eingaben, Urkunden und sonstige Documente, nebst der Befreiung von der bei der Grundeinlösung auflaufenden Uebertragungsgebühr concessionirt.

Nachträglich ergab sich aber, dass die Gesellschaft in Folge von Misswirthschaft in Abfall des Credits und der finanziellen Actionsfähigkeit gerieth, so dass der Staat, um das angefangene Werk nicht stocken zu lassen und aus anderen, abseits liegenden, *Concessionirung der Leobersdorf-St.-Pölten-Bahn, ausserordentlicher Art.*

hier nicht zu erörternden Motiven, sich zu weiteren Opfern entschliessen musste. Die in Folge dessen gemachten Concessionen sind ausserordentlicher Art.

Durch Uebereinkommen vom 31. Januar 1875, § 1, verpflichtete sich die Staatsverwaltung, der Gesellschaft einen unverzinslichen Bauvorschuss von 2,500.000 fl. zu machen und bei Rückzahlung desselben Actien des Unternehmens zum vollen Nennwerthe anzunehmen, womit der Staat der Gesellschaft ein Geschenk von ca. 1·6 Million machte.

Sicherstellung der Staatsansprüche durch Pfandrecht.
Die Auszahlung der Raten dieses Vorschusses war an den (formellen) Nachweis entsprechender Herstellungen geknüpft (§ 2). Zur Sicherstellung der Forderung der Regierung an die Gesellschaft ward derselben das ausschliessliche Pfandrecht an allem festen und beweglichen Eigenthum der Gesellechaft, mit dem Vorrechte vor allen anderen, wie immer gearteten Forderungen, so lange eingeräumt (§ 4), bis die Beschaffung der gesammten, zum Ausbau der Bahnen nöthigen Geldmittel nachgewiesen sein wird.

Der Dividendenbezug für die erste Hälfte des Baarvorschusses beginnt ein Jahr nach Eröffnung der Linie Leobersdorf-St. Pölten, die der anderen Hälfte ein Jahr nach Eröffnung sämmtlicher Linien (§. 1).

Illusorischer Werth der Sicherung.
Dass sowohl das Pfandrecht eine imaginäre Sicherstellung des Capitals, als auch die Verzinsung des Capitals durch Dividendenbezug bei einer ganz aussichtslosen Bahn eine illusorische ist, ergiebt sich bei näherer Betrachtung der Sachlage von selbst, wenn man erwägt, dass der Vorschuss das volle Viertel des gesammten Herstellungsaufwandes betragt. Dieser Betrag wäre durch den Erlös des Verkaufs der Elemente der Bahn, Grund und Boden, Materialien und Betriebsmittel nie zu decken, wenn die Bahn als solche zu existiren aufhörte. Im anderen Falle wird sie, fortbetrieben, selbst kaum die Verzinsung des Vorschusses aufbringen und daher für den Staat kein Pfandobject, sondern eine fressende Last bilden.

Wir haben in diesem Falle „formell" ein Verhältniss zwischen Staat und Bahn, das besteht:

1. aus unverzinslichem Vorschusse während der Bauzeit und ein Jahr nachher;
2. der Participation des Vorschusses an der Dividendenzahlung nach Beginn des Betriebes; und

3. der Sicherstellung des Capitals des Staates durch das Pfandrecht am Eigenthum der Bahn.

Factisch aber bleibt nichts Greifbares von den gegenseitigen Verpflichtungen übrig als die des Staates, baare 2,500.000 fl. zu zahlen, während die der Gesellschaft in Nichts zerrinnen, wenn die Bahn nicht rentirt und der Staat das kostspielige Object in Besitz zu nehmen Bedenken trägt. Dabei würde er sich jedoch, wenn der Bankerott der Unternehmung drohen sollte, der Nothwendigkeit gegenüber sehen, die öffentliche Verkehrsstrasse auf seine Kosten zu erhalten und zu betreiben, bei deren Errichtung und Ausführung Gründer und Unternehmer allein im sichern Vortheil gewesen sind.

Diese Form der Förderung von Unternehmungen von Bahnen minderer Ordnung ist daher durchaus unräthlich und hat auch im vorliegenden Falle bereits unerquickliche Folgen gehabt.

Der Stadtgemeinde Elbogen und ihren Consorten ist unterm 25. Januar 1877 die Concession zu der „Secundärbahn" Elbogen-Neusattel ertheilt worden. *Concession Elbogen-Neusattel.*

Diesen Concessionären ist für das Zustandekommen ihres Unternehmens weiter nichts gewährt worden als die Steuer-, Stempel- und Gebührenfreiheit für ihre Documente etc. in der mehrerwähnten Form. (§ 20 der Concessionsurkunde.)

Dagegen bieten die Vorbereitungen für die Inslebenrufung der Bahn von Bozen nach Meran mehrfaches Interesse. Durch Gesetz vom 11. März 1876, §§ 1, 2, 3, 4 ist die Regierung ermächtigt worden, den dereinstigen Concessionären dieser Bahn einen Baarvorschuss von einer Million Gulden unter denselben Bedingungen zu gewähren, unter denen der von 2·5 Millionen der Leobersdorf-St. Pöltener Bahn zu Theil geworden ist. *Vorbereitungen der Concession Bozen-Meran.*

Dagegen sind für diese Bahn, die den Eifer, mit dem ein Theil des Publikums sich ihres Zustandekommens annahm, den dahingehenden ausgesprochenen Wünschen der Kaiserin von Oesterreich, die es früher liebte, sich in Meran aufzuhalten, verdankt, die Adjacenten derselben in bedeutsamer Weise durch Begünstigungen des Bahnbaues eingetreten. *Begünstigungen durch die Adjacenten.*

Das acceptabelste Project der Bahn benützt einen grossen Theil der für die Regulirung der Eisack, beziehentlich der Etsch, von den Adjacenten aufgeführten Dämme als Eisenbahnsubstruction. Diese Adjacenten, aus Wasserschutz- (Lags-) Vereinen und grossen Grundbesitzern bestehend, stellen diese Dämme der Bahngesellschaft unentgeltlich zur Benützung. Desgleichen treten viele derselben dieser Grund und Boden ab, gestatten die unentgeltliche Entnahme von Material aus Steinbrüchen, und die Gemeinden Meran, Ober- und Unter-Mais und Merling leisten Baarsubventionen; ebenso wie die Genossenschaften „Nieder-Lana" und „Veill und Kriegau", so dass sich der Werth der von den Adjacenten in Aussicht gestellten Subventionen an Baargeld, Grund und Boden, Material und Arbeitsleistung auf 876.860 Gulden erhebt Der Fall der lebhaften Gemeinde- und Adjacenten-Betheiligung an der Förderung eines Bahnbaues tritt hier mit eindringlichem Beweise dafür auf, dass das wahrhafte und verstandene Interesse an einer Bahnlinie solche Betheiligungen in höherem Masse hervorrufen wird, als gemeiniglich angenommen zu werden pflegt. Häufig sind aber allerdings diese Interessen nur zum Vortheile der Bahngründer fingirte, oder man hat nicht verstanden, von wirklich vorhandenen die Interessenten genügend zu überzeugen. In beiden Fällen wird sich aber für die oberflächliche Beobachtung leicht die vielfach gehegte Ansicht bestärken, dass diese Betheiligung fast niemals in nennenswerthem Grade bei der Schaffung von Bahnlinien heranzuziehen sein werde.

Ungenügende Situation der Frage der Bahnen minderer Ordnung in Oesterreich. Gewiss ist, dass weder die technische, noch die finanzielle und administrative Behandlung der grossen Frage der Bahnen minderer Ordnung in Oesterreich genügend von der abweicht, die bisher die gleichnamigen Angelegenheiten der Hauptbahnen erfahren haben, um wahrhaft fördernd und hervorlockend für die Bahnsysteme der in Rede stehenden Art einzuwirken.

Diese, wie jene, sind bisher, mit fast keiner Ausnahme, als Speculationsobjecte, als Motive für den Umsatz der Capitalien behandelt werden, bei denen der Staat die Rolle des Garanten gegen Verluste eigentlich nur für Diejenigen spielt, deren Speculation das Unternehmen, ohnehin schon fast ohne Risico, in's Leben gerufen hat.

Es ist unter diesen Auspicien, und so lange die dermaligen Regimentsverhältnisse in der finanziellen Welt Oesterreichs mit ihrer Beeinflussung der Staatsmassnahmen bestehen, sehr wenig Aussicht auf dem Bedürfnisse einigermassen entsprechende Entwickelung der Bahnen minderer Ordnung vorhanden, obwohl dieses Land, nächst Ungarn, dieser Verkehrsanstalten am meisten von allen civilisirten Staaten Europas nöthig hat. Jedenfalls sind in

Ungarn die localen, specifisch der Natur dieser Bahnen gemässen Kräfte, bei Inslebenführung derselben, weit energischer und directer hervorgetreten, als dies in Oesterreich der Fall gewesen ist.

England.

Die englische Gesetzgebung kennt bekanntlich die finanzielle staatliche Förderung der Eisenbahn-Entwickelung nicht. *Die englische Gesetzgebung.*

Bayern.

Das Gesetz vom 29. April 1869: „Die Ausdehnung und Vervollständigung der bayerischen Staatsbahnen, dann Erbauung von Vicinalbahnen betreffend" (Anhang VI), weist Artikel 2 „die Ueberschüsse der Rente der Staatsbahnen und die Ertragsantheile der Staatscasse an den Ueberschüssen der k. priv. bayerischen Ostbahnen"*) nach Erfüllung aller finanzgesetzlichen und budgetmässigen Bestimmungen, zur Bildung eines „Vicinal-Eisenbahn-Baufonds" an, dessen Verwaltung der Eisenbahn-Dotationscasse überwiesen wird. Das Gesetz gestattet aus diesem Fonds nur die Entnahme von „höchstens der Hälfte desjenigen Aufwandes, welcher für eine, auf dem Wege der Gesetzgebung festgestellte Vicinalbahn, nach Erfüllung der im Absatz 1 dieses Artikels (Gesetzes) aufgestellten Bedingungen erforderlich ist". *Bayerisches Gesetz vom 29. April 1869.* *Vicinal-Eisenbahn-Baufonds.*

Der genannte Absatz 1 aber enthält die Bestimmung, dass: „Bahnverbindungen von localer Wichtigkeit, welche vom Staate, oder durch Privatunternehmung hergestellt werden, nur unter der Voraussetzung Aussicht auf Unterstützung haben, wenn für dieselben die Grunderwerbung und die Herstellung der Erdarbeiten, ohne Inanspruchnahme des Staatsfonds, gesichert ist." *Grundbedingung für die Staatsunterstützung.*

Diese Bestimmungen beschränken somit das Maximum der Beihilfe des Staates auf die Hälfte des Aufwandes für Oberbau, Hochbau und Ausrüstung, ohne jede Rücksicht auf das Mass der Erforderlichkeit der Bahn im öffentlichen Interesse und das des Staates an ihrem Zustandekommen. Nach dem Wortlaute des Gesetzes wird jede, auch die für die Allgemeinheit direct oder indirect erspriessliche Bahn ungebaut bleiben, wenn die Concessionäre nicht im Stande sein sollten, die im Abschnitt I gestellten Bedingungen zu erfüllen und die andere Hälfte des für Oberbau, Hochbau und Ausrüstung erforderlichen Capitals zu beschaffen. *Mängel des bayerischen Gesetzes.*

Zum Glück zeigen die Specialgesetze für die Ausführung der

---

*) Seitdem Staatsbahnen geworden.   D. V.

Vicinalbahnen durch den Staat, dass diese zweite Hälfte der betreffenden Aufwände aus der Eisenbahn-Dotationscasse entnommen werden kann, so dass nur die Arealbeschaffung und die Herstellung der Erdarbeiten den Gemeinden oder der Unternehmung zur Last bleibt.

Aber auch selbst diese Bedingung kann unter Verhältnissen das Zustandekommen einer überaus nützlichen „Vicinalbahn" verhindern und hätte in der Allgemeinheit, in welcher sie das Gesetz vom 29. April 1869 enthält, besser keine Aufnahme in dasselbe, sondern zweckmässiger in die Specialgesetze für die einzelnen Linien in den Fällen gefunden, wo man à priori die Ueberzeugung hegen durfte, dass das Zustandekommen der Linien nicht an der Unmöglichkeit, sie zu erfüllen, scheitern könne.

Umkehrung des Verhältnisses zwischen Staat und Unternehmung durch das Gesetz von 1869.

Im Ganzen kehrt das Gesetz vom Jahre 1869, in eigenthümlicher Weise, das gewöhnliche Verhältniss zwischen Bahninteressenten und Staat um, indem es den ersteren eine Art von Subventionirung der Ausführung durch eine Naturalleistung ungemein verschiedenen Betrages auferlegt, der in unwirthbarem Flachlande auf ein Minimum sinken, in werthvollem Hügel- und Berglande zu unerschwinglicher Höhe steigen kann.

Die Verallgemeinerung von, in gewissen Fällen sicher sehr zweckentsprechenden, Bestimmungen tritt hierbei in ihrer, dem Wesen der Eisenbahnschaffung durchaus antipathischen Wirkung deutlich hervor. Diese Naturalleistung der Eisenbahninteressenten erscheint übrigens, nach dem Sinne des § 3 des Specialgesetzes für die Bahnen Erding-Schwaben und Langenzenn-Siegelsdorf, fast als solche *à fonds perdu*.

Schwierige Bestimmungen der bayerischen Specialgesetze.

Dieser Paragraph bestimmt nämlich, dass erst dann, wann die Roh-Einnahmen der Bahnen das Dreifache der 4$^1/_2$ %igen Zinsen des vom Staate für die Herstellung aufgewendeten Capitals betragen, aus dem Ueberschusse hierüber eine Verzinsung und Amortisation der für Grunderwerb und Erdarbeiten der Interessenten aufgewandten Capitalien gewährt werden kann. In anderen Urkunden dieser Art, z. B. dem Gesetze für die Bahn Holzkirchen-Tölz, ist die, den Ansprüchen der Interessenten vorausgehende Verzinsung des Staatscapitals mit 4% festgesetzt.

Nach der dermaligen Lage der bayerischen „Vicinalbahnen" und der, der Natur der Bahnen dieser Art so wenig congruenten Bauausführung und Betriebsmanipulation derselben, die sich immer mehr der der Hauptbahnen nähert, ist an eine solche Gewährung bei keiner derselben auf lange Zeit hinaus zu denken.

Wie die Erfahrung lehrt, ist weder die technische Behandlung des „Vicinalbahnwesens" in Bayern, noch sind die gesetzlichen Massnahmen, die dort zu seiner Förderung getroffen worden sind, im Stande gewesen, die Entwickelung desselben wesentlich zu heben, oder die Ausführungen der Linien und ihren Betrieb dem eigentlichen Wesen der Bahnen minderer Ordnung gemäss zu gestalten. Die „bayerischen Vicinalbahnen", von einem wohlhabenden Staate nach seinen Normen gebaut und betrieben, sind weder individuell genug den verschiedenen localen Bedürfnissen angepasst, noch in ihrer Gesammterscheinung von der der Hauptbahnen specifisch genug unterschieden, als dass die Ausdehnung und Ausästung eines in diesen Formen erscheinenden „Vicinalbahnsystems" auch in solche Districte wahrscheinlich sein sollte, die zwar derselben zu ihrer Prosperität dringend bedürfen, aber zur Zeit zu arm sind, um die Bedingungen zu erfüllen, unter denen ihnen die Gesetzgebung nur das für ihre Verhältnisse zu kostbare Werkzeug der Wohlfahrt zur Verfügung stellt. Man wird daher diese Gesetzgebung modificiren oder das „Vicinalbahnsystem" sein eigentliches Amt nur sehr unvollkommen erfüllen sehen müssen.

Hoher Preis des bayerischen Vicinalbahnwesens Hinderniss vollständiger Zweckerfüllung.

Selbst ein finanziell so wohlarrangirter Staat, wie der bayerische, wird aber zuletzt nicht umhin können, Bedenken zu tragen, so bedeutende Mittel auf Erreichung von Zwecken zu wenden, denen auf weit wohlfeileren Wegen in genügender Weise beizukommen wäre.

Von den in den übrigen deutschen Staaten ausgeführten Bahnen minderer Ordnung scheinen nur einige eine und kaum sehr energische finanzielle Förderung durch den Staat, die Provinzen oder Gemeinden erfahren zu haben. *)

Bahnen minderer Ordnung in Deutschland excl. Bayern.

Am Capitale der Bröhlthal-Bahn hat sich die preussische Regierung mit einer „Prämie" von 180.000 Mark betheiligt.

Bröhlthal-Bahn; Staatsprämie.

---

*) Ueber die Linien, die in Baden mit einem, dem der Bahnen minderer Ordnung mehr oder weniger, genäherten Charakter, ausgeführt worden sind, haben wir in dieser Beziehung keine Auskunft erhalten können.

D. V.

Ocholt-Westerstede Prioritätszinsen. Garantie, Gemeindesubvention à fonds perdu.

Für eine von der Ocholt-Westerstede contrahirte Anleihe von 90.000 Mark hat der preussische Staat eine $4\frac{1}{2}\%$ ige Zinsgarantie übernommen, mit der Bestimmung, dass, nachdem eine Verzinsung der Prioritätsactien mit 5%, der Stammactien mit $4\frac{1}{2}\%$ eingetreten sein wird, der fernere Ueberschuss der Reinerträgnisse dazu verwendet werden muss, dem Staate seine Auslagen an Zinsgarantie zu ersetzen. Es kommt dies einem Verzicht auf volle Verzinsung auf geraume Zeit hinaus gleich.

Die Gemeinde Westerstede hat dem Baucapital der Bahn 30.000 Mark *à fonds perdu* zugeschossen.

Neumünster-Tönning, Kiel-Flensburg, Betheiligung von Staat, Kreisen und Gemeinden an Actienzeichnung.

Bei der Actienzeichnung der Bahnen Neumünster-Tönning und Kiel-Flensburg haben sich Staat, Kreise und Gemeinden betheiligt und hat sich die Betheiligung der letztern beiden Factoren bei letzterer Linie auf $^6/_0$ des Gesammtcapitales erhoben.

Bei den beiden in Württemberg bestehenden Privatbahnen minderer Ordnung, Kirchheimer-Bahn und Matzingen-Urach, hat eine Unterstützung seitens der betheiligten Amtsbezirke durch Zeichnung einer grösseren Anzahl von Actien stattgefunden, während die K. Württemb. Finanz-Verwaltung der Kirchheimer-Bahn durch Gewährung eines grösseren 3%igen Anlehens Hilfe geleistet hat.

Beiden Bahnen ist eine Unterstützung seitens der Staatsbahnverwaltung durch unentgeltliche Besorgung des Abfertigungsdienstes auf den Anschluss-Stationen und die Mitbenützung derselben, sowie durch Besorgung sämmtlicher Abrechnungsgeschäfte geleistet worden. Ferner durch Abtretung von benutzten Locomotiven und älteren Personenwagen zu billigen Preisen und allmälige Abzahlung derselben ohne Zinsaufrechnung; durch Abgabe der nöthigen Güterwagen aus dem Staatsbahn-Wagenpark gegen mässige Miethe und endlich durch Gestattung höherer, als sonst auf den Württemb. Bahnen üblicher Personen- und Gütertarife.

Unmöglichkeit der Ableitung allgemein gültiger Formen der Hilfeleistung.

Wollte man nun versuchen, aus vorstehender Aufführung der Vielgestalt der Formen, in denen seiten des Staates, der Provinzen, der Gemeinden und der Adjacenten in den verschiedenen Ländern die Entstehung und Manipulation der Bahnen minderer Ordnung finanziell zu fördern gestrebt worden ist, die für den Zweck wirksamste dieser Formen und das Mass ihrer Wirksamkeit herauszufinden, so müsste dieser Versuch, zunächst schon, an der Vereinzelung der Fälle, in denen die meisten dieser Formen bisher zur Anwendung gekommen sind, scheitern. Die Vielgestalt selbst ist aber überaus lehrreich, indem sie praktisch das *a priori* schon erkennbare Axiom beleuchtet, **dass die Mittel, durch welche, von Seiten der obengenannten Factoren, die Entstehung und die Manipulation der Bahnen minderer Ordnung gefördert werden kann, nicht allein für jedes Land, sondern auch für die Individualität jeder Bahnlinie andere sein müssen, wenn sie das, überall mit verschiedenen Anforderungen auftretende Bedürfniss, wirklich decken, das Höchstmass ihrer Wirksamkeit für Schaffung und Prosperität der Linien äussern sollen.** *Mittel und Form der Hilfeleistung verschieden für jede Bahn.*

Der einzige Fall, wo mit Consequenz eine gewisse (wenn auch immerhin nach den Verhältnissen modificirte) generelle Form der Hilfeleistung festgehalten worden ist, in Frankreich, hat diese Consequenz als einen Fehler und die Wirksamkeit des Princips auf Entwickelung und Prosperität der „Localbahnen" als eine schwache und in irriger Richtung gehende, erkennen lassen. **Eben so wie es keine absolut gute Eisenbahn-Construction oder Administration giebt, eben so wenig ist das Recept für die zweckmässigste Form der finanziellen Hilfeleistung, für die Inslebenrufung und den Betrieb der Bahnsysteme minderer Ordnung gefunden, noch wird es jemals entdeckt werden!** *Lehrreiche Misserfolge der Generalisirung.* *Kein absolut gutes Eisenbahnsystem, keine absolut wirksame Hilfsleistungsform.*

Beinahe **jede Form von allen, die wir oben aufzählten,** kann, unter den ihr gerade entsprechenden Verhältnissen, **die den Zweck am vollständigsten erreichende sein.** Fast allein als von dieser Regel ausgenommen, sind die Beihilfen zu bezeichnen, die **in der Garantie von Reinerträgnissen des Eisenbahnbetriebes** bestehen. Diese legen jedes Streben nach Vervollkommnung und Oekonomie der Verwaltung lahm und sind die Wurzel vieler der moralischen Leiden, an denen die Eisenbahnen krank sind. *Jede Form unter den ihr entsprechenden Verhältnissen die beste.* *Garantie des Reinerträgnisses allein unter allen Verhältnissen verwerflich.*

Ein allgemeingiltiges Regulativ, welches der Gestaltung und Bemessung jener finanziellen Beihilfen zum Grunde zu legen wäre, die den Systemen der Bahnen minderer Ordnung, behufs ihrer Entwickelung und Manipulation, von Seiten des Staates, der Provinzen, Gemeinden oder sonstiger Interessenten *Unmöglichkeit der Aufstellung allgemein giltiger Regulative für die Gestaltung der Beihilfen.*

8*

geleistet werden könnten, lässt sich daher nicht aufstellen und müsste, wider die Natur der Sache aufgestellt, jener Entwickelung unfehlbar zum Schaden gereichen.

Behandlung von Fall zu Fall der einzig correcte Weg.

Auch hier ist die Behandlung von Fall zu Fall durch redliche und sachverständige Intelligenz der einzige Weg, in jedem einzelnen Falle der Erreichung des Zweckes so nahe als möglich zu kommen.

VIII. ABSCHNITT.

Die Tarifgestaltung der Bahnen minderer Ordnung.

Nichts bekundet einleuchtender die Jugendlichkeit des gesammten Eisenbahnwesens, als die geringe Tiefe, bis zu welcher klare Vorstellungen von gewissen Hauptelementen desselben in das Publikum, ja sogar in die Kreise, die sich fachliche nennen lassen, gedrungen sind. *Unklare Vorstellungen über das Eisenbahn-Tarifwesen.*

Zu diesen Elementen gehört das Tarifwesen. Immer erneuern sich die Versuche, dasselbe „regulirend", „Principe gebend", „Einheitlichkeiten herbeiführend" auf dem Wege der Vereinbarung, der Administration, ja sogar der Gesetzgebung zu beeinflussen, meist um das mühsam Geschaffene, fast schon im Augenblicke seiner Entstehung, durch die unzählbare Schaar der Ausnahmen und Sonderbestimmungen erstürmt, durchbrochen, vernichtet zu sehen. Diese wird von den unerbittlichen Nothwendigkeiten des Verkehrslebens herangeführt. Diese Versuche beruhen fast alle auf Missverständnissen und Unklarheiten, gegen die unablässig, das vielfach Gesagte immer wiederholend, anzukämpfen Pflicht ist. Jene Missverständnisse sind uns mit den Vorstellungen von der ältesten geregelten Verkehrsanstalt, der Post, unwillkürlich übernommen und längst in Fleisch und Blut übergegangen.

Viele Derjenigen, welche die staatliche „Regulirung", wenigstens „Beeinflussung" der Eisenbahngüter-Tarifverhältnisse befürworten, führen für die Möglichkeit derselben die exacte Tarifirung der Post- und Telegraphen-Beförderungen auf, und erinnern an die streng durchgeführte Systemisirung der Post-Passagier-Taxen. Sie vergessen dabei, dass der Posttransport ein im Wesen vom Eisenbahn-Transporte total verschiedener ist.

Verschiedenheit der Natur des Eisenbahn- und Posttransportes.

Die Objecte, welche die Post (beziehentlich der Telegraph) befördert, verändern ihren Werth nicht durch den Transport. Ein Brief (ein Telegramm) steigt weder, noch fällt er im Werth noch im Preise, komme er eine oder hundert Meilen weit her. Der Werth des Transportgegenstandes ist hier ein moralischer, zu dem der Transportpreis nichts hinzuthut oder wegnimmt.

Ein Centner Kohle, ein Centner Getreide hingegen, wird ein ganz anderes Werthobject durch den Transport. Der Transportpreis schlägt sich zu seinem Naturalwerth hinzu, und der Centner Kohle, der hundert Meilen weit gefahren wurde, ist vielleicht doppelt so viel werth als der, welcher nur eine Meile weit transportirt wurde.

Eisenbahntransport eigentliche Industrie.

Der Eisenbahntransport ist daher eine eigentliche Industrie, welche durch Zuschlag des Arbeitswerthes des Transportes zum Stoffwerthe des Transportgegenstandes neue Werthe producirt, und muss daher, als Industrie, nach mercantilischem Gebahren gehandhabt werden. Das Hineinwuchern des Bureaukratismus in diesen Bereich wird vielleicht am kräftigsten mit dazu beitragen, das Eisenbahnwesen, über kurz oder lang, an jene Grenze zu führen, jenseits deren, die dermals in den policirten Ländern üblichen Verwaltungsformen desselben, ihm zum unübersteiglichen Hindernisse in Erfüllung seines Amtes im Völkerleben werden müssen. Der Post- (Telegraphen-) Transport hingegen ist nichts Anderes als eine Vermittelung des intellectuellen Verkehrs ohne Modification des Preises des Verkehrsobjectes, und bildet daher recht eigentlich eine Staatsfunction.

Wenn aber der Centner Kohle, den man heute, trotz der Verdoppelung seines Werthes, an einem hundert Meilen weit gelegenen Orte A noch verkaufen konnte, dort nicht mehr verkäuflich wird, weil dem Orte A, vielleicht auf bis dahin zugefrorenen Canälen oder Flüssen, oder durch Eröffnung einer Bahn, oder das Fallen der Kohlenpreise in der Nähe, oder sonst einer der unzähligen Industrie- und Handels-Conjuncturen billigere Kohlen zugehen, so muss man eben, wenn man den Absatzort nicht missen kann, mit dem Transportpreise, aber nur für diesen Ort gerade, heruntergehen.

Nichts wäre aber irrationeller, deshalb, weil man jetzt nach jenem Orte A billiger transportiren muss, für einen nähergelegenen Ort B, welcher der Vortheile von A im Kohlenbezuge aus anderen Quellen etc. nicht theilhaft ist, auch mit den Transportpreisen herunterzugehen. Damit hat man aber schon unvermeidlicherweise die vielbesprochenen Differential-Tarife (deren Begriff übrigens, wie Reitzenstein sehr richtig sagt, durchaus noch nicht scharf abgegrenzt worden ist), welche der grosse Verkehr eben durchaus nicht missen kann. Ebenso irrationell aber wäre es, im nächsten Winter, wenn der Fluss bei A wieder zufriert etc., dem Orte mit dem niederen Transportpreise ein Geschenk machen zu wollen. Es sind dies die Fluctuationen und Chancen des Verkehres, denen der Eisenbahntransport als Industrie, die er ist, mit seinen Tarifen muss folgen können, wenn er sein Amt erfüllen soll. Wollte man daher, im obigen Falle, durch staatliche Bestimmung verbieten, dass die fernehin gehenden Transporte wohlfeiler sein können, als die nach näheren Punkten, so würde man, möglicherweise, nur einem irrigen Principe zuliebe, ganze Absatzgebiete verlieren, ganze Industriedistricte schädigen, ohne andererseits irgend Jemandem eine Wohlthat zu erweisen.

Unentbehrlichkeit der Differenzialtarife

Der Eisenbahn-Tarifsatz ist daher ein Handelsartikel, dessen Handelswerth mit den Conjuncturen der Production und der Verwerthung, den Möglichkeiten, billiger oder theurer zu transportiren, durch den Zuschlag höherer oder minderer Transportpreise zum Werthe der Transport-Objecte, um diese marktbar zu erhalten, steigen und fallen muss.

Der Eisenbahn-Tarifsatz ein Handelsartikel.

Je complicirter die Verhältnisse für die Vermarktung des Transportwerthes sich durch engeres Verschlingen der Netze der Verkehrswege gestalten, um so leichter und rascher beweglich muss die gesammte Manipulation im ganzen Bereiche der Eisenbahntransport-Tarifirung werden, umsomehr muss sie den Charakter der Handelsgebahrung erhalten. Sollten, unter dem Einflusse dieser Freiheit, hie und da auch locale Interessen, selbst von einiger Bedeutung, leiden, so müssen diese Uebelstände im Hinblicke darauf getragen werden, dass fast jeder noch so wohlgemeinte und wohlüberlegte sogenannte „regulirende" Eingriff in die natürlichen Functionen des grossen Verkehrsmittels dasselbe in seiner Wirkungskraft für die Allgemeinheit, zu Gunsten von Sonder-Interessen, beeinträchtigen muss.

Eisenbahntarifirung muss Act der Handelsgebahrung sein.

Systematisirend auf die Tarife der Eisenbahnen einwirken zu wollen, ist kaum ein aussichtsreicheres Beginnen, als in die Kaffee-, Brot- und Fleischpreise eines ganzen Landes Regel und Princip bringen zu wollen.

Man hat gegen die Anschauung, welche die Eisenbahn-Transportpreise als „Handelsartikel" bezeichnet, die unbestreitbare Füglichkeit der systematischen Gestaltung der Personen-Fahrtaxen aufgestellt. Dieser Einwand bestätigt aber im Gegentheile die Richtigkeit jener Anschauung. Ebensowenig wie der Posttransport den Werth des Briefes, ebensowenig ändert der Eisenbahntransport den Werth des Passagiers; in einem Passagier wird kein Handelsartikel an Ort und Stelle geliefert, dessen Marktpreis durch den Transportpreis regulirt werden müsste, und — die hier verhältnissmässig leicht ausgleichbaren Einflüsse der Concurrenzen abgerechnet — steht daher der principmässigen Gestaltung der Personentaxen ebensowenig Etwas entgegen, wie der des Brief- und Depeschenportos.

Beweisender scheint auf den ersten Anblick in derselben Richtung der Paket-Transport der Post zu exact regulirten Portosätzen gegen die Unthunlichkeit der administrativen Regulirung des Eisenbahngüter-Tarifwesens zu sprechen. Man darf aber dabei nicht aus den Augen verlieren, dass in den Zeiten vor Entwickelung der Eisenbahnnetze die Posten der verschiedenen Länder ihr Monopol sehr streng handhabten, dass von Handelsverkehr durch Postsendungen nie die Rede gewesen ist, noch weniger von Transportpreis-Concurrenzen bei den etwa auf diesem Wege gemachten Geschäften, und dass die Paketporti so hoch waren, dass ihnen der Name „Frachttarifpreise" nicht gegeben werden kann; dass aber, seitdem die Eisenbahnen die Post befördern, jene für diese die Lasttransportleistung zum grossen Theile zu besorgen haben.

Versuche, Eisenbahntarife zu reguliren, sämmtlich missglückt.

In den meisten Fällen, wo in den policirten Staaten Europas die fast sämmtlich missglückten, oder doch wenigstens das Eisenbahnwesen in der vollen Erfüllung seines Amtes im Völkerleben wesentlich beeinträchtigenden Versuche (in den freiheitlich entwickelten Eisenbahnländern hat man sich zu solchen nie herbeigelassen), das Eisenbahn-Tarifwesen behördlich oder gar legislatorisch zu beeinflussen, angestellt wurden, haben denselben Unklarheiten über die Industrienatur des Eisenbahngüter-Transportes zu

Grunde gelegen, und der Staatsmechanismus hat sich noch stets zu schwerbeweglich gezeigt und wird sich immer so zeigen, um mit seinen Emanationen den Anforderungen dieser leichtbeweglichen, Formen und Bedingungen wechselnden Natur in solcher Weise gerecht werden zu können, dass dadurch die Wirkungskraft des Eisenbahnwesens auf die öffentliche Wohlfahrt nicht abgeschwächt werden sollte.

Wenn aber das Transportwesen der Hauptbahnen in der Ausbreitung und Bedeutsamkeit seiner Bewegungen, der Complication und dichten Verschlungenheit seiner Wege Anlass geben konnte, nach dem Gesetz in unendlicher Vielheit sich gegenseitig bedingender Momente zu suchen, die unablässig und täglich seine Verhältnisse umgestalten, und dem mehr oder minder glücklich gefundenen vermeintlichen Gesetze mehr oder minder gewaltsamen Ausdruck in weittragenden Tarifgestaltungen zu geben; wenn ferner die Vielseitigkeit der Interessen der zu Eisenbahnnetzen verbundenen, verschiedenen Bahnlinien, um geschäftlich manipulirbar zu werden, zu Compromissen und Uebereinkünften, von Giltigkeit in weiten Kreisen, führen mussten, so fallen doch diese, zu Bestrebungen auf administrative Regulirung der Tarifsätze veranlassenden Momente, sämmtlich bei den Bahnen minderer Ordnung hinweg. *Gänzlich von denen der Hauptbahnen verschiedene Tarifbedingungen.*

Diese werden höchst selten zu grösseren, sich gegenseitig bedingenden Netzen zusammengeschlungen sein. Die Transportverhältnisse jeder derselben werden in den meisten Fällen von den aller anderen total abweichend sich gestalten zeigen; durch den auf der einen erhobenen Transportsatz können die der anderen nicht leicht präjudicirt werden, und der Betrag des Transportsatzes wird bei der, meist nicht bedeutenden Ausdehnung der Linien, weder für den Marktpreis der Transportstoffe, noch für deren Gesammt-Transportpreis, wenn dieselben auf längere Strecken übergehen, sehr in das Gewicht fallen. *Transportpreis der Bahnen m. O. meist von geringerem Einfluss auf Waarenpreis.*

Auch die Ausbeutung des Transport-Monopols, welches die Linie minderer Ordnung in ihrem Rayon mehr oder weniger besitzt, begrenzt sich immer durch die Marktverhältnisse der Stoffe, die sie transportirt. *Transport-Monopol d. B. m. O.*

Es hat mit den Transportsätzen der kleinen individuellen Bahnen ungefähr dieselbe Bewandtniss, wie mit deren Fahrzeit. Ob eine Bahn von 10—20 Kilometern Länge, mit 12 oder 20 Kilometern Geschwindigkeit fährt, ist für die Gesammtdauer der Fahrt von keiner in Geschäftswerth ausdrückbaren Bedeutung, und ob ein Centner Kohle, der 3—400 Kilometer weit transportirt wird, auf die ersten oder letzten 20—30 Kilometer seines Weges statt 1 Pfennig 2 oder 3 Pfennige per Meile kostet, ist fast irrelevant für den gesammten Transport- und den Marktpreis.

Gesetzliche Feststellung der Transportpreise.

Trotz dieser Erwägungen hat der bureaukratische Geist, unter dessen Inspiration die Concessionsurkunden der meisten Hauptbahnen in den policirten Ländern entstanden sind, nicht umhin gekonnt, Bestimmungen über die Preise der Transporte von Personen und Gütern, die denselben zu erheben gestattet sein sollen, selbst in die Specialgesetze der Concession aufzunehmen. Ja das „*Cahier des Charges général*" in Frankreich, das einen integrirenden Theil des Gesetzes vom 11. Juni 1859 bildet, stellt, wie wir weiter unten des Näheren sehen werden, in seinem § 42, im Detail, die Transportpreise für Bahnen in ganz Frankreich, gleichviel ob sie in der Bretagne oder der Provence, in der Dauphiné oder dem Bourbonnais liegen, arm oder reich, gross oder klein sind, fest.

Maximaltarifsätze.

Da aber denn doch die Gefahr offenbar zu nahe lag, dass durch diese Bestimmungen die Bahnen in der zu ihrer Prosperität erforderlichen Freiheit des geschäftlichen Gebahrens behindert werden könnten, so ist man auf das Auskunftsmittel der „Maximaltarifsätze" gekommen.

Durch diese Massnahme ist nun allerdings die Form ohne wesentliche Gefahr für die Sache gewahrt worden, **indem man die Bahnen an der Einforderung von Fracht- und Transportsätzen behördlich verhinderte, die ihnen meist durch die Verkehrsverhältnisse weit wirksamer verboten waren, als es irgend ein Gesetz thun konnte.**

Maximaltarifsätze auf Bahnen minderer Ordnung.

Diese Massnahme ist nun, mit noch weit schwächerer sachlicher Begründung als dort, in viele Concessionsbestimmungen für die Bahnen minderer Ordnung in continentalen Eisenbahnländern übergegangen.

Man hat versucht, *a priori*, ohne dass irgend welche Erfahrungen über die Entwickelung der Verkehrsverhältnisse vorlagen, ohne dass man wusste, wie dieselben auf die Gestaltung der Transportpreise dieser Bahnen, deren Prosperität ausschliesslich auf der freien Individualisirung ihres Baues und Betriebes beruht, einwirken würden, diese Preise zu fixiren.

Man ist dabei fast überall von dem ebenfalls (wenn als Axiom aufgestellten) irrigen Principe ausgegangen, dass kürzere Bahnen schwächeren Verkehrs für ihre Prosperität, höherer Taxen bedürften, als lange und frequente Bahnen. Dieser, schon der genügenden Individualisirung der Bahnen gegenüber hinfällige Grundsatz, wird es noch mehr beim Auftreten specifischer Eigenthümlichkeiten der Linien. So wird z. B. auch eine sehr kurze Bahn, deren Gesammtverkehr sich aber auf einem Gefälle, das gerade ausreicht, die Reibung der Fuhrwerke zu überwinden, zu Thal bewegt, die wenig Aufwand für Bahnbewachung und sonst einfache Verkehrsverhältnisse hat, mit jeder langen Hauptbahn in der Tarifirung concurriren können; während dies vielleicht schon nicht mehr der Fall ist, wenn das Gefälle der Bahn stärker wird, kräftiges, Bahn und Fuhrwerke abnutzendes Bremsen erfordert, oder gar der Verkehr sich zu Berg statt zu Thal bewegt. Wir werden weiter unten sehen, in welcher Weise die Eisenbahn-Oberaufsicht der Schweiz diesen Verhältnissen in den Tarifen Rechnung zu tragen gestattete. Die Praxis des Eisenbahnwesens hat aber gezeigt, dass häufig auf Bahnen, deren Einrichtungen nur auf Massentransporte in einer Richtung, z. B. zu Thal, organisirt waren, solche, im Laufe der Zeit, in der anderen, zu Berg, sich entwickelten oder umgekehrt. *A priori* auf die Voraussetzung der ersteren Verhältnisse basirte Taxen mussten dadurch absolut unhaltbar werden.

Irrthum, dass principiell kleinere Bahnen höhere Tarife erheben müssen.

Einfluss der specifischen Eigenschaften der Bahnen auf Transportpreis.

Am weitesten in der Vorausfestsetzung der „Taxen", auch für die Bahnen minderer Ordnung, ist man in Frankreich gegangen.

Der Abschnitt IV der den Concessionen der „Localbahnen" angefügten, überall fast ganz gleich gestalteten Bedingnisshefte enthält ein umfassendes Tableau, das dem oben erwähnten des „*Cahier des Charges général*" für die Hauptbahnen vom Jahre 1859 (11. Juni) in der Form ganz analog ist.

Tariftableau für die Localbahnen.

Dieses Tableau giebt in drei Spalten · das Weggeld, den Transportpreis (aus denen in Frankreich die Tarifsätze sich zusammenstellen) und die Summe beider, einen vollständigen Tarif, nach den beiden Beförderungsformen „grosse" und „geringe" Geschwindigkeit getrennt.

Der Tarif enthält die Beförderungspreise:

Für Passagiere in allen 3 Classen;

für Kinder;
für Hunde in Personen- und Güterzügen;
für Viehtransporte schneller und langsamer Bewegung;
für Eilgutbeförderung;
für Güterbeförderung minderer Geschwindigkeit in den vier Tarifclassen;
für den Transport von Eisenbahngüterwagen (verschieden nach deren Tragfähigkeit);
Locomotiven verschiedenen Gewichtes;
Tendern verschiedenen Gewichtes;
zweirädrigen Equipagen;
vierrädrigen Equipagen;
Möbelwagen, beladen und unbeladen;
Leichen und Leichenwagen.

Alles nach zwei Sätzen für verschiedene Geschwindigkeiten.

Ferner die weiteren Tarifbestimmungen, welche aus Artikel IV des im Anhange III gegebenen Bedingnisheftes für die Hérault-Bahnen des Näheren hervorgehen.

Gleichheit der Personen-tarife auf Haupt- und Localbahnen. Die Passagierpreise auf den Localbahnen unterscheiden sich hiernach meist weder untereinander, noch von denen der Hauptbahnen mit

0·100 Cent. per Kilometer I. Classe
0·075 " " " II. "
0·055 " " " III. "

Erhöhung für die Strassen-bahn. sind aber für die Strassenbahnen von Haironville nach Triaucourt, der es gestattet ist, nur zwei Classen zu führen, erhöht auf

0·15 I. Classe
0·10 II. "

Erniederung für gewisse Localbahnen. und erniedert für die Hérault-Bahnen auf

0·08 I. Classe
0·05 II. "

In den anderen Tarifposten sind die Sätze gegen das „Cahier général" für die „Localbahnen" sowohl wie für die „Strassenbahnen" theils erhöht und theils abgemindert, und zwar in einer Weise, die so wenig Princip erkennen lässt, anscheinend so willkürlich ist, dass diese Unregelmässigkeit, bei der Wohlüberlegtheit der französischen Massnahmen, auf eine, in Bezug auf die Tarife angebahnte Individualisirung einzelner Linien minderer Ordnung hindeutet.

Es ist dies aber immerhin nur eine Individualisirung „nach dem Orte", während die Schwierigkeiten, die mit Gesetzeskraft ausgerüsteten „*Cahiers des charges*" nach den wechselnden Bedürfnissen zu modificiren, die Möglichkeit der noch weit wichtigeren Individualisirung „nach der Zeit" für die französischen Bahnen sehr einschränkt.

Schwierigkeit der Tarif-Individualisirung nach der Zeit.

Die Schwerbeweglichkeit der Tarife wird in Frankreich von der Geschäftswelt als eine derjenigen Krankheiten des Eisenbahnwesens erklärt, welche dessen Leistungsfähigkeit für die öffentliche Wohlfahrt gegen die der Bahnen der Nachbarländer, England und Deutschland, welche weit weniger an dieser Einengung der freien Thätigkeit der Transport-Industrie leiden, in solchem Masse zurückstehen lassen, dass sich schon häufig die öffentliche Stimme, sogar im Parlamente, dagegen laut erhoben hat, ohne den darin ausgesprochenen, schematischen, die ganze französische Administration durchwehenden Geist, der dem Eisenbahnwesen so wenig congenial ist, bannen zu können.

Die öffentliche Meinung gegen die Fixirung der Tarife in Frankreich.

Die vorerwähnte Versuchsconcession (Anhang XI) für die Strassenbahn Haironville-Triaucourt zeigt keinen Fortschritt in Hinsicht auf die Vereinfachung und Mobilisirung der Tarifbestimmungen und eine Erleichterung der Individualisirung derselben nach dem Zeitbedürfnisse.

Auch die Behandlung des Tarifwesens der „Local-" und „Strassenbahnen" ist einer der Gründe für die verhältnissmässig schwache Entwickelung des Systems der ersteren und eine der Hauptursachen der überaus schwachen pecuniären Resultate, welche dieselben geliefert haben; abgesehen davon, dass die Linien auch für die Districte, die sie zu bedienen haben, lange nicht die Dienste leisteten, die man von ihnen hätte erwarten dürfen.

* Anschliessend an die französischen Institutionen beeinflusst auch die Schweizer Gesetzgebung das Tarifwesen der Bahnen minderer Ordnung durch Einfügung hierauf bezüglicher Bestimmungen in die Concessionsurkunden der Bahnen minderer Ordnung, aber in weitaus einfacherer Weise als die französische. Sie legt die Classenaufstellung für den Gütertransport in die Hände der Gesellschaften und bahnt dadurch eine Modification nach den Zeitverhältnissen an. (Art. 18 der formell sehr ähnlichen Concessionen für die Schmalspurbahnen Anh. XIII.) Uebereinstimmend fixiren diese Bestimmungen die Passagier-Fahrpreise

Schweizerisches Verfahren.

zu 0·10 Fres. in der I. Cl.
0·07 „ „ „ II. Cl. und, wo eine solche existirt,
0·05 „ „ „ III. Cl. per Kilometer und gestattete eine Ermässigung von 20%/₀ für Beförderung mit gemischten Zügen.

Sie betreffen ferner das Passagiergepäck, die Retourbillets, die Abonnementsbillets, den Militärtransport, den Viehtransport (für den sie Maximalpreise geben) und sprechen die Aufforderung aus, dass Transporte für die Landwirthschaft möglichst niedrig tarifirt werden sollen.

Artikel 23 dieser Concessionen fordert zur Aufstellung der Tarife und Einreichung derselben beim Bundesrathe, behufs der Genehmigung durch diesen, auf, woraus hervorgeht, dass auch die Modificationen derselben, die im Laufe der Zeit erforderlich werden, durch den Bundesrath, ohne Zuziehung der gesetzgebenden Körper behufs Abänderung des Specialgesetzes, bewirkt werden können.

Einführung der „virtuellen Längen" der Bahnen in das schweizerische Tarifwesen.

Um übrigens die Individualisirung der Taxen nach den Ortsverhältnissen zu erleichtern, hat der Bundesrath unterm 11. September 1873 eine Botschaft an die Bundesversammlung gerichtet, in welcher er, auf Grund des Gutachtens der Staatsingenieure Rambaux und Ruva, vorschlägt, den Bahnen mit starken Steigungen, nach Massgabe derselben, eine, nach hierzu aufgestellter Formel*) zu berechnende Erhöhung ihrer concessionsmässigen Taxen zu gestatten. Zum Beleg dafür, welchen Einfluss dieser Vorschlag, dessen Rationalität sich anfechten lässt, weil er die Richtung der Transportmassen zu Berg oder zu Thal ausser Spiel lässt, auf die Fahrpreise gehabt hat, geben wir nachstehend die für eine Anzahl

---

*) Die Formel ergiebt folgende Coefficienten, mit denen die ursprüngliche Taxe zu multipliciren ist, um die Gebirgstaxe zu finden.

%/₀₀ Steigung.	Coefficient.
10	1
15	1·19
20	1·40
25	1·62
30	1·85
35	2·11
40	2·39
45	2·69
50	3·00

In der Praxis sind dieselben nach Mittelwerthen der Steigungen auf der Bahn etwas modificirt worden.   D. V.

Bahnen minderer Ordnung genehmigten Personentaxen an, in Francs per Kilometer:

		I. Cl.	II. Cl.	III. Cl.
Ursprüngliche Taxe		0·10	0·07	0·05
Brünig Bahn	0·05 Steigung	0·30	0·21	0·15
Interlaken-Lauterbrunn	0·04 „	0·19	0·13	0·09
Winkeln-Herisau	0·035 „	0·17	0·12	0·09
Hottingen-Esslingen	0·03 „	0·20	0·13	0·10
Brünig-Bahn (and. Strecke)	0·03 „	0·20	0·14	0·10
Berner Touristenbahnen	0·04 „	0·35	0·25	0·15
Neumünster-Grünigen	0·03 „	0·20	0·13	0·10
Muri-Affoltern-Aegeri	0·028 „	0·14	0·10	0·07

Einfluss der „virtuellen Längen" auf die Personentaxe.

Jedenfalls zeigt die Art und Weise, in der die Schweizer Gesetzgebung auf die Tarifverhältnisse der Bahnen einwirkt, vermöge der Füglichkeiten, die sie gewährt, das Tarifwesen den Zeit- und Ortsbedingungen anzuschmiegen, viel Empfehlenswerthes, obwohl die Form derselben, welche die Hauptbestimmungen dieser Einwirkung in der Concessionsurkunde anhäuft, wieder weniger praktisch sein dürfte, als die französische, die hierzu das „Bedingnissheft" bestimmt.

In Oesterreich ist bei der gesetzlichen Beeinflussung der Transporttarife auf den „Secundärbahnen" in ähnlicher Weise vorgegangen worden, wie bei den Hauptbahnen. Die betreffenden Bestimmungen sind direct in die Concessionsurkunde aufgenommen und geben Maximaltarifsätze.

Verfahren in Oesterreich.

Die Concession für die Secundärbahnen Leobersdorf-Guttenstein und Pöchlarn-Gaming (Secundär-Nebenbahnen „der Leobersdorf-St. Pölten-Bahn") vom 3. November 1874 stellt § 8 den Maximaltarif fest: Für den Personentransport per Meile:

    I. Classe . . . . . 36 Kreuzer Oe. W.
    II. „ . . . . . 27 „ „ „
    III. „ . . . . . 18 „ „ „

Auf den Strecken, die etwa in der Zukunft von Schnellzügen befahren werden sollten, kann für diese der Fahrpreis um 20% erhöht werden.

Der Maximaltarif für Waaren bei Beförderung mit concessionsmässiger Geschwindigkeit (12 Kilom. p. St.) wird gegeben mit:

    I. Classe . . . . 2 Kreuzer Oe. W.
    II. „ . . 2·5 „ „ „
    III. „ . . 3 „ „ „

der sich für Wagenladungen auf die Hälfte reducirt. Derselbe Paragraph giebt die Bestimmungen für Expeditionsgebühr, allgemeine Assecuranz- und Auf- und Abladegebühr. Hinsichtlich der übrigen Frachtpreise, des Lagerzinses und der sonstigen Verkehrsbestimmungen ist festgesetzt, dass dieselben nicht höher und lästiger sein dürfen, als auf der benachbarten Südbahn (einem der grössten Complexe des Continents).

Uebertragung von Bestimmungen grosser Nachbarbahnen.

Bei der Bemessung der Frachtpreise auf Strecken mit Steigungen von 1:60 und mehr ist die virtuelle Länge derselben statt der materiellen in Rechnung zu ziehen, und zwar nach einem Mittelwerthe von $1\frac{1}{2}$ der letzteren.

Einfluss der virtuellen Längen.

Die Regelung der Tarife innerhalb der durch diese Bestimmungen gegebenen Grenzen steht der Gesellschaft frei.

In der Concession für die kleine Secundärbahn Elbogen-Neusattel vom 25. Januar 1877 (7 Kilom.) ist (§ 8) nur eine Wagenclasse vorgesehen und für diese der Fahrpreis auf 25 Kreuzer ö. W. festgesetzt. Für den Fall der Einführung einer höheren Classe darf für diese der Preis um 50% mehr betragen.

Für den Frachtenverkehr ist ein Maximalsatz von 60 Kreuzern pro metr. Tonne festgestellt.

Für den Transport von Mineralkohle, Getreide, Mahlproducten, Kartoffeln, Düngestoffen, Steinen etc. darf höchstens 50 Kreuzer per Tonne erhoben werden.

Die Nebengebühren und sonstigen Transportbestimmungen dürfen nicht höher und lästiger sein als die der Buschtiehrader Bahn, in welche die kleine Linie einmündet.

Aus den Festsetzungen dieser Concessionen geht hervor, dass sie dem Betriebsgebahren der Gesellschaften so weite Grenzen ziehen, dass jede einigermassen rationelle Gestaltung der Tarife innerhalb derselben fallen würde, auch wenn die Vorschriften nicht gegeben wären.

Ungarisches Verfahren.

Die Tarifbestimmungen in den Concessionsurkunden der ungarischen Bahnen II. und III. Ranges haben ähnliche Formen, wie die in den österreichischen Concessionen, weichen jedoch im Factischen sowohl von diesen wie unter einander beträchtlich ab.

So bestimmt z. B. die Concession für die Valkany-Perjamos-Bahn die Personentaxen mit

I. Classe zu 36 Kr. österr. Währ.
II. „ „ 27 „ „ „
III. „ „ 15 „ „ „

und gestattet die Construction der Wagen III. Classe nach der der *Differenzen in den Personentaxen.*
IV. Classe auf den Hauptbahnen. Die der Arad-Köröstal-Bahn
erhöht die III. Classe auf 18 Kr. und fügt eine IV. Classe mit
10 Kr. hinzu.

Ja der Satz erhebt sich noch beträchtlich in der Concession der Gömörer Industriebahnen vom 11. Juni 1871 (§ 8) auf

I. Classe . . 52· Kr.
II. „ . . 39 „
III. „ . . 26 „

und gestattet hier sogar noch eine 20%ige Erhöhung für die auf diesen Bahnen vorgesehenen Schnellzüge.

Dieselben Unterschiede bestehen in den Festsetzungen für *Verschiedenheiten in den Gütertaxen.*
die Frachten, die mit:

2 Kr. I. Classe
3 „ II. „
4 „ III. „ für Valkany-Perjamos, hingegen mit
2½ „ I. „
3½ „ II. „
4½ „ III. „ für Arad-Körösthal und mit
3 „ I. „
3½ „ II. „
5 „ III. „ für die Gömörer Industriebahnen gegeben sind.

Man würde diese Verschiedenheiten, welche sich auch auf *Die Differenzen nicht Ursache der Individualisirung.*
die anderen Taxbestimmungen erstrecken, als eine gewisse Form
der Individualisirung begrüssen, wenn dabei nicht oft andere heterogene Einflüsse im Spiele gewesen wären und die Bestimmungen sich nicht als Maximalsätze darstellten, innerhalb deren fast beliebige Massnahmen statthaft sind.

Die kategorischste Tarifbestimmung enthält die Concession der *Kategorische Bestimmung für Banreve-Nadasd.*
Banreve-Nadasd (Schmalspur-Industriebahn vom 27. Juli 1870
(§ 11), die den Frachtsatz für diese Bahn, ohne jeden Unterschied der Classen, auf 2·2 Kreuzer österr. Währ. per Zoll-Centner und Meile feststellt, der, ohne specielle Bewilligung der Regierung, weder zu erhöhen noch zu ermässigen ist.

Jedenfalls deutet das ungarische, noch mehr als das österreichische Verfahren, bei den Versuchen zur Regelung der Tarifverhältnisse der Bahnen minderer Ordnung durch Bestimmungen in den Concessions-Specialgesetzen auf eine freiere, der Wesenheit der Bahnen congenialere Anschauung hin, als dies bei den französischen und auch den Schweizer Emanationen dieser Art der Fall ist.

Beeinflussung der Tarife in Deutschland.
Bei den in Deutschland bisher officiell oder officiös als Bahnen minderer Ordnung (bald Secundär-, bald Vicinal-, bald Localbahnen genannt) errichteten und betriebenen Linien, von denen eine Anzahl sich überdies in Staatsmanipulation (Bayern, Baden etc.) befindet, ist eine staatliche Beeinflussung der Tarife in den Concessionen, so viel bekannt, nicht geübt worden.

Ocholt-Westerstede.
Die Schmalspurbahn Ocholt-Westerstede hat ihren Personentarif etwas höher als die benachbarte Oldenburgische Staatsbahn, die $4^1/_2$ bez. 3 Pfg. per Kilom. einhebt, auf 50 bez. 30 Pfennige in II. bez. III. Wagenclasse für die 7 Kilom. lange Strecke gestellt. Für den Güterverkehr hat sie das Wagenraum-System in Anwendung gebracht, wodurch die Unzuträglichkeit entsteht, dass ihre Verkehre, beim Durchgange auf die Nachbarbahnen, nur für Stückgut als directe gestattet werden konnten.

Behandlung des Tarifwesens keine dem Wesen der Bahnen m. O. congeniale.
Beim Ueberblicke über die Behandlung, welche das Tarifwesen der Eisenbahnen minderer Ordnung bisher durch die General- und Specialgesetzgebung und Administration in den verschiedenen Ländern erfahren hat, drängt sich die Ueberzeugung auf: dass diese Behandlung keine der Wesenheit dieser Gattung von Verkehrsanstalten congeniale war und daher weder die Entwickelung der Netze dieser Art von Bahnen fördern, noch die Prosperität der bestehenden schaffen und heben konnte.

Basirt auf Missverstehen der Natur der Eisenbahntransporte.
Es hat dies zunächst seinen Grund in dem das ganze Eisenbahnwesen durchziehenden, im Eingange dieses Abschnittes und schon früher näher beleuchteten, Missverstehen der Natur der Eisenbahn-Transportthätigkeit, ihres Preises und Tarifes überhaupt und sodann in der, der bureaukratischen Verwaltungsform naturgemäss innewohnenden Tendenz, das Gewohnte, Angelebte, in neue Verhältnisse, auf neue Erscheinungen, zwar meist ohne Gewaltact, aber unwiderstehlich zu übertragen. So ist es gekommen, dass die an sich schon missverständlichen Anschauungen und Methoden der Behandlung des Tarifwesens aus dem Bereiche der Normalbahnsysteme noch viel irriger in das der Bahnen minderer Ordnung verpflanzt worden sind.

Wir haben schon in der Einleitung zu dieser Schrift darge- *Mangel an Entschlossenheit in Gestaltung der Bahnen minderer Ordnung.*
than, wie diese Vorkommnisse dadurch begünstigt worden sind,
dass die Bahnen minderer Ordnung in den policirten Staaten
Europas zunächst in mässigen Ausdehnungen, „gleichsam schüchtern, sich ihrer untergeordneten Natur schämend", aufgetreten sind
und Bedenken trugen, ihre Constructions- und Organisationsformen
von denen der Hauptbahnen allzu abweichend zu gestalten. Die
Administration und Gesetzgebung hat, häufig die Zufälligkeit für
die Wesenheit nehmend, diesen Uebergangszustand durch ihre
Bestimmungen festgehalten, und so zeigen, mit sehr wenig Ausnahmen, die europäischen Bahnen minderer Ordnung constructive
und administrative Formen, die zu wenig von denen der Normalbahnen abweichen, um das eigentliche charakteristische Wesen
der Bahnen minderer Ordnung verkörpern zu können. In den am
strengsten policirten Ländern, wie Frankreich, geht dies, wie
mehrerwähnt, so weit, dass die Bahnen minderer Ordnung nur
in wenig Merkmalen von denen höherer Ordnung zu unterscheiden sind.

Die staatlichen Einwirkungen auf das Tarifwesen der Bahnen *Mangel an Individualisirung auch in der Tarifgestaltung.*
minderer Ordnung hat denselben Einflüssen unterlegen und dieses
gewährt daher kaum im entferntesten Sinne ein Bild davon, wie
eigentlich die, als Handelsartikel betrachtete Transportpreisvergütung der Bahnen dieser Art, behandelt werden müsse, um allen
Formen, auch den untergeordnetesten, derselben gerecht zu werden.

Die Möglichkeit hierzu wird immer näher liegen, *Fernhalten des Staates von Regulirungen im mercantilischen Theile des Eisenbahnwesens. Grösstmögliche Liberalität und Weite der Bestimmungen.*
je ferner sich der Staat von administrativen oder
gar legislatorischen „Regulirungen" des mercantilischsten Theiles des Eisenbahnsystems, des Tarifwesens, hält. Glaubt derselbe aber, sich einer Beeinflussung dieses Bereiches nicht entäussern zu können,
so mögen seine hierauf bezüglichen Bestimmungen
noch viel allgemeiner gefasst, mit noch viel weiteren,
der individuellen Behandlung den ausgedehntesten
Spielraum gewährenden Contouren umschrieben sein,
als dies in den liberalsten bis jetzt giltigen Specialgesetzen der Fall gewesen ist.

9*

IX. ABSCHNITT.

Die Pflichten der Bahnen minderer Ordnung gegen den Staat.

Bahnen minderer Ordnung in Frankreich zum „grossen Strassenwesen" gehörig betrachtet.
    Die Franzosen betrachten ihre sämmtlichen „Localbahnen" und, nach Art. 2 des Gesetzentwurfes für die „Strassenbahnen" vom 17. März 1875, auch diese; und nach Art. 8 des Gesetzes vom 12. Juli 1865, auch die „Industriebahnen", als zum „Grossen Strassenwesen" *(Grande Voirie)* Frankreichs gehörige Verkehrs-Institute.

Entwickelungs-Behinderungen durch diese Anschauung.
    Es ist dies eine irrige, allzu generalisirende Anschauung, welche für die Entwickelung der betreffenden Systeme von Bahnen minderer Ordnung nicht vortheilhaft sein konnte, da sie fast sämmtliche legislatorischen und administrativen Weitläufigkeiten und Schwierigkeiten, welche mit allen Angelegenheiten im Bereiche des „Grossen Strassenwesens" verknüpft sind, auf die der Bahnen minderer Ordnung in einer, deren Individualisirung fast ganz verhindernden Weise, übertrug.

    Es tritt dies besonders, als zu Anomalien führend, bei den Verpflichtungen hervor, welche Eisenbahnen jeder Ordnung gegen den Staat zu erfüllen haben.

    Für die Bahnen höherer Ordnung werden dieselben, im Princip, im selben Lande auch nahezu dieselben sein, denn deren Zwecke und Wesenheiten sind annähernd dieselben.

Zwei Classen der B. m. O. in Bezug auf Pflichten geg. den Staat.
    Anders für die Bahnen minderer Ordnung. Diese zerfallen in Bezug auf diese Pflichten in zwei Classen.

Solche, die zum „Grossen Strassenwesen"gerecht net werden können.
    In solche, die, ihrer ganzen Natur und Construction nach, den Normalbahnen näher stehend, theils sofort als Theil des „Grossen Strassenwesens" angesehen werden dürfen, theils, ver-

möge ihrer Richtung und Situation, in die Lage kommen können, über kurz oder lang, in dasselbe einrangirt werden zu müssen; und in solche, deren Wesenheit dies (ganz Unvorhersehbares ausgeschlossen) für alle Zeiten verhindert.

Es wird in den meisten Fällen thunlich sein, einen mehr oder minder bedeutenden Theil der Verpflichtungen, welche Eisenbahnen überhaupt gegen den Staat zu erfüllen haben, in die Verträge aufzunehmen, die mit den Begründern jener ersten Classe der Bahnen minderer Ordnung, behufs deren Concessionirung, geschlossen werden.

Die andere Classe von Bahnen minderer Ordnung wird von jenen Instituten gebildet, die, obwohl mit vielen Attributen des Eisenbahnwesens ausgerüstet, doch nicht zum „Grossen Strassenwesen" eines Landes gerechnet werden können. Es sind dies z. B. die Linien von oft nicht unbedeutender Ausdehnung, welche als Dependenzen industrieller und agricoler Unternehmungen zu betrachten sind, oder ganz specifischen und ganz localen Zwecken dienen, wie z. B. die Zweigbahnen, welche nur die Tendenz haben, Bade- oder Vergnügungsorte mit Hauptbahnen in Beziehung zu bringen; die Linien, welche Städte mit ihren Vororten verbinden; die mit Dampf befahrenen, Güter- und Personenverkehr führenden Tramways in den Städten selbst; die Touristenbahnen, welche berühmte Scenerien und Kurorte etc. zugänglicher machen, wie die Rigi-, die Uetliberg-, die Rorschach-Heiden-, die Kahlenberg-Bahnen etc.

Solche bei denen dies nicht der Fall ist.

Den Bahnen dieser Gattung wird man selbstverständlich, nur einen sehr kleinen, von Fall zu Fall verschieden zu bemessenden Theil der Eisenbahnverpflichtungen gegen den Staat auferlegen können, die natürlich ausgenommen, welche jeder Eisenbahn-Unternehmung in ihrer Eigenschaft als Staatsglied obliegt, und deren Erörterung nicht hierher gehört, nämlich die der Steuerentrichtung.

Steuerentrichtung allgemeine, hier nicht zu erörternde Pflicht.

Aber wie überall, wo es im Bereiche des Eisenbahnwesens zu classificiren gilt, verschwimmen auch die Grenzen zwischen den beiden eben erwähnten Classen von Bahnen minderer Ordnung.

Es wird daher auch hier von Fall zu Fall, sowohl die Einrangirung einer vorliegenden Bahnlinie, als die Zumessung ihres Theiles von Verpflichtungen gegen den Staat, dem subjectiven Ermessen der concessionirenden Behörde, beziehentlich bei Recursen, der Staatsregierung, anheimgestellt bleiben müssen.

Vier Momente der Bemessung der Pflichten gegen den Staat.

Vier Momente kommen bei den einschlagenden Erwägungen vornehmlich in das Spiel:

der Zweck der Bahnlinie;

ihre Lage gegen oder in den Orten, denen sie dient und gegen die anderen Bahnlinien;

ihre Ausdehnung, und

ihre Construction und Ausrüstung.

Spurdifferenz Hinderniss der Erfüllung gewisser Pflichten.

Die Einflüsse der ersten drei dieser Momente auf den einschlagenden Erwägungen sind selbstverständlich, den bedeutsamsten von allen aber wird der vierte äussern, da von diesem die Beziehung zu dem „Grossen Strassenwesen" abhängt.

Die Verschiedenheit der Spurweite z. B. schliesst von demselben *a priori* aus und isolirt die damit versehene Bahn als „Einzelwesen", erschwert ihr die Erfüllung gewisser Pflichten gegen den Staat und macht ihr sogar die einiger darunter unter Verhältnissen unmöglich.

Die concessionirende Staatsbehörde hat sich bei ihren Functionen dessen unausgesetzt bewusst zu bleiben.

Die Pflichten der Eisenbahnen gegen den Staat sind aber vornehmlich von siebenerlei Art:

Pflicht der Steuertragung.

1. Zunächst die ganz allgemeine, wie gesagt, hier nicht weiter zu behandelnde, der Steuertragung, insoweit sie nicht ausdrücklich durch Concessionsbestimmung, die dann den Charakter einer Subvention hat, davon befreit sind. Bei dieser Bemessung wird nun die Erwägung bedeutsam und erschwerend in das Spiel kommen: Ob eine betreffende Bahn minderer Ordnung als selbstständig werbendes Institut, oder nur als Dependenz anderer Unternehmungen zu betrachten sei. Hierdurch unterscheiden sich diese Erwägungen von den gleichnamigen auf Bahnen höherer Ordnung bezüglichen, die sämmtlich als selbstständig werbende Unternehmungen zu betrachten sind.

2. Die ebenfalls allgemeine, gegen die persönliche Sicherheit der Staatsbürger und ihres Eigenthums bei Manipulation der Bahnen. **Das Mass der Schwierigkeit der Erfüllung dieser Pflicht bemisst sich nach dem Bau- und Betriebsverhältnisse der Bahnen von Fall zu Fall**

Pflichten gegen die öffentliche Sicherheit.

und hiernach wieder das Mass der Sicherheitsvorkehrungen, welche der Staat von den Bahnen

rationeller Weise zu verlangen hat. Für den Eisenbahnbetrieb, in seiner Vollentwickelung nach Mass und Schnelligkeit auf den Normalbahnen, ist durch Polizeigesetze und umfassende Betriebsvorschriften und Reglements in allen Ländern ein überaus grosser Aufwand von Sicherheitsvorkehrungen vorgeschrieben. Die Durchführung desselben ist mit Kosten verknüpft, die allein ausreichen würden, die Prosperität auf der frequentesten Bahn minderer Ordnung in Frage zu stellen.

Es wird sich daher bei der Erlassung der Vorschriften, durch welche der Staat sich die Erfüllung dieser Pflicht seitens einer Bahn minderer Ordnung sichert, darum handeln, von jenem Vollmasse, welches das Erforderniss der Bahn höchster Ordnung deckt, nur denjenigen Theil herüberzunehmen, der hier dem Minderbedürfnisse genügt, ohne das Unternehmen zu überlasten. Wohl hat man dabei im Sinne zu tragen, dass von den Sicherheitsvorschriften ein grosser Theil der ganzen Dienstorganisation und Technik der Bahn, mit ihren Kosten abhängt, und daher jedes Uebermass jener diese in enormer Progression belastet, andererseits aber ein zu niederes Mass mit grossen Verantwortlichkeiten verknüpft ist.

Gewiss ist, dass fast nirgend mehr, als gerade bei der Erlassung der Sicherheitsvorschriften in Deutschland, und noch mehr in Oesterreich, gegen die Oekonomie des Betriebes von oben her gesündigt worden ist, und dass nur die durchgeführte Individualisirung derselben von Fall zu Fall, in beiden Richtungen deckt.

Das Mass der den Bahnen minderer Ordnung zu dictirenden Sicherungsvorkehrungen kann einerseits bis nahe an jenes steigen, welches dem Vollmass der Bedingungen bei den Normalbahnen entspricht, wenn die Verkehrsnatur der Bahn minderer Ordnung ebenfalls nahe an die Form dieser hinangeht; und andererseits fast bis auf nichts herabsinken — wobei vor Allem die Fahrgeschwindigkeit, das Profil der Bahn, ihre Horizontalprojection, ihre Lage gegen Verkehrswege und ihre Betriebsform die Hauptrolle spielen.

Mass der den Bahnen m. O. aufzuerlegenden Sicherheitsvorschriften.

Die Sicherungsvorkehrungen der Hauptbahnen, auch nur zum kleinen Theile, auf Industrie- und Strassenbahnen oder andere Bahnen mit langsamer Fahrbewegung, oder Dampftramways anwenden zu wollen, würde einem Verbote dieser Verkehrsanstalten fast gleichkommen, die eine so grosse Rolle im Völkerleben zu spielen bestimmt sind. Zwar tragen die Concessionsbestimmungen der meisten

Länder, die preussischen Sicherungsvorschriften, die „Grundzüge für die Gestaltung der Secundärbahnen", etc. dem Bedürfnisse der Individualisirung in dieser Richtung, bei liberaler Handhabung, genügend Rechnung. Dass eine Handhabung in solchem Sinne aber erfolge, ist durch den Usus noch beiweitem nicht entsprechend gewährleistet. Es wird daher, unter Vermeidung aller Generalisirungen, Pflicht der concessionirenden Behörden sein, von Fall zu Fall dafür Sorge zu tragen, dass die Vorschriften, durch welche sie die Bahnen zur Erfüllung ihrer Sicherheitspflichten gegen den Staat anhalten, streng nur im Gleichgewichte mit den Gefährdungen stehen, welche die Bau- und Betriebsform der Bahnen mit sich bringt, und dieselben nicht durch ein, sämmtliche technische, und durch diese wieder die finanziellen Verhältnisse der Bahn beeinflussendes Uebermass derselben, belasten.

Feststellung des Masses der Sicherheitsvorschriften von Fall zu Fall.

3. Die dritte Gattung der Pflichten der Bahnen gegen den Staat betrifft dessen schon bestehende Institutionen, vornehmlich die Lage der Strassen, Wasserläufe etc.

Pflichten gegen schon vorhandene Institutionen, vornehmlich Communication.

Von diesen sind diejenigen nur von hervorragender Bedeutung für die Bahnen minderer Ordnung, welche die Strassen und ihre Situation gegen die Bahn betreffen.

Mit mehr oder weniger Strenge wirken die Gesetzgebungen und Administrationen der meisten Länder dahin, den ungehinderten Betrieb, sowohl der Strassen als der Bahnen, dadurch zu sichern, dass sie die Bahnen veranlassen, die Kreuzung der Bahnen und Strassen durch Brücken über oder unter dem gegenseitigen Niveau zu bewirken.

Bahn- und Strassenkreuzungen.

Die Nothwendigkeit der Durchführung dieser Massnahmen wächst mit der Schnelligkeit und Dichte des Verkehres auf den Bahnen und der Frequenz der Strassen, die sich überschneiden; die Schwierigkeit der Durchführung derselben hingegen mit der Zahl dieser Ueberkreuzungen und der Beschaffenheit des Terrains, in dem sie liegen.

Die englische Gesetzgebung[*] wahrt die Pflichten der Bahnen gegen die Strassen am energischsten und macht die Gestattung einer Niveaukreuzung von weitläufigen gesetzlichen Vorgängen ab-

---

[*] England: *Railway Clauses consolidation Art. 1845, XLVI.*

hängig. Nichtsdestoweniger ist die Pression, welche die wachsende Dichte des Eisenbahnnetzes in der Richtung der Ausnahmen von der Vorschrift ausübt, so stark, dass im Jahre 1872 die Zahl der Niveaukreuzungen von Bahnen und Strassen in England schon 5338 betrug und im Jahre 1876 auf 6552*) gewachsen war. In Preussen betrug die Zahl der Niveau-Uebergänge im Jahre 1875 24.360. In Frankreich, wo das „*Cahier des Charges général*" (Artikel 10) die Niveau-Uebergänge für die Reichsstrassen an seltene Ausnahmen knüpft, für die Departemental- und andere Strassen nur duldet, erhob sich die Zahl im Jahre 1871 schon auf 10.412.

Zahl der Niveaukreuzungen in England.

In Preussen

In Frankreich.

Welchen Einfluss die Verminderung der Niveau-Uebergänge auf den Herstellungspreis der Bahnen durch Ausführung zahlreicher Bauten, Erhebung und Senkung der Trace etc. üben muss, liegt auf der Hand.

Wollte man daher die Zulassung derselben für die Bahnen minderer Ordnung an dieselben Bedingungen knüpfen, wie bei den Hauptbahnen, so würde dies die Oekonomie der ersteren in einer, die Prosperität und Zweckerreichung ungemein erschwerenden Weise belasten. Da nun aber in weit stärkeren als mit directem Ziffernverhältnisse, alle Gefahren, die mit der Existenz der Niveau-Uebergänge verknüpft sind, sich mit der Fahrgeschwindigkeit und Verkehrsdichte der kreuzenden Bahnen abmindern, so ist offenbar ein wesentlicher Nachlass der Strenge der Massnahmen gegen die Niveau-Uebergänge, die selbst bei den Bahnnetzen stärkster Frequenz und Schnelligkeit, wie wir eben sahen, nicht ganz aufrecht zu erhalten ist, wenn diese Netze sehr dicht werden, den Bahnen minderer Ordnung gegenüber um so gerechtfertigter, je geringer deren Fahrgeschwindigkeit und Frequenz ist, so dass er, in den meisten Fällen einer vollständigen Zulassung der Niveaukreuzung gleichkommen wird.

Abminderung der Gefahren der Niveaukreuzungen.

Aber auch hier lässt sich kein Princip aussprechen, da die variirenden Combinationen der Dichte und Form des Verkehres und der Fahrgeschwindigkeit auf den Bahnen einerseits, mit der Verkehrsnatur auf den Strassen andererseits, die massgebenden Verhältnisse verschieden gestalten.

---

*) *Return to both Houses of Parliament relative to the System of Signals upon which the Railways ar worked. London 1876.*

Bemessung der Zulässigkeit der Wegkreuzungen von Fall zu Fall.

Die Behandlung der Frage von Fall zu Fall auf der Basis aller möglichen, mit der Sicherheit vereinbaren Rücksicht auf die Natur und Oekonomie der Bahnen minderer Ordnung, ist daher auch hier der einzig richtige Weg. Die vom Staate in dieser Beziehung gemachten Concessionen bei Behandlung seiner Strassen gehören zu den indirecten Vergünstigungen, die er den Bahnen dieses Systems gewährt.

Mitwirkung der Bahnen bei der Landesvertheidigung.

4. Unter die bedeutsamsten Pflichten der Bahnen gegen den Staat gehört ihre Mitwirkung bei der Landesvertheidigung und den sonstigen militärischen Massnahmen des Staates.

Es ist unzweifelhaft, dass den Bahnen minderer Ordnung ihr gemessener Theil an diesen Pflichten zufällt.

Schon bei ihrer Tracirung, besonders der höheren Gattungen derselben, werden militärische Rücksichten nicht ganz ausser Betracht bleiben dürfen, da jede Bahn in die Lage kommen kann, sei es auch nur durch Transporte für die Militär-Verpflegungs-Verwaltung, in irgend eine Action einzugreifen.

Sehr von der Lage und ganzen Wesenheit einer Bahn minderer Ordnung wird es hingegen abzuhängen haben, inwieweit man ihr, wie dies in mehreren Ländern, z. B. Oesterreich und Italien, der Fall ist, Verpflichtungen für die Anbringung von Vorkehrungen an ihren Bauwerken, die deren Zerstörung zu erleichtern bestimmt sind, auferlegen soll. Die Nützlichkeit dieser Vorkehrungen, seit Erfindung des Dynamits ohnehin fast auf Nichts herabgesunken, ist eine so problematische, dass man über die Frage, in Bezug auf die Bahnen minderer Ordnung, wohl zur Tagesordnung übergehen kann.

Zwei Kategorien in Bezug auf militärische Leistungen.

In Bezug auf die eigentliche militärische Transportleistung werden die Bahnen minderer Ordnung *a priori* in zwei Hauptkategorien zerfallen. Nämlich in:

a) solche, deren Fuhrwerke auf die Hauptbahnen übergehen können. Unter diese werden die meisten normalspurigen gehören; und

b) solche, bei denen dies nicht der Fall ist.

Zu der letzteren Gattung gehören die Bahnen anormaler Spur, oder mit sonst aussergewöhnlichen Constructionen, besonders der Fuhrwerke.

Die militärischen Pflichten der letzteren können nur in Leistungen bestehen, die von ihren gewöhnlichen nicht abweichen.

Sie werden sich daher fast nur auf die Adoptirung der mit den Hauptbahnen vereinbarten Militärtransporttarife beschränken, die von ihnen bei der grossen Seltenheit der Inanspruchnahme der Bahnen dieser Art zu Militärleistungen, ohne Weiteres und ohne Rücksicht auf ihre Wesenheit gefordert werden kann.

Die ersteren hingegen werden dieser Pflicht gegen den Staat zunächst unbedingt·das Opfer bringen müssen, ihr für den Uebergang auf Hauptbahnen construirtes Betriebsmaterial nach den Formen der letzteren, d. h. nach den entsprechenden Bestimmungen der „Grundzüge für die Gestaltungen der Hauptbahnen Deutschlands", zu construiren, die den militärischen Erfordernissen genügend Rechnung tragen. Und dies zwar selbst dann, wenn ihr Verkehr ein vorherrschend interner und jene Construction nicht allenthalben die für die Zwecke der Bahn entsprechendste ist. **Keine Bahn dieser Art sollte, unter welchen Verhältnissen es auch sei, von dieser Pflicht befreit werden, durch deren Erfüllung sie auch dem allgemeinen Friedensverkehre dient.** *Construction der Betriebsmittel für Militärtransporte.* *Ausnahmslosigkeit dieser Bedingung.*

Die Concessionsurkunden der meisten Länder, welche Bahnen minderer Ordnung officiell als solche concessionirt haben, Frankreich, Oesterreich, Ungarn, Schweiz, enthalten Paragraphe, welche den Preis nicht allein der Transporte von Truppen, sondern auch dessen einzelner Militärpersonen unter verschiedenen Verhältnissen, überdies die der Finanzwache, der Polizei, des staatlichen Bahnaufsichtspersonales etc. regeln.

Der Generalisirung dieser Vorschriften auf alle Gattungen der Bahnen minderer Ordnung steht nicht allein nichts entgegen, sondern die betreffenden Functionen bilden recht eigentlich einen Theil der ganz allgemeinen Pflichten des Eisenbahnwesens gegen den Staat, da ihnen deren Erfüllung weit weniger kostet, als dem Steuerträger die Zahlung für den Vollpreis der betreffenden Transporte.

5. Die nächstwichtige Pflicht der Eisenbahnen gegen den Staat, die sich auch auf die minderer Ordnung erstreckt, besteht in ihrer Mitwirkung bei der Vermittelung des geistigen Verkehres im Staate durch die Post. *Mitwirkung bei der Thätigkeit der Post.*

Man kann darüber streiten, bis zu welchem Masse der Staat berechtigt ist, Opfer von den Bahnen für die Vermittelung der Post-Transporte zu verlangen, inwieweit er berechtigt ist, kraft der Leistungen der Bahnen in seinem Dienste, ihnen selbst durch seine Transportanstalt in gewissem Sinne Concurrenz zu machen. Die Erledigung dieser Fragen, die fast nur finanzieller Natur ist, ändert, wie sie auch falle, nichts an der Pflicht der Bahnen, die Post unter gewissen Bedingungen zu befördern und alle Vorkehrungen, so weit es an ihnen ist, zu treffen, dass diese Beförderung in einer Weise geschieht, welche den Anforderungen der Zeit an Sicherheit und Schnelligkeit des geistigen Austausches genügt. Staat und Eisenbahnen sind in Bezug auf die Post in gegenseitiger Zwangslage. Der Staat hat die Bedingungen des Post-Transportes durch die Concessionsbestimmungen in der Hand, und ist seinerseits an die Bahn als das einzige Communicationsmittel gebunden, das dem Zeitbedürfnisse gerecht werden kann. Deshalb ist die Aufnahme von Bestimmungen über den Transport der Post in die Bedingnisshefte für die Concession der Bahnen, selbst untergeordnetester Art, gerechtfertigt, selbstverständlich bemessen nach der Natur der Linien und des Postdienstbedarfes des Districtes, dem sie dienen.

Anforderungen für die Post bei Bahnen m. O. mehr nach deren Natur als dem Postbedürfniss zu bemessen.

Ist es nun schon möglich und nicht ohne Beispiel in der Wirklichkeit, dass Bahnen höherer Ordnung durch hochgespannte Anforderungen der Post betriebliche Schwierigkeiten und finanzielle Beschwerden bereitet worden sind, die durch über das streng Erforderliche hinausgehende Anforderungen erzeugt wurden, so würde es, selbstverständlich, von Bahnen minderer Ordnung in noch weit höherem Masse als Druck empfunden werden, wenn man die betreffenden Ansprüche bei ihnen nicht eben so genau nach ihrer Individualität als nach dem Postverkehrsbedürfnisse bemessen wollte.

Jedenfalls ist aber auch über das Mass, in welchem Bahnen minderer Ordnung zu Leistungen für Bequemlichkeit und Vollständigkeit des Postdienstes, zu dem sie principiell unbedingt verpflichtet werden können, herangezogen werden dürfen, keine generalisirende Bestimmung zu treffen. Auch hier wird die freie Vereinbarung allein, zu der die Erfahrung bald die geeigneten Basen liefern wird, das Richtige finden lassen. Die Concessionsurkunden der Bahnen minderer Ordnung der Schweiz, Frankreichs, Oesterreichs, Ungarns enthalten Bestimmungen über den Transport der Post und ihrer Personale.

Pflichten gegen die Telegraphie.

6. Weit leichtere Verpflichtungen gegen den Staat sind den Eisenbahnsystemen minderer Ordnung durch die Wechsel-

wirkung mit der zweiten Verkehrsanstalt, die, wie die Post, recht eigentlich Domäne der Staatsverwaltung ist, der Telegraphie, auferlegt.

Die Gesetzgebungen und Concessions-Bedingungen der meisten Länder verlangen von den Bahnen die Gestattung, die Leitungen der Staatstelegraphen auf dem Bahnkörper aufstellen zu dürfen und deren Beaufsichtigung bez. Erhaltung durch das Bahnpersonale. Dagegen wird meist der Vortheil gewährt, die dem Bahndienste gewidmeten Leitungen mit an den Pfosten der Staatstelegraphie anbringen zu dürfen, als eine vollständig deckende Gegenleistung. Hie und da sind Localitäten auf den Bahnhöfen für die Staatstelegraphie verlangt worden. In diesen Verpflichtungen dürfte den Bahnen minderer Ordnung kaum eine Erleichterung gegen die Hauptbahnen gewährt werden können, im Gegentheile dürfte die Beaufsichtigung der Leitungen, bei der grösseren Zugänglichkeit des Bahnkörpers und dessen spärlicherer Bewachung, schwieriger als bei Hauptbahnen auszuführen sein.

7. Die Concessionen der meisten Länder legen ferner den Bahnen minderer Ordnung die Verpflichtung gegen das Gemeinwohl auf, in Zeiten der Theuerung aussergewöhnliche Preisnachlässe für den Transport von Lebensmittelstoffen zu gewähren, denen die Schweizer Concessionen auch, sehr richtig, die Düngerstoffe beigesellen. Endlich erheischen einige Staatsregierungen, durch besondere Concessions-Stipulationen, von den Bahnen minderer Ordnung die besondere und bevorzugende Berücksichtigung der inländischen Industrie, bei den Material- und Betriebsmittel-Beschaffungen für den Bedarf der Bahnen, meist mit dem Zusatze „im Falle gleicher Lieferungsbedingungen".

Anderweite Pflichten: in Theuerungszeiten;
gegen die Landwirthschaft;
gegen die inländische Industrie;

Ziemlich übereinstimmend sind endlich die Anforderungen an die Bahnverwaltungen im Allgemeinen, die sich auf die der Bahnen minderer Ordnung erstrecken: bei Anstellungen und Completirungen ihrer unteren Personale weitgehende Rücksicht auf die aus dem Militärdienste ehrenvoll ausscheidenden Persönlichkeiten zu nehmen. Wird diese Verpflichtung auch den Bahnen minderer Ordnung oft weniger leicht zu erfüllen sein, als den Normalbahnen, weil sie in einer Person öfters mehrere Functionen vereinen müssen, wozu die Befähigung sich seltener ausserhalb des Faches findet, so werden sie sich doch dieser Pflicht, die so

gegen ausgeschiedene Militärpersonen;

enge mit der der Vaterlandsvertheidigung zusammenhängt, in keiner Weise entziehen können oder wollen.

gegen Transporte nach Straf- und Heilanstalten. Die durch viele Concessionen auferlegten Bedingungen für den Transport von Inhaftaten, Schüblingen, Kranken der Landes-Heilanstalten etc. legen Pflichten auf, die ihrer Geringfügigkeit wegen hier keine weitere Erwähnung verdienen.

Prüft man schliesslich die Umstände, die, nach der Natur der Bahnen minderer Ordnung, bei wohlwollender Regulirung der Pflichten, die sie gegen den Staat zu erfüllen haben, eine Erleichterung derselben im Vergleiche zu den, den Hauptbahnen obliegenden, etwa gestatten würden, und ihre Befähigungen zur Erfüllung jener Pflichten, so ergiebt sich zunächst, dass die Belastung, welche Normalspurbahnen minderer Ordnung durch die Erfüllung der Pflichten gegen den Staat erfahren können, verhältnissmässig nicht grösser, eher etwas geringer sei, als bei Hauptbahnen, dass aber Schmalspurlinien durch den Wegfall eines grossen Theiles der militärischen Pflichten in dieser Richtung einen beträchtlichen Vortheil vor den Normalspurlinien haben.

X. ABSCHNITT.

Schlussfolgerungen. *)

1. Aus der Benennung der Bahnen, die an Leistungsfähigkeit und Constructionsform unter dem Mittelmass der bisher ausgeführten Bahnen eines Landes stehen und jetzt Secundär-, Tertiär-, Local-, Vicinal-, Zweig- etc. Bahnen genannt werden, sind die bestimmten Zahl- und Tendenz-Bezeichnungen zu entfernen und dafür ein allgemeiner Werthbegriff einzuführen. *Benennung: „Bahnen minderer Ordnung".*

Die Benennung:

Bahnen minderer Ordnung

deckt den Begriff.

2. Für die Classificirung der Eisenbahnen giebt es kein entscheidendes sachliches Kriterium. *Kein Kriterium der Classification.*

3. Für die administrative Behandlung der Bahnen minderer Ordnung empfiehlt sich deren Sonderung nach: *Administrative Sonderung.*

a) der Spurweite:

Bahnen normaler Spurweite;
Bahnen minderer Spurweite.

b) der Fahrgeschwindigkeit:

Bahnen normaler Fahrgeschwindigkeit;
Bahnen minderer Fahrgeschwindigkeit.

c) der Lage:

Bahnen auf eigenem Planum;
Bahnen auf Strassenplanum (Strassenbahnen).

---

*) Bei Bezeichnung der Behörden etc. im nachfolgenden Theile der Schrift sind allgemeine Ausdrücke, ohne Bezug auf den in einem bestimmten Lande befolgten Usus, gewählt worden.   D. V.

Individualisirung.

4. Die Prosperität, ja meist sogar die Lebensfähigkeit der Bahnen minderer Ordnung hängt von genauestem Zusammenpassen ihrer Zwecke und Beanspruchungen mit ihrem Herstellungspreise und ihrer Leistungsfähigkeit ab.

Das heisst:

von ihrer „Individualisirung".

Das Zuviel ist bei der Individualisirung nicht weniger schädlich, als das Zuwenig.

5. Die Individualisirung ist von zweierlei Art:

Individualisirung nach Ort.

a) Die erste hat die Tendenz, die Wesenheit der Bahn genau nach den actuellen Ortsverhältnissen zu gestalten;

Individualisirung nach Zeit.

b) die zweite strebt die Umgestaltbarkeit ihrer Organe und Einrichtungen nach den Entwickelungen und den wechselnden Bedürfnissen in der Zeit an.

a) Individualisirung nach dem Orte;

b) Individualisirung nach der Zeit.

Legislatorische Begünstigung der Individualisirung.

6. Die Gesetzgebung und Administration, welche die Entwickelung der Systeme der Bahnen minderer Ordnung begünstigen, ihre Vollentwickelung herbeiführen soll, muss vor Allem ihre „Individualisirung" in allen Extremen und Consequenzen gestatten.

Schwerpunkt der Massnahmen nicht in Gesetzgebung, sondern in der Verwaltung.

7. Der Schwerpunkt der die Gestaltung und Manipulation der Bahnen minderer Ordnung betreffenden, staatlichen Massnahmen darf daher nicht in der schwerbeweglichen Gesetzgebung, sondern muss in der, leichter dem Zeit- und Ortsbedürfnisse Rechnung tragenden Administration liegen.

Fundamentaler Unterschied des Eisenbahn- vom Post- und Telegraphenverkehr.

8. Correcte Vorstellung von der Natur des Eisenbahnverkehres, im Unterschiede von der des Post- und Telegraphenverkehres, ist die zweite Grundlage wirklich die Entwickelung der Bahnen minderer Ordnung fördernder, staatlicher Massnahmen.

Der Werth der Transportgegenstände von Post und Telegraphie ist vorwiegend intellectueller Natur. Der Werth von Brief und Telegramm wird durch den Transport nicht geändert. Der Eisenbahnverkehr ändert durch den Transport Werth und Preis seiner Transportobjecte.

Ein Centner Kohle, hundert Meilen weit gefahren, ist ein anderes Werthobject, als der nur eine Meile weit transportirte.

Der Eisenbahntransport erzeugt somit Werthe. *Eisenbahntransport ist Industrie;*
Er ist daher eine Industrie.
Der Transportpreis ist somit ein Handelsartikel. *der Tarif: preis ist ein Handelsartikel.*
Die Manipulation des Post- und Telegraphenverkehres ist eine Staatsfunction. *Post-Manipulation ist Staatsfunction.*
Die Manipulation des Eisenbahnverkehres eine Industrie- und Handelsfunction. *Eisenbahn-Manipulation ist Industrie und Handelsfunction.*

9. Die Verkehre der Bahnen minderer Ordnung erfordern eine um so „eisenbahnmässigere" Behandlung, je schwächer sie sind, wenn ihnen das Maximum ihrer Nutzbarkeit abgewonnen werden soll. *Eisenbahnmässige Behandlung der Verkehre.*

Je mercantilischer (je weniger bureaukratisch) die Manipulation der Bahnen minderer Ordnung ist, um so gemässer ist sie dem Wesen derselben, um so förderlicher ihrer Entwickelung. *Beeinflussung des Tarifwesens der B. m. O. unzulässig.*

Die Gestaltung des Tarifwesens der Bahnen minderer Ordnung verträgt, der Tendenz des Verkehres dieser Bahnsysteme gemäss, noch weniger eine schematische Regulirung oder administrative Beeinflussung als das der Hauptbahnen.

10. Die technischen Elemente der Eisenbahnen zerfallen in zwei Hauptkategorien: *Austauschmittel und Manipulationsmittel der Bahnen m. O.*

   a) in solche, die der Allgemeinheit des Eisenbahnwesens angehören. Es sind dies die Austauschmittel desselben, die Wagen, vornehmlich Güterwagen;

   b) in solche, die der Individualität jeder Bahnlinie angehören: Anlagen und Locomotionsmittel.

   Wesenheit und Zweck der ersteren Kategorie erfordert die thunlichste Generalisirung und zugleich Stabilisirung der Formen derselben, thunlichste Gleichheit der Wagenconstructionen in allen, das Rouliren in grossen Bereichen bedingendenden Theilen. *Generalisirung der Formen der Austauschmittel.*

   Zweck und Wesenheit der zweiten Kategorie erfordert deren stricteste Individualisirung für jeden gegebenen Fall. *Individualisirung der Anlagen und Locomotionsmittel.*

11. Die Aufstellung von generalisirenden Normalien für die Constructionen und Anlagen der Bahnen niederer Ordnung läuft ihrer Zweckerreichung zuwider und ist daher unzulässig. *Aufstellung von Constructions-Normalien unzulässig.*

10

Unverhältnissmässige Aufwände bei staatlicher Behandlung d. B. m. O.

12. Der Aufwand an Intelligenz, Zeit und Kraft, welcher bei Behandlung der Angelegenheit des Baues und Betriebes der Hauptbahnen seitens der Staats-Oberaufsicht über Eisenbahnen stattfindet, steht ausser Verhältniss zur Bedeutsamkeit der Angelegenheiten der Bahnen minderer Ordnung.

Staatliche Massnahmen für die Entwickelung d. B. m. O.

13. Die staatlichen Massnahmen zur Förderung des Bahnwesens minderer Ordnung sollen daher:

    a) Allgemein giltige, präcise Vorschriften für die Construction der von Bahn zu Bahn verkehrenden Betriebsmittel durchführen;

    b) der Construction der localen Anlagen und Locomotionsmittel hingegen die ausgedehnteste Gestaltungs-Freiheit lassen;

    c) den staatlichen Aufsichtsapparat zur Prüfung der Projecte, Ueberwachung der Ausführung und des Betriebes der Bahnen, auf ein, mit dieser Freiheit congruentes, der Wesenheit der Bahnen minderer Ordnung entsprechendes Mass, reduciren.

Gefahren schwerbeweglicher Behandlungsformen.

14. Den Schwerpunkt der Massnahmen für die Gestaltung der technischen Formen der Bahnen minderer Ordnung in die schwerbewegliche Gesetzgebung, oder bureaukratisch-kritische Instanzenzüge zu legen, hiesse den Fortschritt der Technik dieser Verkehrsanstalten hemmen, ihre Individualisirung unmöglich machen und deren Prosperität und Entwickelung unterbinden.

Freie Behandlung von Fall zu Fall.

15. Die Behandlung der technischen Angelegenheiten der Bahnen minderer Ordnung, nach freiem Ermessen der Staats-, beziehentlich der Provinzial-Regierungen, von Fall zu Fall, ist Grundbedingung ihrer Entwickelung und Prosperität.

Fiasco der bisherigen Gesetzgebungen.

16. Die von der allgemeinen und Special-Gesetzgebung verschiedener Länder auf die technische Gestaltung der Bahnen minderer Ordnung genommenen Einflüsse, haben, als nicht in diesem Sinne erfolgt, nicht allein keine fördernde, sondern eher eine hemmende Einwirkung auf die Entwickelung dieser Bahnsysteme geübt.

„Grundzüge" und „Sicherheitsordnung" genügende Unterlagen.

17. Die Bestimmungen der „Grundzüge für die Gestaltung der Secundärbahnen" und der „Sicherheitsordnung für die normalspurigen Eisenbahnen Preussens vom 10. Mai 1877" bieten, liberal und geistvoll gehandhabt, für die Individualisirung der

Bahnen minderer Ordnung, einen Rahmen von genügender Räumlichkeit.

18. Interessenkreis, Tendenz und Natur der Besitzer der Bahnen minderer Ordnung sind im Wesen andere als bei den Hauptbahnen. *Verschiedenheit der Interessenten an Normalbahnen und Bahnen m. O.*

Bei diesen sind die Besitzer nur Interessenten an finanziellen Resultaten;

bei jenen sind die Besitzer Interessenten an der localen Leistung der Bahn.

Die finanzielle Speculation, oder das staatswirthschaftliche Interesse, schafft die Bahnen höherer,

die locale Nützlichkeit die Bahnen minderer Ordnung.

Die tendenzgemässen Gründer sind daher bei letzteren nicht die vaterlandslosen Capitalien, sondern *Natur der Gründer der B. m. O.*

die landgesessenen Interessenten: Provinz, Gemeinde, Adjacenten.

Meist unter Hilfeleistung des Staates.

19. Die Wechselwirkung und gegenseitige Stützung dieser Factoren ist sehr vielgestaltig, ihr Interesse an derselben Unternehmung verschiedengradig. Oefter aber auf directe Nützlichkeit der Bahn als auf Capitalsausbeutung gerichtet.

20. Die Schaffung der Bahnen durch Zusammenwirkung der Interessenten in Form von Genossenschaften zu Gewinn und Verlust wäre die geeignetste Form für dieselbe. *Tendenzgemässe Form der Verbände zur Herstellung von B. m. O.*

Mit Beschaffung der Capitalien durch Provinzial-, Communal- oder hypothekarisch auf dem Besitz der Interessenten haftbar gemachte Anleihen. *Beschaffung der Capitalien.*

21. Die Form der Actiengesellschaft ist der Wesenheit der Bahnen minderer Ordnung nicht congenial. *Form der Actiengesellschaft Bahnen m. O. nicht congenial.*

Gewohnheit und bequeme Behandelbarkeit haben sie wählen lassen. *Gründe der Verbreitung derselben.*

Sie ist die der meisten jetzt existirenden Unternehmungen von Bahnen minderer Ordnung.

22. Es wäre aber ein Fehler der Gesetzgebung, ihre Bestimmungen nur an diese Form zu knüpfen.

Sie hat, im Gegentheile, durch letztere jede Form des Zusammentrittes und der Zusammenwirkung der natürlichen Interessenten an Bahnen minderer Ordnung zu decken und zu fördern. *Interessenten an der Schaffung von B. m. O.*

An der Inslebenrufung jeder Bahn minderer Ordnung haben sowohl die Adjacenten, als die Gemeinden, die Provinzen und der Staat Interesse. Nur das Ausmass desselben ist verschieden.

Bei der Inslebenrufung wird der am stärksten Interessirte als Anreger erscheinen. Die anderen werden, nach Massgabe ihres Interesses, als Antheilnehmer oder Unterstützung Gewährende auftreten.

Erörterung über Nützlichkeit und Form der Bahn Sache der Provinzialregierung.

23. Die Erörterung über die locale Erforderlichkeit und Erspriesslichkeit einer Bahn minderer Ordnung ist sachgemäss Angelegenheit der localen Staatsbehörde, der Provinzialregierung.

Nachdem, auf Grund von deren Darlegung, auch die Staatsregierung die öffentliche Nützlichkeit der Bahn anerkannt hat, wird daher sachgemäss in ihre Hände gelegt:

Concessionirung in deren Hände zu legen. Desgleichen die Ueberwachung ihrer Gebahrung.

a) Die Concessionirung der Bahn, mit allen Dependenzen der Inslebenrufung derselben (Bearbeitung der Bedingnisshefte etc.) und die Ueberwachung des gesammten Gebahrens der Unternehmung — unter deren Recurs an die Staatsregierung — wenn die Bahn Privatbahn ist;

b) die polizeiliche Beaufsichtigung ihres Baues und Betriebes, wenn sie Staatsbahn ist.

Jeder Interessent kann sowohl Grunder als Beihelfender sein.

24. Je nach Lage der Verhältnisse kann, bei Inslebenrufung einer Bahn minderer Ordnung, zur Förderung derselben jeder Interessent sowohl als Beihilfe Suchender als als Beihilfe Gewährender auftreten.

In den meisten Fällen wird der Staat als das Zustandekommen fördernder, hilfeleistender Interessent erscheinen.

In zweiter Reihe auch die Provinzen und Gemeinden, in dritter auch gewisse Adjacenten.

Beihilfe des Staats legislatorisch nur im Princip gewährbar.

25. Die Hilfeleistung des Staates kann, wenn sie dem Wesen der Bahnen minderer Ordnung gemäss sein, ihrer Individualisirung Rechnung tragen, der Entwickelung des ganzen Systemes der Bahnen minderer Ordnung wirklich förderlich sein soll,

legislatorisch nur im Princip gewährt und in den allgemeinsten Umrissen regulirt werden.

26. Die Beihilfeleistung kann bestehen:
   a) In Verleihung von Beiträgen zur Errichtung der Bahn *Der Staat als Spender.*
   à *fonds perdu*;
   b) in **Betheiligung** des Staates an dem Unternehmen durch *Der Staat als Betheiligter.* Uebernahme von Antheil- oder Schuldscheinen (Actien und Obligationen) desselben; in welchem Falle er in die Reihe der Unternehmenstheilhaber eintritt, ohne Anspruch auf anderweitige Sicherstellung des Betrages seiner Beihilfsleistung, als die, welcher seine Genossen theilhaft werden;
   c) in **Darlehensleistung** an die Gesammtheit der Unter- *Der Staat als Gläubiger.* nehmung ausserhalb der Reihe ihrer Obligationenschuldner, wo die Sicherstellung seiner Leistung Sache des Vertrages ist.

   Die staatliche Beihilfe kann aber nicht *Ausgeschlossene Bedingungen für die Staatsbeihilfe.* a priori:
   a) bedingt werden durch eine gewisse Höhe des Herstellungspreises der Bahn;
   b) beschränkt werden auf einen gewissen Percentsatz ihres Anlagecapitals;
   c) bemessen werden nach dem Wohlstande der Provinz oder Gegend, der die Bahn dienen soll;
   d) geknüpft werden an gewisse Leistungen der anderen Interessenten.

27. Sondern die staatliche Beihilfe kann nur frei von *Bemessungsmomente für die Beihilfe.* Fall zu Fall gestaltet und bemessen werden:
   a) nach dem Masse des Interesses, das der Staat am Zustandekommen der Bahn hat;
   b) nach dem Masse der Füglichkeit, die Capitalien in anderer Weise zu beschaffen;
   c) nach der localen Erforderlichkeit der Bahn;
   d) nach anderen wirthschaftlichen Motiven, deren Art und Gewicht in jedem Falle andere sein können.

   Die Gesetzgebung hat daher der Staatsregierung, bei *Die Gesetzgebung hat der Administration bei Gewährung von Beihilfen freie Hand zu lassen.* Gewährung der Staatsbeihilfen an Bahnen minderer Ordnung, freiestmöglichen Spielraum zu gewähren und deren Gestaltung nach Mass und Form, von Fall zu Fall, der Regierung anheim zu geben.

Gewährung der Mittel zur Beihilfe auf Finanzperioden.

Begünstigt wird die Freiheit und Wirksamkeit der Regierungsaction in dieser Richtung, wenn die Legislation der Staatsverwaltung die Mittel zur Gewährung jener Beihilfen, auf längere Zeitdauer hinaus (Finanzperiode), in Bausch und Bogen zur Verfügung stellt.

Enthaltung der Gesetzgebung von Einflussnahme auf jedes Detail des Eisenbahnwesens minderer Ordnung.

28. Jede directe Einflussnahme der Gesetzgebung auf Detail im Bereiche der Eisenbahnen minderer Ordnung, deren ganze finanzielle, administrative und technische Wesenheit soeben, unter den unvoraussichtlichsten Einwirkungen verschiedenster Art, in der raschesten Gestaltung begriffen ist, und noch auf lange hinaus bleiben muss — würde gleichbedeutend sein mit Verzögerung und Hemmniss in der Entwickelung eines der kräftigsten Werkzeuge der staatlichen Wohlfahrt, welches, weise und liberal gehandhabt, nicht allein geeignet ist, diese im Allgemeinen zu fördern, sondern, vielleicht sogar, im Stande sein dürfte, mit der Zeit heilende Rückwirkungen auf die Ungesundheiten zu äussern, an denen das gesammte Eisenbahnwesen leidet und für welche zur Zeit noch Radicalmittel nicht gefunden sind.

Entwurf zu einem Gesetze, die Bahnen minderer Ordnung betreffend.

Diese Freiheit des Regierungsgebahrens, diese Füglichkeit, die sämmtlichen administrativen Massnahmen zur Förderung der Entwickelung der Bahnen minderer Ordnung nach der Individualität jedes Falles zu gestalten, wird zunächst, und an erster Stelle, durch den Inhalt und die Fassung des Gesetzes zu gewähren sein, das zur Feststellung der Principien, nach denen die Angelegenheiten jener Bahnen in ihrer weitesten Allgemeinheit zu behandeln sein werden, zu erlassen ist.

Einen Entwurf zu einem solchen, der Wesenheit der Bahnen minderer Ordnung und den Nothwendigkeiten zur Förderung ihrer Entwickelung, Rechnung tragenden Gesetzes, fügen wir an mit dem Bemerken, dass auf die Fassung desselben dem französischen Gesetze über Localbahnen vom 12. Juli 1865 und dem Gesetzentwurfe einiger Einfluss gegönnt worden ist, den das sachverständige Comité der französischen Deputirtenkammer der Gesetzvorlage vom 17. März 1876, „Strassenbahnen betreffend", gegenübergestellt hat.

Der Motivenbericht zu dem nachstehenden Gesetzentwurfe wird, selbstverständlich, durch die gesammte vorliegende Schrift gebildet.

Da, nach den Ausführungen dieser Schrift ein „Bedingnissheft" integrirender Theil einer jeden Concession für Bahnen minderer Ordnung zu bilden hat, so fügen wir auch einen, unseren Deductionen gemäss gestalteten Entwurf zu einem solchen, dem Gesetzentwurfe bei.

ENTWURF
zu einem
Gesetze, die Bahnen minderer Ordnung betreffend.

Artikel I.

Bahnen minderer Ordnung können ausgeführt werden:

vom Staate allein;

von den Provinzen; beziehentlich unter Mitwirkung der Gemeinden und anderer Interessenten;

Ausführer der Bahnen m. O.
von Interessenten; beziehentlich unter Mitwirkung des Staates, der Provinzen und Gemeinden.

von Gesellschaften verschiedener Organisation, und

von Privatpersonen; beziehentlich unter Mitwirkung des Staates, der Provinzen, der Gemeinden.

Artikel II.

Ausführung durch den Staat
Die gesetzgebenden Körper beauftragen die Staatsregierung mit Ausführung der Linien, die vom Staate hergestellt werden sollen.

Sie weisen die dazu nöthigen Fonds an.

Sie bestimmen, nach Anhörung der Staatsregierung, die principiellen Bedingungen, unter denen die Ausführung zu erfolgen hat.

Artikel III.

Entscheidung über die Ausführung als Bahn m. O.
Die Staatsregierung hat, nach Kenntnissnahme von Project und Prospect einer Bahn, deren Herstellung als Bahn minderer Ordnung beantragt worden ist, zu entscheiden, ob sie als solche oder nach anderer Constructionsform auszuführen ist.

Artikel IV.

Entscheidung über die öffentliche Nützlichkeit und Genehmigung im Princip einer Bahnanlage.
Die Staatsregierung, nach Kenntnissnahme von Project und Prospect einer Bahn, und Anhörung des Berichtes der Provinzialregierung über dieselbe, genehmigt oder verweigert die Ausführung derselben aus Gründen der allgemeinen öffentlichen Wohlfahrt.

Artikel V.

Nach von der Staatsregierung ertheilter Genehmigung zur Herstellung einer Bahnlinie minderer Ordnung erfolgt die Concessionirung derselben durch die Provinzialregierung. *Concessionirung der Bahnen m. O. durch die Provinzialregierungen.*

Artikel VI.

Der Provinzialregierung liegt die Vertragschliessung mit den ausführenden Körperschaften, die Ueberwachung des Baues, die technisch-polizeiliche Uebernahme der Bahn nach ihrer Vollendung und die Ueberwachung von deren Betrieb ob. *Vertragschliessung und Ueberwachung durch die Provinzialregierungen.*

Die Fahrpläne, Reglements und Regulative, Instructionen und Tarife der Bahnen minderer Ordnung sind, vor deren Inkrafttreten, der Provinzialregierung zur Prüfung, bez. Genehmigung, vorzulegen.

Artikel VII.

Allen technischen Massnahmen hierbei sind die Bestimmungen der: *Technische Grundlagen hierbei.*

„Grundzüge für die Gestaltung der secundären Eisenbahnen", redigirt von der technischen Commission des Vereines deutscher Eisenbahnverwaltungen und herausgegeben von der geschäftsführenden Direction desselben, in ihrer jezeitigen letzten Redaction, und in einer, den Zeit- und Ortsbedingungen der Bahn Rechnung tragenden Auswahl und Interpretation,

ferner die:

„Sicherheitsordnung für normalspurige Eisenbahnen Preussens", ebenfalls nach deren jezeitiger Redaction und in entsprechender Anwendung und Auslegung,

zum Grunde zu legen.

Artikel VIII.

Den Bahnen minderer Ordnung können finanzielle Hilfsleistungen aus Staatsmitteln gewährt werden. *Staatliche Hülfeleistung an Bahnen m. O.*

Artikel IX.

Zu diesem Zwecke wird der Staatsregierung, für jede Finanzperiode, nach Massgabe der von ihr präliminirten Erfordernisse, ein Credit eröffnet werden, über dessen Betrag sie während der Finanzperiode verfügen kann. *Credite zu diesem Zwecke auf Finanzperioden.*

Artikel X.

Gewährung und Bemessung der Hilfeleistung vom Fall zu Fall.

Die Gewährung solcher Hilfeleistungen, die Festsetzung von deren Betrag, die Form, in der sie zu erfolgen haben, die Formulirung der dabei zu stellenden Bedingungen, bleibt der Staatsregierung überlassen.

Artikel XI.

Hilfeleistungs-Bestimmungen und „Bedingnissheft".

Alle die staatliche Hilfeleistung betreffenden Bestimmungen, in Betreff deren die Staatsregierung die concessionirende Provinzialregierung, auf deren Bericht, instruiren wird, haben in der Bahnconcessions-Urkunde Aufnahme zu finden. Als integrirender Theil ist dieser ein, die Verpflichtungen der Bahnunternehmung präzisirendes „Bedingnissheft" anzufügen.

Artikel XII.

Beschränkung der Wirkung der allgemeinen Polizeibestimmungen und Regulative auf die B. m. O.

Auf die Bahnen minderer Ordnung haben diejenigen Punkte der allgemeinen Eisenbahn-Polizeigesetze, Reglements und Vorschriften keine Anwendung zu finden, welche durch die Bestimmungen der, Art. XI erwähnten, Bedingnisshefte ausser Kraft gesetzt sind.

Artikel XIII.

Benutzung öffentlicher Strassen zur Anlage von Bahnen m. O.

Die Benützung der Staats-, Provinzial-, Gemeinde- etc. Strassen ist, ohne Rücksicht auf deren Breite, zur Anlage von Bahnen minderer Ordnung zulässig. Ueber die Construction der Bahnen, insoweit sie auf Staats- und Provinzialstrassen liegen, wird die Provinzialregierung, auf Vorschlag der Bahnunternehmung, Bestimmung treffen. Bei Benützung der Gemeinde- etc. Strassen und Wege zur Bahnanlage hat die Bahnunternehmung, in Betreff der dabei zu wählenden Construction, mit den Eigenthümern in's Einvernehmen zu treten.

Im Falle der Nichteinigung entscheidet die Provinzial- (bez. bei Recursen) die Staatsregierung.

Artikel XIV.

Anwendung des Expropriationsgesetzes auf Bahnen m. O.

Das Expropriationsgesetz findet auf alle Gattungen der Bahnen minderer Ordnung die der Oeffentlichkeit dienen, Pferdebahnen inbegriffen, Anwendung.

Artikel XV.

Sequestration.

Bahnen minderer Ordnung, deren Eigenthümer ihre concessionsmässigen Verpflichtungen nicht erfüllen, können vom Staate sequestrirt werden.

ENTWURF

zu einem

Bedingnisshefte für Bahnen minderer Ordnung.

Anfüge zum vorstehenden Gesetzentwurfe.

Artikel I.

Trace und Constructionen.

Vorbemerkung.

Den technischen Anordnungen und Massnahmen bei Bau und Betrieb der Bahnen minderer Ordnung sind im Allgemeinen die von Fall zu Fall einschlagenden Bestimmungen der „Grundzüge für die Gestaltung der Secundärbahnen" und der „Sicherheits-Ordnung für normalspurige Eisenbahnen Preussens" zum Grunde zu legen.

1. Die Concession umfasst die nachstehenden Linien:
    (Aufzählung.)
2. Keine Arbeit darf vor Genehmigung der Pläne begonnen werden.
3. Die Genehmigung der Trace und des Längenprofils der Bahn erfolgt auf Grund:
    a) der Einreichung eines Grundrisses im Maassstabe von $1:x$;
    b) eines Längenprofils im Maassstabe von
    $\qquad 1:x$ für die Längen,
    $\qquad 1:x$ „ „ Höhen;
    c) einer Anzahl Querprofile der Bahn, aus denen deren Construction unter den verschiedenen Verhältnissen: Auftrag, Abtrag, Felseneinschnitt etc. zu ersehen ist. Diese Pläne und Profile sind nach den, unter dem . . . . . . für diese Einreichungen erlassenen Vorschriften, anzufertigen;
    d) einer Beschreibung der Bahn, deren Trace motivirend.
4. Für die Kronbreite der Bahn, die Distanz der Gleise, die Leerweite auf offener Bahn und auf den Stationen sind die Bestimmungen der „Grundzüge" massgebend.

5. Die Construction der Erdwerke, Dämme und Einschnitte (Böschungsneigungen, Banquettes, Befestigungen, Entwässerungen, Bettung, Drainirung etc.), der Durchlässe, Ueber- und Unterfahrten und sonstigen kleinen Kunstarbeiten bleibt dem Ermessen der Bahnunternehmung überlassen. Holzconstructionen für Brücken über und unter der Bahn sind dabei zulässig. Sie hat jedoch, in Bezug hierauf erhobenen Bedenken, beziehentlich Anordnungen, der staatlichen Beaufsichtigungsorgane Folge zu geben, beziehentlich die Angelegenheit zur Entscheidung durch die Provinzialregierung zu bringen.
6. Von den grösseren Brücken und sonstigen Kunstarbeiten von Bedeutung hat die Unternehmung Zeichnungen in solchem Maassstabe und solcher Anordnung (nebst allgemeinem Anschlag und einer Beschreibung des Baumodus) einzureichen, dass sich daraus die Construction in allem, zur fachlichen Kritik der Bauwerke in Bezug auf Stabilität und Preis erforderlichen Detail, erkennen lässt. Kein Bauwerk dieser Art darf vor Genehmigung desselben in Angriff genommen werden.
7. Die Situation der Stationen und Haltstellen ist im Plane der Bahn zu bezeichnen.

    Die Anordnung derselben bleibt im Allgemeinen der Bahnunternehmung überlassen, doch hat sie Skizzen der hauptsächlichen in einem Maassstabe von $1:x$, vor Beginn der Ausführung, behufs Erhebung etwaiger Einwendungen seitens der Provinzialregierung, bei dieser einzureichen. Diese Einwendungen sind *brevi manu* mit den Organen der Provinzialregierung zu erörtern, bei Nichteinigung ist die Differenz dem Handelsministerium zur Entscheidung zu unterbreiten.
8. Die Kreuzung aller Wege ist im Niveau und unter beliebigem Winkel zulässig.

    Schutzschienen sind auf denselben nirgends erforderlich.
9. Die Bahnunternehmung hat Sorge zu tragen, dass durch Verlegung von Wasserläufen, Ueberschreitung von Canälen etc. den Interessenten kein Nachtheil erwachse. Von den bedeutenderen Arbeiten dieser Art hat sie, genügende Zeit vor deren Inangriffnahme, Skizzen oder Beschreibungen, aus denen sich das Wesen derselben genügend erkennen lässt, der Provinzialregierung zu unterbreiten. Bei Ueberschreitungen von Bergwerksterrains, oder beim Passiren von Steinbrüchen etc.

hat die Bahnunternehmung den behördlichen Anordnungen Folge zu geben, die zur Sicherung des Bruchbetriebes oder Bergbaues werden getroffen werden.

10. Die Wahl der Oberbau-Construction, des Schienenprofils, der Stossverbindungen, der Schwellendimensionen und deren Material, des Materials der Schienen, der Construction der Weichen und Drehscheiben etc., bleibt der Bahnunternehmung überlassen und wird, in Bezug auf die Anordnung der Weichen, ausdrücklich bemerkt, dass nur die in den Hauptgleisen liegenden „Zungenweichen" sein sollen, alle anderen aber auch „stumpfe" sein, oder sonstige Constructionen haben dürfen. Die Bahnunternehmung hat von diesen sämmtlichen Constructionen, durch genügend aufklärende Zeichnungen im Maassstab 1 : x, nebst Beschreibung und Anschlag, der Provinzialregierung Kenntniss zu geben. Von dieser erhobene Bedenken sind *brevi manu* zwischen ihnen und den technischen Organen der Bahn zu erörtern, beziehentlich zur Entscheidung des Handelsministeriums zu bringen.

11. Nach Vollendung sämmtlicher Arbeiten ist das Bahneigenthum nach den betreffenden, gesetzlichen Vorschriften zu berainen und in die Steuerkataster einzutragen.

12. Die Wahl des Personals, durch welches die Verwaltung ihre Arbeiten ausführen lässt, bleibt ihr überlassen.

13. Keine Bahnstrecke darf dem öffentlichen Verkehre übergeben werden, deren sämmtliche Arbeiten und Ausführungen nicht, nach den hierfür vorgeschriebenen Formen, von den technischen Organen der Provinzialregierung geprüft und für tüchtig erklärt worden sind.

Artikel II.
Betrieb und Bahnunterhaltung.

14. Der Provinzialregierung steht die stete Controle des Betriebes und der Bahnunterhaltung zu. In Betreff derselben ertheilten Weisungen, wenn sie sich auf die Sicherheit des Betriebes beziehen, hat die Bahnverwaltung unweigerlich und sofort nachzugehen, den spätern Recurs an das Handelsministerium vorbehaltend.

Im Falle der Weigerung der Bahnunternehmung, hat die Provinzialregierung das Recht, das Erforderliche auf ihre Verantwortung und auf Kosten der Bahnverwaltung ausführen zu lassen.

Seitens der Provinzialregierung erhobene Bedenken und Ausstellungen anderer Art sind in oben (§. 7 etc.) mehrfach bezeichneter Weise *brevi manu* zu behandeln.

15. Ein Programm über die Bewachung der Bahn und der Wegübergänge, durch welches, mittelst Plänen und Skizzen, die Postirung der Wächter auf offener Strecke und bei den Uebergängen, die Methode des Abschlusses der letzteren (wo solche erforderlich) und die sonstige Sicherung der Bahn gegen Betriebsstörung von aussen deutlich erkennbar gemacht wird, ist, ein Halbjahr vor Eröffnung einer betreffenden Bahnstrecke, der Provinzialregierung zur Prüfung, bez. Genehmigung, zu unterbreiten. Nicht ausgleichbare Differenzen sind wie oben mehrerwähnt zu behandeln.

16. Ein Programm der auf der Bahn beabsichtigten Verständigungs- und Signalisirungs-Methoden ist gleichfalls zu unterbreiten und in gleicher Weise zu behandeln.

17. Diagramme der Constructionen der Locomotiven und Wagen aller Art, aus denen die Constructionen und Dimensionen derselben im Allgemeinen zu ersehen sind, sind rechtzeitig der Provinzialregierung zur Kenntnissnahme, bez. Genehmigung, zu unterbreiten.

In Bezug hierauf entstehende Differenzen werden wie oben mehrerwähnt behandelt.

Das Detail der Constructionen bleibt der Bahnverwaltung überlassen.

Sämmtlichen Constructionen sind die entsprechenden Bestimmungen der „Grundzüge" zur Basis zu geben.

18. Sämmtliche Güterfuhrwerke der Bahn (wenn sie normalspurig ist) müssen (durch Construction nach den Bestimmungen der „Grundzüge für die Gestaltung der Hauptbahnen"), zum Uebergange auf alle Linien des deutschen Eisenbahnvereins geeignet sein.

19. Ueber die Anzahl der Classen von Personenwagen, welche die Bahnverwaltung auf ihren Linien circuliren zu lassen beabsichtigt, hat sie Bericht an die Provinzialregierung zu erstatten.

Desgleichen über etwaige Reductionen der Kästendimensionen der Personenwagen, im Hinblick auf dadurch erzielte wesentliche Bau-Ersparnisse.
20. In Bezug auf Prüfung der Locomotiven und der zur Bedienung derselben gehörigen Personale gelten für die .... Bahn dieselben gesetzlichen und polizeilichen Vorschriften, wie für die Hauptbahnen.
21. Desgleichen gelten für die .... Bahn die Vorschriften in Betreff der Verwendung ehrenvoll entlassener Militärs, wie bei den Hauptbahnen.
22. Das Maximum der Fahrgeschwindigkeit auf der .... Bahn wird auf ... Kilom. per Stunde, Aufenthalt abgerechnet, festgesetzt.
23. Die öffentlichen Fahrpläne unterliegen der Genehmigung der Provinzialregierung, der jede beabsichtigte Aenderung in denselben .... Wochen vorher bekannt zu geben sind.

Differenzen werden wie oben mehrerwähnt behandelt.

Die Fahrordnungen für den Dienst hingegen bleiben der Bahnverwaltung überlassen.

Artikel III.

Dauer und Verfall der Concession, Heimfall des Eigenthumsrechtes an die Bahn, Sequestration.

24. Die Dauer der Concession der .... Bahn ist .... Jahre.
25. Nach Ablauf der Concession, und zwar durch die Thatsache des Ablaufes selbst, tritt die Provinz (Staat, Gemeinde) in das volle Eigenthumsrecht an der Bahn und übernimmt sämmtliche Rechte und Pflichten der Eigenthümer. Die Bahnverwaltung hat ihr gesammtes Immobiliar-Vermögen dann der Provinzialregierung in gutem Zustande zu übergeben. Mobiliar-Vermögen, Betriebsmittel, Vorräthe, Gegenstände aller Art, werden nach Schätzungswerth von der Provinz (Staat, Gemeinde) übernommen und bezahlt werden.

Bemerkt die Provinzialregierung .... Jahre vor Ablauf der Concession, dass die Bahnverwaltung den Zustand des Immobiliars und Mobiliars sich deterioriren lasse, so hat sie das Recht, die Bahn zu sequestriren und den Ertrag auf Herstellung jener Objecte in guten Stand zu verwenden.

26. Vom .... Jahre nach Eröffnung der ganzen Bahn an, hat

die Provinz (Staat, Gemeinde) das Recht, die Bahn für den eigenen Besitz zu erwerben.

Die Form des Kaufes bleibt der Vereinbarung zur Zeit desselben vorbehalten, doch soll den Verhandlungen über den Kaufpreis die Höhe des Nettoertrages der Bahn in den letzten sieben Jahren, nach Ausscheidung des günstigsten und des ungünstigsten Jahres, zum Grunde gelegt werden.

Hat die Bahn kein Nettoerträgniss geliefert, so ist ihr Werth mittelst Schätzung durch beiderseitig, von der Provinzialregierung und der Bahnverwaltung gewählte Vertrauensmänner, zu ermitteln.

27. Die Bahn kann jederzeit, bei notorischer Misswirthschaft, oder Nichterfüllung von Pflichten, die ihr durch ihre Concession auferlegt sind, von der Provinzialregierung für Rechnung der Unternehmung sequestrirt werden. Letztere kann gegen diese Massregel Recurs beim Handelsministerium ergreifen, das endgiltige Entscheidung trifft.

28. Die Bahnunternehmung hat bis zur Vollendung ihrer sämmtlichen Arbeiten und Ausführungen eine Caution von ...... Mark zu hinterlegen, die ihr theilweise, nach Massgabe der Fortschritte der Bauausführung, zurückgegeben werden kann.

Artikel IV.

Passagier- und Güter-Tarife.

29. Der Bahnunternehmung wird die Gestaltung und Festsetzung der Preise für den Personen- und Gütertransport und der Lieferzeiten für letzteren auf ihrer Linie anheimgegeben.

Einen Monat vor dem Inslebentreten eines jeden Tarifes, oder Tarifsatzes, oder der Abänderung eines Tarifes, sind die Tarife oder Abänderungen, mit einem Motivenberichte, der Provinzial-Verwaltung zur Prüfung und Genehmigung zu unterbreiten. Kein Satz und keine Bestimmung kann in Kraft treten, der nicht von der Provinzialregierung genehmigt worden ist.

Für die übrigen Verhältnisse des Personen- und Güterverkehres ist das in Kraft stehende, allgemeine „Betriebsreglement" massgebend.

30. Die Bahnunternehmung ist ermächtigt, die Zahl der Classen für den Personenverkehr, die auf ihrer Bahn dienen sollen,

zu bestimmen (vide § 19), auch, wenn sie deren nur zwei wählt, festzusetzen, ob dies I. und II. oder II. und III. Classe sein soll.

Nur eine Classe in Dienst zu setzen ist nicht zulässig.

31. Die Bahnunternehmung ist ermächtigt, die Billets für den Personenverkehr in Expeditionen auf Stationen, oder auch auf den fahrenden Zügen verkaufen zu lassen.
32. Die Bahnunternehmung ist verpflichtet, in Zeiten der Lebensmitteltheuerung ihre Tarife für Lebensmittelstoffe bis auf die Hälfte der unmittelbar vorher erhobenen Sätze abzumindern.
33. Die Bahnunternehmung ist nicht berechtigt, unter gleichen Verhältnissen, Versendern oder Empfängern Vorrechte oder Vortheile vor Anderen zu gewähren.

Artikel V.
Pflichten gegen den Staat.

34. Die Bahn ist verpflichtet, legitimirte Militärpersonen in und ausser dem Dienste zu denselben Tarifsätzen zu befördern die auf der nächstgelegenen Hauptbahn in Kraft stehen.
35. Wenn, in Kriegszeiten, die Staatsregierung das gesammte Fahrmaterial der Bahn, das sich dafür eignet, für den Kriegstransport in Anspruch nimmt, erhöht sich dieser Satz um fünfzig Percent.
36. Die Bestimmungen der §§ 34 und 35 erstrecken sich auch auf den Transport des Kriegsmaterials.
37. Die den Militärs zukommenden Vergünstigungen haben sich auch auf die Zoll-, Polizei- und Finanz-Personale zu erstrecken. Die staatlichen, mit Ueberwachung der Bahn beauftragten Organe, sind kostenfrei zu befördern.
38. Die Bahnunternehmung ist verpflichtet, mit jedem Personen führenden, fahrplanmässigen Zuge, auf Anverlangen der Provinzialregierung, die Post (sowohl Brief- als Paketpost) zu befördern und die Postverwaltung von jeder Fahrplanänderung 14 Tage voraus in Kenntniss zu setzen.

Die Postverwaltung wird ihr die Räumlichkeit im Zuge sowohl, wie auf den Stationen bezeichnen, deren sie für ihre Transporte und Expeditionen bedarf.

Einwendungen hiegegen sind rechtzeitig bei der Provinzialregierung zu erheben und Differenzen durch die Staatsregierung zu entscheiden. Die für Herstellung der Postlocalitäten auf den Stationen aufgewendeten Summen werden der Bahnverwaltung mit . . . % von der Postverwaltung verzinst; für die Transporte wird eine zu vereinbarende Vergütung bezahlt.

Die Beförderung der Postbeamten erfolgt gratis.

39. Die Bahn ist verpflichtet, Sträflinge oder Inwohner der staatlichen Heil- und Besserungsanstalten und deren Begleiter zum halben Preise der niedersten Classe, die sie führt, zu befördern.
40. Die Bahnunternehmung ist verpflichtet, auf dem Körper ihrer Bahn die Herrichtung und Aufstellung von Staatstelegraphenleitungen zu gestatten und dieselben durch ihre Beamten beaufsichtigen und pflegen zu lassen. Sie ist auch verpflichtet, auf ihren Hauptstationen der Telegraphen-Verwaltung Areale oder Räume zur Errichtung ihrer Bureaux zu demselben Miethzins wie der Post zu überlassen.

Das Personal der Telegraphen-Verwaltung im Dienste wird gratis transportirt.

Hingegen hat die Bahnunternehmung das Recht, an den Pfählen der Staatstelegraphen-Leitungen die Leitungen für ihre Betriebs-Telegraphen- und Signal-Apparate anzubringen.

Artikel VI.
Verschiedene Bestimmungen.

41. Die Bahnverwaltung darf sich der Inanspruchnahme von Theilen ihrer Anlagen oder Areale, deren die Staatsverwaltung zur Herstellung von Bahnen höherer Ordnung, Staatsstrassen oder Canälen bedarf, nicht entziehen. Es steht ihr aber Anspruch auf Vollentschädigung dabei zu.
42. Die Bahnunternehmung ist verpflichtet, die Einmündung anderer concessionirter Bahnlinien in die ihren zu gestatten. Der Modus der Einmündung und ihrer Manipulation ist zwischen den beiden Bahnverwaltungen, unter Entscheidung der Provinzialregierung im Differenzfalle, zu vereinbaren.
43. Die Bahnunternehmung ist verpflichtet, wenn es die Staatsregierung für erforderlich hält, die Mitbenutzung ihrer Linie, oder eines Theiles derselben, durch eine andere Eisenbahn-Unternehmung, unter vereinbarten Bedingungen (Entscheidung der Differenzen bei der Staatsregierung) zu gestatten.

44. Die Bahnunternehmung ist verpflichtet, die Einmündung von Industriebahnen in ihre Linie unter zu vereinbarenden Bedingungen zu gestatten.
45. Die Bahnunternehmung ist verpflichtet, die Circulation aller Eisenbahn-Fuhrwerke auf ihrer Bahn zu gestatten, deren den „Grundzügen" gemässe Construction dies möglich macht.
46. Die Bahnunternehmung ist verpflichtet, bei ihren Beschaffungen und Bezügen den inländischen Lieferanten unter gleichen Verhältnissen den Vorzug zu geben.
47. Die Bahnunternehmung hat alle ihre Functionäre in einer angemessenen Form eidlich zu verpflichten.
48. Die Bahnunternehmung hat diejenigen ihrer Functionäre, die mit dem Publikum in amtliche Berührung kommen, durch sichtliche Abzeichen (Uniformen, Dienstzeichen etc.) kenntlich zu machen.
49. Die Bahnunternehmung hat jährlich eine Summe von . . . Mark, per Kilometer ihrer Länge, als Vergütung für die Aufsichtführung der Provinzialregierung, in die Casse derselben zu zahlen.
50. Die Bahnunternehmung ist verpflichtet, der Provinzialverwaltung alle ihren Bau und Betrieb betreffenden statistischen Auskünfte auf Anverlangen zu liefern.

ANHÄNGE.

Anhang I.

England.

Gestaltung der Eisenbahnen. 31 und 32. Victoria, cap. 119.

Decret zur Vervollständigung des auf Eisenbahnen bezüglichen Gesetzes vom 31. Juli 1868.

Der Königin allergnädigste Majestät decretirt, auf den Rath und mit Zustimmung der Lords und Gemeinen, die im gegenwärtigen Parlamente versammelt sind, wie folgt:

etc. etc. etc.

V. Leichte Eisenbahnen.
(Light Railways.)

27. Das Handelsministerium (Board of trade) kann durch seine Gestattung eine Eisenbahn-Gesellschaft, die darum einkommt, autorisiren, eine Eisenbahn, welche die Gesellschaft zu bauen und zu betreiben ermächtigt ist, ganz oder zum Theil als eine „Leichte Eisenbahn" zu bauen und zu betreiben, oder nur zu betreiben.

Ehe das Handelsministerium diese Gestattung ertheilt, wird es von dem gestellten Ansuchen in gehöriger Weise öffentliche Notiz geben, alle eingelangten Einwendungen und Vorstellungen dagegen prüfen und alle erforderlichen Erörterungen anstellen.

28. Eine „Leichte Eisenbahn" kann nur unter den Bedingungen und nach den Vorschriften gebaut werden, die das Handelsministerium von Fall zu Fall auferlegen und erlassen wird.

Vorausgesetzt ist dabei:

1. Dass die Bestimmungen über das Gewicht der Locomotiven, Wagen und sonstigen Fuhrwerke, die auf der Bahn in Verwendung kommen sollen, keine grössere Belastung per Räderpaar ergeben, als 8 Tons.

2. Dass die, die Fahrgeschwindigkeit regulirenden Bestimmungen, keine grössere als 25 Meilen (engl.) per Stunde, an irgend einem Orte der Bahn zulassen.

Wenn eine Gesellschaft oder eine Person gegen diese Bedingungen und Bestimmungen fehlt oder ihnen zuwider handelt, oder eine dritte Person veranlässt, so zu thun, so soll solche Gesellschaft oder Person in eine Strafe verfallen, die für jeden Fall nicht höher sein soll, als 20 Pfund Sterl. Dieser Betrag soll für jeden Tag der Fortdauer der Zuwiderhandlung gelten. Jede Person aber, die auf Anklage vor der grossen Jury eines Vergehens überführt wird, das auf dem Gewichte der Maschinen und Wagen oder der Geschwindigkeit der Züge beruht, soll auch zu Gefängniss, mit oder ohne harte Arbeit, bis zur Dauer von 2 Jahren verurtheilt werden können.

Die vom Handelsministerium in Bezug auf „Leichte Eisenbahnen" erlassenen Bedingungen und Bestimmungen sollen von der betreffenden Gesellschaft veröffentlicht und öffentlich gehalten werden, in der Form, die durch Abschnitt 110 des Eisenbahn-Gesetzes[1]) vom Jahre 1845 bestimmt ist, und die Gesellschaft soll in eine Strafe von nicht mehr als fünf Pfund Sterl. für jeden Tag, um welchen sie diese Veröffentlichung verzögern wird, verfallen.

---

[1]) Railway clauses consolidation Act. 1845. Abschnitt 110 bestimmt die Art und Weise des Anschlags solcher Bekanntgebungen an ersichtlichen Stellen der Eisenbahn-Anlagen. D. V.

Anhang I a.

England.

Verzeichniss der Documente, welche an die Eisenbahn-Abtheilung des Handelsministeriums mit dem Ansuchen, eine Eisenbahn eröffnen zu dürfen, einzureichen sind.

Die Punkte I—X (1) finden auch Anwendung, wenn das Ansuchen eine „Leichte Eisenbahn" betrifft.

I. Eine Copie des vom Parlamente genehmigten Planes und Längenprofiles der Bahn mit den in Roth eingezeichneten Abweichungen von beiden, welche durch die Construction der Bahn als „Leichte Eisenbahn" bedingt sind; die dadurch hervorgerufenen Abänderungen in den Steigungen, Niveaus, Curven, Entfernungen, Querprofilen. Desgleichen die Lage der verschiedenen Stationen und die Länge der Perrons auf denselben. Die Breite der Dämme und Einschnitte auf beiden Seiten der Bahn ist auf dem Plane anzugeben.

II. Eine Tabelle der Steigungen, Gefälle und horizontalen Strecken der Bahn mit Angabe der Lage der Stationen.

III. Eine Tabelle der Curven und Geraden.

IV. Eine Tabelle der Dämme und Einschnitte.

V. Eine Tabelle der Brücken-Uebersetzungen über Strassen.

VI. Eine Tabelle der Brücken und Viaducte über Wasserläufe und Thäler.

VII. Eine Tabelle sämmtlicher Niveau-Strassenübergänge (öffentliche und private) inclusive Reit- und Fusswege.

VIII. Eine Tabelle der Tunnels.

IX. Eine Tabelle der Wasserleitungen und grösseren Durchlässe.[1)]

X. Eine detaillirte Darstellung folgender Momente:

1. Oberbau. Ob die Bahn durchaus doppelgleisig oder theilweise doppelt und theilweise eingleisig oder durchaus eingleisig mit Ausweichstellen ist. Die Distanzen von dem gewählten Fixpunkte, wo die eingleisigen Strecken beginnen und enden, oder, bei eingleisigen Bahnen, wo die Ausweichstellen beginnen und enden. Ob das Land für ein zweites Gleis erworben, oder ob andere Arrange-

---

[1)] Die Punkte I—IX betreffend: In Bezug auf die hierbei zu beobachtenden Formen ist zu bemerken, dass die Lage der Anlagen der Bauwerke auf demselben Fixpunkt zu beziehen ist, und dass es sich empfiehlt, hierzu das Niveau der London zunächst gelegenen Station, oder bei Zweigbahnen den Abzweigpunkt von der Hauptbahn zu benützen.

ments für die zukünftige Herstellung einer zweiten Spur getroffen worden sind. Die Kronenbreite, die Spurweite. Die Gleisdistanz in offener Bahn, die Beschaffenheit der Schienen (mit Querprofil), ihre Länge und ihr Gewicht per Yard, Construction und Gewicht der Stühle (wo deren verwendet sind), die Methode der Stuhl- und Schienenbefestigung, die Stossverbindungs-Construction, die Form der Schwellen mit ihren Minimal-Dimensionen, der Abstand der Schwellen von einander, die Distanz der Verbindungsbolzen bei Langschwellensystem, die Natur der Bettung und ihre Stärke unter der Unterfläche der Schwellen, die Construction der Weichen mit dem Namen des etwaigen Patentträgers.

Hierüber die Zahl der gegen die Spitze befahrenen Weichen im Hauptgleise und die Namen der Stationen, wo sich Maschinen-Drehscheiben befinden.

2. Einfriedungen. Beschreibung derselben auf jedem Punkte der Bahn, besonders deren Höhe zwischen den Trägerpfosten und Distanz der letzteren. Im Falle die Einfriedung Drahtfriedung ist, die Zahl der Drähte, Höhe derselben vom Boden, Methoden der Spannung und Distanz der Träger.

3. Wasserabzug. Allgemeine Beschreibung des angewendeten Wasserabzugsystems. Wenn dasselbe auf einem Punkte der Linie mit besonderen Schwierigkeiten verknüpft gewesen ist, so ist davon genaue Mittheilung zu machen.

4. Stationen. Ihre Namen und die Distanzen der End- und Anfangspunkte derselben vom angenommenen Fixpunkte aus gerechnet. Die Steigungen, in denen sie liegen und von denen sie begrenzt werden, und die Abstände zwischen den Masten der Distanz-Signale.

5. Offene Weite (Leerprofil) der Linie. Der Minimal-Abstand, der in einer Höhe von 2 Fuss 6 Zoll über der Oberkante der Schienen zwischen den Seiten der breitesten auf der Bahn in Gebrauch stehenden Wagen und festen Errichtungen, wie Pfeilern und Mauern auf Stationen, Widerlagern, Brückenpfeilern, Spannungen und Bogen von Brücken, Telegraphenpfählen, Schuppen etc. auf freier Bahn stattfindet. Der Minimalquerschnitt der Tunnels mit einer Darstellung des breitesten auf der Bahn gebräuchlichen Wagens darin.

6. Brücken und Viaducte. Zeichnungen aller Brücken und Viaducte über und unter der Bahn im Detail, mit den nöthigen, die Berechnung der Stabilität der Constructionen gestattenden Informationen und Querschnitten, respective die Distanz der breitesten Wagen von den Trägern etc., Diagramme (Skizzen) der Stations- und Bahneinmündungs-Einrichtungen, wenn sie nicht der einfachsten Art sind.

XI. Nach Act. 7 und 8 Victoria c. 85, sind Wagen für den Transport sogenannter „Parlaments-"[1] oder „Wohlfeiler"-Passagiere mitzuführen. Bei Construction dieser Wagen sind folgende Dimensionen massgebend: sie sollen 20 Kubikfuss Luftraum per Passagier enthalten; die Fläche der Glasscheiben in den Fenstern soll 60 ☐ Zoll per Passagier betragen. Die Sitze sollen mit Lehnen versehen, fünfzehn Zoll tief und 18 Zoll per Passagier breit sein. Die Wagen sollen mit genügender Ventilation und mindestens 2 Lampen per Wagen versehen sein.

---

[1] So genannt, weil deren Beförderung zu besonders ermässigten Preisen im Interesse der arbeitenden Classen, den Bahnen vom Parlamente aufgegeben worden ist.   D. V.

Zeichnungen dieser Wagen in drei verschiedenen Richtungen (nicht kleiner als $^1/_{40}$ der natürlichen Grösse) nämlich:

1. Eine Aussenansicht, die Stellung der Fenster, der Ventilation und Lampen zeigend.

2. Ein Querschnitt.

3. Ein Plan des Inneren, zeigend das Arrangement der Sitze mit Buchstaben-Erklärung; die Breite und Tiefe jedes Sitzes und die Zahl der auf jedem zu accomodirenden Passagiere, detaillirend; gleicherweise eine Notiz über die Grösse der Fenster und Ventilatoren, angebend, ob erstere fest oder zu öffnen und zu schliessen sind, und die Stellung der zur Beleuchtung der Wagen bei Nacht dienenden Lampen.

Betrifft das Ansuchen, eine Eisenbahn eröffnen zu dürfen, eine „Leichte Eisenbahn", so fallen die Erfordernisse unter 2—7 des Punktes X hier weg und werden, so wie Punkt XI, durch nachfolgende Erfordernisse ersetzt.

2. Betriebs-Material. Beschreibung der Maschinen, deren Benützung auf der Bahn beabsichtigt wird; angebend, wenn dieselben von gewöhnlicher Construction sind: Dimensionen der Cylinder, Durchmesser der Räder und Länge des Radstandes, Belastung per Räderpaar und Gesammtgewicht. Wird der Gebrauch von Maschinen nicht gewöhnlicher Construction beabsichtigt, so ist eine Contourzeichnung der geschriebenen Beschreibung beizufügen. Beschreibung und Gewicht der schwersten Wagen, Lowries oder sonstigen Vehikel, wenn voll beladen, welche auf der Bahn zugelassen werden sollen, und Angabe der grössten Aussendimensionen der Personenwagen.

3. Maximalgeschwindigkeit, deren Anwendung, mit Hinblick auf die durch das Gesetz vom 31. Juli 1868 angedrohten Strafen für deren Ueberschreitung, auf der Linie beabsichtigt wird.

4. Voranschlag des Verkehrs an Passagieren, Vieh, Gütern und Rohproducten, der auf der Linie erwartet wird.

6. Schätzung der Ersparnisse, die an den Kosten für Erdarbeit, Brücken, Oberbau und anderen Gegenständen, durch Ausführung der Linie als „Leichte Eisenbahn" gegen die vom Parlamente genehmigte Form derselben, erzielt werden.

Wenn das Handelsministerium den Antrag genehmigt, so wird dasselbe anordnen, dass Notiz hierüber in zwei aufeinanderfolgenden Wochen in den Zeitungen gegeben wird, die für solche Zwecke durch die Concessionsurkunde der Gesellschaft bezeichnet werden. Wenn keine solche Zeitung vorgeschrieben ist oder die vorgeschriebene aufgehört hat zu erscheinen, so soll die Notiz in einer Zeitung der Grafschaft, in der die Gesellschaft ihren Sitz hat, gegeben werden.

Diese Notiz soll folgende Form haben:

Leichte Eisenbahnen.
Die .... Eisenbahn-Gesellschaft.

Gesuch an das Handelsministerium um Gestattung die .... Bahn als „Leichte Eisenbahn" bauen und betreiben zu dürfen.

Es wird hierdurch bekannt gegeben, dass die .... Eisenbahn-Gesellschaft bei dem Handelsministerium, auf Grund des Abschnittes 27 des Eisenbahn-Gesetzes vom Juli 1863, darum eingeschritten ist, die durch Decret vom .... concessionirte Eisenbahn, als „Leichte Eisenbahn" bauen und betreiben (oder nur betreiben) zu dürfen.

Nachricht hiervon wird hierdurch mit der Absicht gegeben, dass jede Person, Gesellschaft oder Körperschaft, die hiegegen etwas einzuwenden hat, diese Einwendung an das Handelsministerium gelangen lassen könne, und zwar durch schriftliche Auseinandersetzung, die durch die Post vom ..... oder von dem ..... des nächsten Monats an den Assistenz-Secretär des Eisenbahn-Departements im Handelsministerium, Whitehall, London S. W., zu senden ist.

Von heute, den .... 18..
                Secretär der Gesellschaft.

Exemplare des Zeitungsblattes, welches diese Bekanntmachung enthält, sind an das Handelsministerium einzureichen.

Nach Ablauf der für Einbringung der Einwendungen anberaumten Zeit wird das Handelsministerium die Anträge erwägen und darüber Beschluss fassen.

Keine Bahn, deren Herstellung als „Leichte Eisenbahn" gestattet worden ist, darf für den Passagierdienst eröffnet werden, bevor dieselbe nicht, im speciellen Hinblick hierauf, von einem Beamten des Handelsministeriums inspicirt und ihre Eröffnung von diesem genehmigt worden ist.

Anhang II.
Frankreich.

Gesetz, die Localeisenbahnen betreffend (Loi relative aux chemins de fer, d'intérêt local) vom 12. Juli 1865.

Napoleon etc. etc. etc.

Von Gottes Gnaden und durch den Willen der Nation Kaiser von Frankreich etc. bestätigten und bestätigen, thaten und thun kund, wie folgt:

Gesetz:

Der gesetzgebende Körper hat den Gesetzentwurf angenommen, dessen Wortlaut folgt:

Artikel 1. Die Localbahnen können errichtet werden:

1. Von den Departements oder den Gemeinden mit oder ohne Mitwirkung der betheiligten Eigenthümer.

2. Von Concessionären, durch Zusammenwirken der Departements und der Gemeinden.

Sie sind folgenden Bestimmungen unterworfen:

Artikel 2. Der Generalrath[1]) wird, nach Bericht des Präfecten, die Richtung der Localbahnen, die Art und die Bedingungen ihrer Construction vorschreiben, sowie die Verträge schliessen und Verfügungen treffen, die deren Betrieb sichern.

Die öffentliche Nützlichkeit wird erklärt und die Ausführung gestattet durch Beschluss des Staatsrathes, auf Grund der Berichte der Minister des Innern und der öffentlichen Arbeiten.

Der Präfect genehmigt die definitiven Projecte nach Anhörung des Ober-Ingenieurs,[2]) genehmigt die Tarife und beaufsichtigt den Betrieb.

Artikel 3. Die durch das Gesetz vom 21. Mai 1836[3]) gewährten Mittel

---
[1]) des Departements.
[2]) des Departements.
[3]) Dieses Gesetz betrifft die Erbauung und Unterhaltung von Vicinalstrassen, durch Zuschläge zu den Steuern, welche sich die Departements und Gemeinden auferlegen. Artikel 15 dieses Gesetzes bestimmt, dass auch die Staatsgüter, die im Departement liegen, nach ihrem Steuersatze diese Zuschläge zu leisten haben.

Level V, pag. 84.　　　　　　　　　　　　　　　　　　D. V.

können zum Theil von den Gemeinden und den Departements zur Errichtung von Localbahnen verwendet werden.

Artikel 13 dieses Gesetzes ist auf die ausserordentlichen Zuschläge anwendbar, welche sich die Departements und Gemeinden, behufs der Erbauung dieser Bahnen, auferlegen werden.

Artikel 4. Die Localbahnen sind den Bestimmungen des Eisenbahn-Polizeigesetzes vom 15. Juli 1845 unterworfen, die nachstehenden Modificationen ausgenommen: Der Präfect kann von der Verpflichtung, die Bahn einzuzäunen, für einen Theil oder das Ganze der Bahn entbinden.

Er kann auch von der Errichtung von Abschlussbarrièren an wenig frequenten Wegübergängen entbinden.

Artikel 5. Zur Errichtung von Localbahnen können Subventionen aus dem Staatsschatze gewährt werden.

Der Betrag dieser Subventionen darf sich bis auf das Drittel des Aufwandes erheben, der, nach dem Betriebsvertrage, den Departements, den Gemeinden und den Interessenten zur Last fällt. Er darf bis zur Hälfte in den Departements steigen, in denen der Ertrag des Zuschlag-Centime zu den vier directen Steuern 20.000 Francs nicht erreicht, und darf ein Viertel nicht überschreiten in denen, wo dieser Ertrag höher als 40.000 Francs ist.

Artikel 6. Die dem Staatsschatz zur Zahlung dieser Subventionen jährlich entnommene Summe darf den Betrag von 6 Millionen nicht übersteigen.

Artikel 7. Nur diejenigen Localbahnen, die eine Subvention aus dem Staatsschatze empfangen, können, dem Staate gegenüber, zu einem Gratisdienste oder zur Reduction des Platzpreises veranlasst werden.

Artikel 8. Die Bestimmungen des Artikels 4 dieses Gesetzes sind auch auf die Concessionen von Bahnen anwendbar, welche industriellen Unternehmungen dienen.

Beschlossen in öffentlicher Sitzung, Paris 4. Mai 1865 etc. etc. etc.

Anhang III.

Frankreich.

Bedingungsheft der Hérault-Bahnen.[1])

Abtheilung 1.
Construction.

§ 1. Es werden folgende Linien bewilligt:
1. Eine Bahn von Saint-Chinian nach Montbazin.
2. Eine Bahn von Agde nach Mèze.
3. Eine Bahn von Roquessels nach Pezénas.
4. Eine Bahn von Montpellier nach Rabieux.
5. Eine Bahn von Montpellier nach Palavas.

Die Trace wird folgendermassen gelegt:

Die Bahn von Saint-Chinian nach Montbazin wird, von einem noch näher zu bestimmenden Punkte ausgehend, durch die oder nahe an die Oerter Cessonon, Cazouls, Maraussan, an der nördlichen Stadtseite von Béziers, dann Boujan, Valros, Servian, Tombes, Pezénas (Nordseite), Montagnac, Mèze, Loupian, Bouzigues und Poussan gehen und schliesst sich auf die Midibahn in Montbazin, oder in der Nähe, an.

(Folgt die Bestimmung der übrigen Linien in ähnlicher Weise, wobei die Linie Roquessels-Pezénas nur bedingungsweise aufgeführt ist.)

§ 2. Die Arbeiten müssen spätestens in sechs Monaten nach Uebernahme des Grund und Bodens angefangen und in acht Jahren beendigt sein. Sie müssen ohne Unterbrechung fortgesetzt werden, so dass die jährlichen Bauauslagen ein Achtel der totalen Bausumme betragen, und werden in einer vom Präfecten, auf Vorschlag der Concessionäre, näher zu bestimmenden Aufeinanderfolge ausgeführt.

Ausserdem muss das ganze Netz in zwei Sectionen getheilt werden, so dass die erste Section, welche höchstens hundert Kilometer lang sein wird, beendigt und dem Betriebe übergeben werden kann, bevor die zweite in Angriff genommen werden darf.

---

[1]) Siehe „Bulletin" von 1867, Nr. 1525. Nach der nicht sehr gelungenen Uebersetzung in Heusinger von Waldegg „Secundärbahnen", pag. 216.

§ 3. Keine Arbeit, welche den Bau dieser Eisenbahnen oder deren Dependenzen betrifft, darf ohne Bewilligung des Präfecten vorgenommen werden.

Zu diesem Zwecke muss der Concessionär die Trace und das Profil der Bahn, sowie die Projecte aller Kunstbauten und Bahnhöfe dem Präfecten zur Genehmigung vorlegen.

Diese Projecte müssen insbesondere bei jeder Bahn und bei jeder Section Folgendes enthalten:

einen Generalplan im Maassstabe von 1 : 10,000;

ein Längenprofil und Normalien für Querprofile;

Detailpläne im Maassstabe von 1 : 1000, in welchen insbesondere der durch die Eisenbahn und deren Dependenzen beanspruchte Grund und Boden bezeichnet ist und welche die Stationen und ihre Umgebung, sowie die an den berührten Gewässern und Communicationswegen getroffenen Arbeiten enthalten;

Zeichnungen aller Kunst- und Hochbaunormalien, wie solche auf der Bahn ausgeführt werden sollen;

einen Bericht, in welchem die Hauptdispositionen begründet werden.

Die Projecte müssen in zwei Exemplaren angefertigt sein. Eines davon wird dem Concessionär mit der Unterschrift des Präfecten zurückerstattet; das zweite bleibt in Händen des ersten Controlbeamten.

Den Concessionären steht es frei, sowohl vor als auch während der Ausführung Aenderungen nach eigenem Gutachten vorzuschlagen; sie dürfen aber nur mit Bewilligung des Präfecten ausgeführt werden.

§ 4. Die Gleise werden, mit Ausnahme der Bahnhöfe und solcher Punkte, in welchen mehrere Gleise nöthig sind, nur einfach gelegt.

§ 5. Die Bahntracen müssen derart gewählt werden, dass sie die grösstmögliche Anzahl Ortschaften berühren.

Die Bahn darf auch auf öffentlichen Communicationswegen angelegt werden, vorausgesetzt, dass der Circulation auf diesen Wegen keine Behinderung und den Wegen keine neuen Auslagen dadurch entstehen.

In solchen Ortschaften, wo die Bahn von bestehenden Bahnen unabhängige Bahnhöfe anlegen wird, muss in allen Fällen eine Verbindungsbahn mit denselben hergestellt werden.

§ 6. Die Spurweite soll zwischen $1^m,44$ und $1^m,45$ betragen.

Die Entfernung zwischen zwei aneinander liegenden Gleisen, wo Doppelgleise vorkommen, soll $1^m,80$ im Lichten betragen.

Zwischen der äusseren Schienenkante bis zum Rande des Böschungskörpers oder des Grabens muss mindestens 1^m Breite bleiben.

Der Concessionär ist verpflichtet, längs der Bahn Gräben zur Entwässerung der Bahn und zum Ableiten des Wassers anzulegen.

§ 7. Die geraden Strecken werden mit Bögen verbunden, deren Halbmesser wenigstens 100^m betragen muss.

Die Maximalsteigung und das Maximalgefälle wird auf 30^{mm} festgestellt.

§ 8. Finden Ueber- und Unterführungen öffentlicher Communicationswege statt, so werden die Dimensionen, die lichte Oeffnung der Viaducte und die Breite zwischen dem Brückengeländer nach Massgabe der Localverhältnisse durch den Präfecten bestimmt, wobei jedoch die entsprechend kleinsten Dimensionen so gross sein müssen wie auf der Midibahn.

Die kleinste Breite zwischen dem Geländer eines Viaductes muss wenigstens 4^m betragen, und die lichte Höhe über Schienenoberkante darf, wo Züge durchfahren, nicht unter 4^m,300 sein.

Die kleinste lichte Oeffnung darf bei Brücken nicht unter 4^m und die lichte Höhe über Schienenoberkante, da wo Züge durchfahren, nicht unter 4^m,300 betragen.

§ 9. Im Falle Strassen oder andere öffentliche oder private Communicationswege gekreuzt werden, dürfen die Schienen nicht beträchtlich über das Niveau herausragen oder darunter liegen, und es darf dadurch die Circulation von Fuhrwerken keineswegs erschwert sein.

Niveaukreuzungen meist frequentirter Strassen müssen in allen Fällen, wo es die Behörde für nöthig erachtet, mit Barrièren versehen werden.

Die Barrièren dürfen nur dann geschlossen sein, wenn Züge vorbeifahren.

§ 10. Bei Strassenverlegungen darf man den Kaiser- oder Departementstrassen keine grössere Steigung oder Gefälle als 30^{mm} und den Vicinalstrassen keine grössere Steigung oder Gefälle als 50^{mm} geben. Es wird jedoch bei Vicinal- und Departementstrassen dem Präfecten und bei Kaiserstrassen dem Minister die freie Bestimmung einzelner Fälle, in welchen bezüglich dieses Punktes Ausnahmen zu machen sind, vorbehalten.

§ 11. Der Concessionär ist verpflichtet, auf eigene Unkosten den freien Lauf aller Gewässer, wo eine Störung, Unterbrechung, oder Veränderung desselben durch seinen Bau verursacht wurde, wieder herzustellen und zu sichern. Viaducte, welche strömendes Wasser durchlassen sollen, müssen wenigstens 4^m lichter Oeffnung erhalten. Die Höhe und die Länge zwischen den Böschungen werden durch den Präfecten für jeden einzelnen Fall nach den Verhältnissen besonders bestimmt.

§ 12. Tunnel, welche von der Eisenbahn durchfahren werden sollen, müssen in der Schienenhöhe wenigstens eine lichte Weite von 4^m erhalten; die lichte Höhe über Schienenoberkante darf nicht unter 4^m,80 betragen.

§ 13. Dem Concessionär ist es erlaubt, bezüglich der §§ 7 bis 12 Aenderungen vorzuschlagen, dieselben können aber nur nach vorhergehender Anerkennung des Präfecten zur Ausführung kommen.

§ 14. Der Bau darf den Verkehr auf schiff- oder flössbaren Wasserstrassen in keinem Falle stören oder unterbrechen, und der Concessionär ist verpflichtet, in solchen Fällen alle Vorkehrungen zu treffen und alle Auslagen zu tragen, welche zur Verhütung der Störungen oder Unterbrechungen benöthigt werden.

Ebenso muss beim Begegnen von Kaiser- und Departementstrassen oder anderen öffentlichen Wegen der Concessionär jede Vorkehrung treffen, um den Verkehr weder zu stören noch zu unterbrechen.

Die bestehenden Communicationswege dürfen erst nach Empfang einer schriftlichen Erklärung des controlirenden Departementsbeamten irgendwie geändert werden, damit er constatire, ob die provisorischen Bauten genügende Festigkeit besitzen und den ungestörten Verkehr sichern.

Der Präfect hat eine Frist behufs Vollendung der definitiven Bauten an der Stelle, wo der Communicationsweg geändert wurde, zu bestimmen.

§ 15. Der Concessionär darf nur Materialien von guter Qualität zum Bau gebrauchen; er ist verpflichtet, einen soliden Bau zu liefern und alle betreffenden Regeln der Kunst zu beobachten.

Alle Wasserleitungen, Durchlässe und Durchfahrten, Brücken und Viaducte, welche er an Wasser- und anderen öffentlichen oder privaten Strassen und Wegen herzustellen hat, müssen aus Mauerwerk oder Eisen bestehen, mit Ausnahme einzelner Fälle, welche die Präfectoralverwaltung zu erlauben hat.

§ 16. Der Oberbau muss solide und aus Material von guter Qualität hergestellt werden.

§ 17. Der sämmtliche Grund und Boden, welcher zum Bau der Bahnen und ihrer Dependenzen benöthigt wird, mit Inbegriff der Bahnhöfe und Stationen, sowie der Verlegung von Communicationswegen und Gewässern und für alle Arten Arbeiten, welche der Bau verursacht, muss vom Departement aus angekauft und bezahlt und dem Concessionär unentgeltlich als Subvention übergeben werden.

Die zufolge vorübergehender Benutzung oder zufolge einer Beschädigung des Bodens, sowie überhaupt alle durch den Bau verursachten Verzögerungen und Schädigungen hat der Concessionär zu tragen und zu zahlen.

§ 18. Indem das Unternehmen dem öffentlichen Nutzen (d'utilité publique) dient, werden dem Concessionär und dem Departement für alle Arbeiten, welche die vorliegende Concession begreift, alle Rechte ertheilt, welche das Gesetz und die diesbezüglichen behördlichen Vorschriften in Sachen von öffentlichen Arbeiten gewähren, sei es bezüglich Grundeinlösung im Wege der Expropriation, oder sei es bezüglich der Gewinnung, des Transportes und der Ablagerns von Erde, Materialien etc., wobei sie zu gleicher Zeit allen Verpflichtungen obliegen, welche aus diesen Gesetzen und Vorschriften für die Behörde erfolgen.

§ 19. Der Concessionär ist verpflichtet, bei den Vorarbeiten sowie bei der Ausführung seines Projectes, im Falle diese in den Grenzgebieten oder Festungsrayons gelegen sind, alle Formalitäten und alle Bedingungen zu erfüllen, welche die die gemischten Arbeiten betreffenden Gesetze, Decrete und Reglements erfordern.

§ 20. Im Falle die betreffenden Bahnen in einen bereits zum Bergwerksbetrieb concessionirten Bezirk zu liegen kommen, hat die Behörde alle Massregeln zu treffen, damit die Anlage der Eisenbahn den Bergwerksbetrieb nicht hindert, und, im umgekehrten Falle, dass der Bergwerksbetrieb die Existenz der Eisenbahn nicht gefährdet.

Die etwaigen Sicherungsarbeiten, welche in dem Bergwerk zufolge der darüber führenden Eisenbahn ausgeführt werden müssen, sowie jeden dem Bergwerk durch das Darüberführen der Eisenbahn entstehenden Schaden muss der Concessionär tragen.

§ 21. Wenn die Eisenbahn über Steinbrüche geführt wird oder durch einen unter denselben befindlichen Tunnel zu fahren hat, so darf sie nicht früher in Betrieb kommen, ehe die Aushöhlungen der Steinbrüche, insofern sie die Betriebssicherheit gefährden, nicht gehörig angefüllt und befestigt worden sind. Die Präfectoralbehörde hat die Art und Weise, sowie die Ausdehnung der zu diesem Zwecke zu unternehmenden und durch den Concessionär auf dessen Kosten zu verrichtenden Arbeiten zu bestimmen.

§ 22. Die Ausführung der Arbeiten betreffend, ist der Concessionär verpflichtet, die Ministerialerlasse, durch welche die Arbeit an Sonn- und Feiertagen verboten wird, einzuhalten.

§ 23. Der Concessionär hat freie Wahl in den Mitteln und in den Beamten, welche er zur Ausführung seiner Arbeiten gebrauchen will, mit der Bedingung jedoch, dass sie unter Controle und Ueberwachung der Departementsbehörde unternommen wird.

Diese Controle und Ueberwachung hat zum Zwecke, jede Nichteinhaltung der durch gegenwärtiges Bedingungsheft vorgeschriebenen Dispositionen, sowie derjenigen, welche aus den genehmigten Projecten resultiren, seitens des Concessionärs zu verhindern.

§ 24. In dem Masse, als die Arbeiten an den einzelnen Bahnstrecken derart beendigt sein werden, dass sie mit Erfolg dem Betriebe übergeben werden können, wird auf Ansuchen des Concessionärs die Anerkennung und, wenn möglich, auch die Uebernahme durch einen oder mehrere vom Präfecten ernannte Commissäre erfolgen.

Auf Grund des Anerkennungsprotokolls hat der Präfect, wenn möglich, die Betriebseröffnung der betreffenden Bahnstrecke zu erlauben; nach dieser Erlaubniss kann der Concessionär diese Bahnstrecke in Betrieb setzen und darauf die unten bestimmten Taxen erheben.

§ 25. Der Concessionär ist verpflichtet, nach vollständiger Beendigung der Arbeiten, und in einem seitens der Behörde bezeichneten Termine, auf gemeinschaftliche Kosten mit dem Departement, einen Grenzplan (bornage contradictoire) und einen Katastralplan der Eisenbahn und ihrer Dependenzen anfertigen zu lassen. Er lässt, ebenfalls auf gemeinschaftliche Kosten mit dem Departement, eine Beschreibung aller ausgeführten Kunstbauten anfertigen; dieser Beschreibung muss ein cotirte Zeichnungen aller Kunstbauten enthaltender Atlas beigefügt werden.

Ein vorschriftsmässig beglaubigtes Exemplar der Grenzprotokolle, des Katastralplanes, der Beschreibung und des Atlasses, welches vom Concessionär unterschrieben und auf gemeinschaftliche Kosten mit dem Departement angefertigt wurde, wird im Archive der Präfectur aufbewahrt. Etwaige nach der allgemeinen Grenzbestimmung durch den Concessionär zum Zwecke der Betriebserfordernisse nachträglich erworbene Grundstücke werden in Zeichnung als Nachtrag den Grenz- und Katastralplänen beigefügt; ebenso müssen alle nachträglich errichteten Kunstbauten dem Atlas beigefügt werden.

Abtheilung II.

Erhaltung und Betrieb.

§ 26. Die Bahnen und alle ihre Dependenzen müssen fortwährend in gutem Zustande gehalten werden, so dass die Circulation leicht und sicher geschehen kann.

Der Concessionär muss alle Kosten tragen, welche durch die Erhaltung, sowie durch gewöhnliche und aussergewöhnliche Reparaturen verursacht werden.

Im Falle die bereits vollendeten Eisenbahnen nicht fortwährend in gutem Zustande erhalten werden, so hat die Abhilfe vom Departementsbeamten aus zu erfolgen, und zwar auf Veranlassung der Präfectoralbehörde und auf Kosten des Concessionärs.

Der Betrag der darauf entfallenden Ausgaben wird auf Listen erhoben, welche der Präfect executorisch zu machen hat.

§ 27. Der Concessionär ist verpflichtet, überall wo es wegen Sicherheit der auf der Bahn fahrenden Züge, sowie der auf den Niveaukreuzungen stattfindenden gewöhnlichen Circulation als nöthig erscheint, und wo Barrièren aufgestellt werden müssen, auf seine Kosten die nöthige Anzahl Wächter anzustellen.

§ 28. Die Locomotiven sollen ihren Rauch verzehren (?) und allen Anforderungen, welche die Behörde für diese Art Maschinen vorschreibt oder vorzuschreiben hat, genügen.

Ebenso müssen die Personenwagen allen Vorschriften, welche für solche Eisenbahnwagen gelten oder gelten werden, entsprechen. Sie müssen bedeckt, mit Federaufhängung und mit Bänken versehen sein.

Alle Theile des Fahrmaterials müssen gut und solide gebaut sein.

Der Concessionär ist verpflichtet, allen diesbezüglichen Vorschriften behufs Inbetriebsetzung dieses Materials sich zu unterziehen.

Das Fahrmaterial muss stets in gutem Zustande erhalten werden.

§ 29. Das Präfectorat hat, nach Rücksprache mit dem Concessionär, durch Beschlüsse alle Massregeln und Dispositionen zu bestimmen, welche zur Sicherung der Eisenbahnpolizei und des Betriebes und zum Instandhalten der Eisenbahnbauten als nöthig erscheinen.

Alle Ausgaben, welche die Ausführung solcher Massregeln in Folge der Beschlüsse verursacht, fallen dem Concessionär zu Lasten.

Der Concessionär ist verpflichtet, alle Dienst- und Betriebsvorschriften dem Präfecten zur Genehmigung vorzulegen.

Die kleinste Fahrgeschwindigkeit, mit Ausschluss des Anhaltens, soll 20 Kilometer in der Stunde betragen; dieses Minimum darf beim Befahren von Steigungen von 15^{mm} auf den Meter und darüber höchstens um die Hälfte reducirt werden.

Es müssen wenigstens zwei Züge in jeder Richtung in der ganzen Bahnlänge pro Tag fahren und an jeder Station anhalten.

§ 30. Der Concessionär ist verpflichtet, die Eisenbahnen, ihre Dependenzen und das Fahrmaterial in gutem Zustande zu halten.

Die Massregeln der Controle und Ueberwachung sollen jedoch möglichst gemildert sein, und soll dem Betriebe jede Freiheit und Erleichterung gegeben werden, soweit es sich mit der öffentlichen Sicherheit verträgt.

Abtheilung III.

Dauer, Rückkauf und Erlöschen der Concession.

§ 31. Die Dauer der Concession wird für die bewilligten Linien auf 90 Jahre festgesetzt. Sie wird vom Zeitpunkte des Erlöschens des für die Beendigung der Arbeiten im § 2 festgesetzten Terminos gerechnet.

§ 32. Nach Ablauf der Concessionsdauer und zufolge der Erlöschung der Concession gehen alle die Eisenbahn und deren Dependenzen betreffenden Rechte des Concessionärs an das Departement über, welches von dem Zeitpunkte an auch alle Einkünfte derselben empfangen soll.

Der Concessionär ist verpflichtet, die Eisenbahnen und alle dazu gehörigen Immobilien, ohne Rücksicht auf deren Herkommen, als Bahnhofs- und Stationsgebäude, Remisen, Werkstätten und Depôts, Wächterhäuser etc. dem Departement in gut erhaltenem Zustande zu übergeben. Dasselbe gilt in Bezug auf alle solche zu den besagten Eisenbahnen gehörigen Immobiliargegenstände, wie Barrièren, Zäune, Oberbau, Weichen, Drehscheiben, Wasserreservoire, Wasserkrahne, fixe Maschinen etc.

Das Departement ist während der fünf letzten Concessionsjahre verpflichtet, im Falle der Concessionär die vorgeschriebenen Bedingungen nicht ganz pünktlich halten sollte, alle Einkünfte dieser Eisenbahnen und ihrer Dependenzen zu confisciren.

Was die beweglichen Gegenstände dieser Eisenbahnen, als die Fahrbetriebsmittel, Brenn- und sonstiges Material, das Stationsmobiliar, Stations- und Werkstättenwerkzeug etc. anbelangt, so hat das Departement, im Falle es der Concessionär abgibt, diese Gegenstände nach Expertenschätzung zu übernehmen, während im entgegengesetzten Falle, wenn es das Departement übernimmt, der Concessionär zur Abtretung in derselben Weise verpflichtet ist.

Das Departement ist jedoch nur zur Uebernahme von Vorrath für einen sechsmonatlichen Betrieb verpflichtet.

§ 33. Nach Ablauf der ersten 15 Concessionsjahre hat das Departement das Recht, jederzeit die Eisenbahnen anzukaufen.

Um den Kaufpreis zu bestimmen, hat man die Erträgnisse während der letzten sieben, dem Ankauf unmittelbar vorangehenden Jahre, nach Ausscheidung des Reinertrages der zwei schwächsten Jahre, zu ermitteln und so den mittleren Reinertrag der fünf übrigen Jahre zu bestimmen.

Dieser mittlere Ertrag bildet die Annuität, welche dem Concessionär für jedes zur vollen Concessionsdauer noch fehlende Jahr vergütet wird.

In keinem Falle darf aber der Betrag dieser Annuität kleiner ausfallen, als der Reinertrag des letzten von den sieben zum Vergleiche genommenen Jahrgängen.

Ausserdem bekommt der Concessionär im Laufe der drei nach dem Zeitpunkte des Rückkaufes folgenden Monate diejenigen anderen Entschädigungen, zu welchen er laut § 32 nach Erlöschen der Concession berechtigt wäre.

§ 34. Im Falle der Concessionär während des durch § 2 festgesetzten Terminos die Arbeiten nicht anfängt, so verliert er alle diesbezüglichen Rechte, und zwar ohne vorhergehende Anzeige und Erklärung. In diesem Falle geht der Betrag von 200.000 Francs, welcher laut § 61 als Caution zurückgelegt ist, an das Departement über und bleibt dessen Eigenthum.

§ 35. Sollte der Concessionär in dem durch § 2 festgestellten Termine seine Arbeit nicht vollenden, oder den übrigen in diesem Bedingungshefte enthaltenen Verpflichtungen nicht genügen, so verfällt seine Concession dem Erlöschen.

Alle ausgeführten Arbeiten, alles Vorrathsmaterial, sowie alle bereits im Betriebe befindlichen Eisenbahnstrecken sammt dem Material sollen in diesem Falle an das Departement übergeben, welches über die Mittel zur Fortsetzung und Beendigung der Arbeiten, sowie über alle Betriebsbedingungen zu verfügen hat.

Sämmtliche Concessionsrechte erlöschen ohne jede Vergütung.

Der Concessionär hat kein Recht, den noch nicht bezahlten Subventionsbetrag zu beanspruchen, und derjenige Cautionsbetrag, welcher noch nicht zurückerstattet wäre, würde dem Departement als Eigenthum verfallen.

§ 36. Wenn der Eisenbahnbetrieb zum Theil oder ganz unterbrochen wird, so hat der Präfect sogleich alle Massregeln zu treffen, um auf Kosten und Gefahr des Concessionärs den Betrieb zu sichern.

Sollte im Laufe von drei Monaten während des provisorischen Dienstes der Concessionär keinen genügenden Beweis seiner Fähigkeit zur Wiederaufnahme, beziehungsweise Fortsetzung des Betriebes gegeben haben, so kann der Präfect die Erlöschung durch den Conseil de préfecture und ohne Rücksicht auf den Conseil de l'État erklären; der Concessionär verliert alle Rechte, und es tritt das im vorigen Paragraphen bezeichnete Verfahren ein.

§ 37. Im Falle der Concessionär durch eine vorschriftsmässig festgesetzte force majeure verhindert war, die Verpflichtungen zu erfüllen, so hören die Dispositionen der vorhergehenden drei Paragraphen auf zu gelten.

Abtheilung IV.

Subventionen, Tarife und Transportbedingungen für Personen und Güter.

§ 38. Das Departement verpflichtet sich, neben der unentgeltlichen Abtretung des Grund und Bodens, wie sie oben in § 17 näher bezeichnet ist, dem Concessionär für jeden Kilometer der concessionirten Eisenbahn die Summe von 75.000 Francs Subvention zu geben.

Diese Subvention wird in zwanzig halbjährigen Raten, jede als Hälfte der in der Tabelle bezeichneten Annuitäten, vom Departement, mit Abzug des Betrages für Grundeinlösungsentschädigungen, ausbezahlt.

Die letzte Abzahlung findet in den drei ersten Monaten nach Eröffnung der Bahnen statt.

Der Concessionär muss vor jeder Abschlagszahlung eine Ausgabe für Arbeiten, Proviant- und Materiallieferungen ausweisen können, welche wenigstens um 50% die Summe der schon erhaltenen Abschlagszahlungen übersteigt.

§ 39. Dem Concessionär werden zur Vergütung seiner Arbeiten und der Auslagen, zu welchen er sich laut dieses Bedingungsheftes verbindet, und mit der ausdrücklichen Bedingung, dass er allen gestellten Verpflichtungen genügt, für die ganze Dauer seiner Concession dieselben Bahngelder (prix de péage) und Transporttarife wie der Midibahn, jedoch mit Abschlag von 2 Centimes auf jeder Classe, bewilligt, und mit der Bedingung, dass die Personaltarife nach folgender Tabelle reducirt und bestimmt werden:

Tarif

	Bahngeld	Fahrgeld	Im Ganzen
		Francs	
Preis eines Sitzes I. Classe . .	0·05	0·03	0·08
Preis eines Sitzes II. Classe . .	0·03	0·02	0·05

Die Staatssteuer ist in diesen Preisangaben nicht inbegriffen.

Es wird ausdrücklich bemerkt, dass der Concessionär nur dann das Fahrgeld zu erheben hat, wenn er den Transport auf seine Kosten und durch seine Mittel besorgt; im entgegengesetzten Falle ist er blos zu den Bahngeldern berechtigt.

Die Gebühren werden nach der Anzahl durchlaufener Kilometer berechnet. Jeder angefangene Kilometer wird für einen ganzen gezählt.

Die Tonne wiegt 1000 Kilogr. Bruchtheile des Gewichtes werden sowohl für Frachtgüter als auch für Eilgüter nur auf Hundertstel einer Tonne oder auf 10 Kilogr. abgerundet.

In dieser Weise zählt jedes zwischen 0 und 10 Kilogr. enthaltene Gewicht für 10 Kilogr., ein jedes zwischen 10 Kilogr. und 21 Kilogr. für 20 Kilogr. etc.

Für das überschüssige Gewicht von Reisegepäck und für Eilgüter werden jedoch nur folgende Bruchtheile gezählt: 1. von Null bis 5 Kilogr.; 2. über 5 Kilogr. bis 10 Kilogr.; über 10 Kilogr. nach ungetheilten Zehnern von Kilogrammen.

Bei keiner Entfernung darf der Preis, weder einer Fracht- noch einer Eilgutsendung, unter 40 Centimes fallen.

Der Concessionär ist verpflichtet, an Sonn- und Feiertagen Retourbillete mit blos eintägiger Giltigkeit von jeder Station nach jeder anderen für einen um 30% reducirten Preis auszugeben.

Es ist ihm gestattet, die Personenbillete durch die Conducteure während der Fahrt ausgeben zu lassen, mit der Bedingung, dass er das nach seiner Ansicht vortheilhafteste Controlsystem einführt.

§ 40. Im Zug müssen immer genügend viele Plätze beider Classen für alle Reisenden, welche zur Casse kommen, vorhanden sein, und nur bei einer besonderen Autorisation oder beim Vorhandensein einer Force majeure können Ausnahmen stattfinden.

Dem Concessionär ist es erlaubt, in jeden Zug besondere Wagen einzustellen oder besondere Coupés bereit zu halten, für welche er eigene Preise stellt.

§ 41. Kein Reisender hat für sein Gepäck, so lange es nicht über 30 Kilogr. wiegt, einen Zuschlag auf den Preis seines Platzes zu entrichten.

Diese Erleichterung hat jedoch auf nicht zahlende Kinder keinen Bezug.
Denjenigen Reisenden, deren Reisegepäck keine 30 Kilogr. wiegt, sowie jenen, welche Nahrungsmittel und Agriculturproducte in Körben oder Säcken von weniger als 30 Kilogr. Gewicht zu Markte tragen, soll es ermöglicht sein, ihr Gepäck auf besondere in den Wagen oder Waggons dafür bestimmte Plätze zu stellen, um sie beim Absteigen ohne Einschreibegebühr wieder in Empfang zu nehmen.

§ 42. Thiere, Nahrungsmittel, Kaufwaaren, Effecten und andere im Tarif nicht näher bezeichnete Gegenstände werden bezüglich der zu erhebenden Gebühren in diejenigen Classen einzureihen sein, mit welchen sie die meiste Aehnlichkeit besitzen, wobei aber, ausser den in § 44 und § 45 weiter unten bezeichneten Ausnahmen, keine Waare einen höheren Tarif, als der der ersten oben bezeichneten Classe, bekommen darf.

§ 43. Die Bahn- und Fahrgebühren, wie sie im obigen Tarife bezeichnet sind, finden keine Anwendung auf eine ungetheilte Masse von mehr als 3000 Kilogr. Gewicht. Die Gesellschaft wird, im Falle sie derartige Gegenstände transportiren soll, die Frachtgebühr selber bestimmen.

§ 44. Die im Tarif bestimmten Transportgebühren finden folgende Ausnahmen:

1. Bei Nahrungsmitteln und bei solchen Gegenständen, welche auf einen Kubikmeter Inhalt unter 200 Kilogr. wiegen.

2. Bei Stoffen, welche leicht Feuer fangen oder explodiren, bei gefährlichen Thieren und Gegenständen, für welche die Polizeivorschriften besondere Vorsichten vorschreiben.

3. Bei Thieren, deren declarirter Werth über 5000 Francs beträgt.

4. Bei Gold und Silber, sei es in Barren, in Geld, im verarbeiteten oder im geschlagenen Zustande; bei Quecksilber und Platin, sowie bei Schmuck, Spitzen, Edelsteinen, Kunst- und anderen Werthgegenständen.

5. Bei allen Packeten, Sendungen und Gepäcküberschüssen im Allgemeinen, welche für sich 40 Kilogr. oder weniger wiegen.

Die Tarifpreise gelten jedoch für alle Packete oder Ballen, welche, obwohl für sich verpackt, doch einen Theil derselben durch einen Absender an einen und denselben Adressaten geschickten Sendung von zusammen mehr als 40 Kilogr. Gewicht bilden. Dasselbe gilt für Gepäcküberschüsse, welche zusammen oder für sich mehr als 40 Kilogr. wiegen.

Der im vorigen Paragraphen bezeichnete Vortheil, insofern er sich auf Packete und Collis bezieht, kann nur dann von Spediteuren und den sonstigen Transportvermittlern beansprucht werden, wenn die bezüglichen Gegenstände ein einziges Colli bilden.

Die Preise für die oben besonders genannten fünf Specialclassen werden jedes Jahr durch den Präfecten auf Vorschlag des Concessionärs bestimmt.

Was die oben in § 5 erwähnten Collis und Packete anbelangt, so müssen die Transportpreise derart berechnet werden, dass keines von diesen Packeten oder Colli einen höheren Preis bezahlen muss, als ein Gegenstand derselben Art, wenn er mehr als 40 Kilogr. wiegen würde.

§ 45. Die Gebühraushebung muss ohne Unterschied und Bevorzugung geschehen.

Jeder Vertrag, welcher die Fracht bei einem oder mehreren Absendern vermindern würde, muss auch für anderen Absender, sobald derselbe die Bedingungen des ersteren stellt, ebenfalls angewendet werden.

Diese Bestimmung hat jedoch keine Giltigkeit bei Verträgen, welche im Interesse des öffentlichen Dienstes geschlossen werden, und ebenfalls nicht bezüglich derjenigen Nachlässe und Vergütungen, welche der Concessionär bedürftigen Armen etwa ertheilen will.

Im Falle vorkommender Tarifreduction muss dieselbe in gleichem Verhältnisse auf das Bahngeld wie auf das Fahrgeld vertheilt werden.

§ 46. Der Concessionär ist verpflichtet, zu allen Zeiten den ihm anvertrauten Transport von Reisenden, Thieren, Nahrungsmitteln und jeder Art Waaren und Gegenständen mit möglichster Genauigkeit und Schnelligkeit unparteiisch zu besorgen.

Durch Verordnungen, welche vom Conseil général genehmigt sein müssen, werden nach Beiziehung des Concessionärs, die geringste Effectivgeschwindigkeit der Personenzüge, die auf Camionage bezüglichen Dispositionen, die Transportformalitäten und Recepisse (falls solche ausgegeben werden), die in den Tarifen erwähnten Nebengebühren, als Einschreibe-, Ladungs-, Ausladungs- und Magazingebühren, sowie Verzug- und Remisegebühren, alljährlich bestimmt.

Durch diese Verordnungen werden ebenfalls die Manipulations- und Stationirungsgebühren festgestellt.

§ 47. Die Präfectoralverwaltung hat durch besondere Verordnungen nach Vorschlag des Concessionärs zu bestimmen:

1. Die Anzahl der Züge, welche täglich auf jeder Bahn fahren müssen.
2. Die Abfahrts- und Ankunftszeit jedes Zuges, sowie seine Fahrgeschwindigkeit.

Der Concessionär ist zum Nachtdienst nicht verpflichtet.

§. 48 Die in den Tarifen erwähnten Nebengebühren, als Einschreibe-, Ladungs-, Ausladungs- und Lagergelder, werden alljährlich durch den Präfecten, nach Vorschlag des Concessionärs, festgestellt.

§ 49. Es ist dem Concessionär untersagt, besondere Autorisation ausgenommen, direct oder indirect mit Personen- oder Gütertransportunternehmern Verabhandlungen, unter welcher Form oder Namen es auch wäre, zu treffen, falls die dadurch gewährten Vortheile nicht zu gleicher Zeit auch allen übrigen Unternehmern, welche sich des bezüglichen Communicationsweges bedienen, gewährleistet werden.

Der Präfect hat Massregeln zur Sicherung der grösstmöglichen Gleichstellung aller Transportunternehmer in ihrem Verhältniss zu den Eisenbahnen vorzuschreiben.

Abtheilung V.
Bestimmungen, welche sich auf verschiedene öffentliche Dienste beziehen.

§ 50. Die Functionäre und Beamten, welche die Eisenbahncontrole ausüben haben, müssen unentgeltlich gefahren werden. Der Präfect hat den Stand dieser Functionäre und Beamten nach Anhören des Concessionärs alljährlich festzustellen.

§ 51. Die Behörde behält sich das Recht vor, den Bahnen entlang alle Constructionen auszuführen und Telegraphenleitungen zu legen, insofern es den Eisenbahndienst nicht beeinträchtigt.

Der Concessionär muss durch seine Angestellten die Telegraphendrähte und Leitungen bewachen lassen und den Telegraphenbeamten alle diesbezüglichen Vorkommnisse angeben und ihnen die Ursachen davon mittheilen lassen. Die Angestellten des Concessionärs sind verpflichtet, im Falle die Drahtleitung reisst, die beiden zerrissenen Theile nach den ihnen zu diesem Zwecke ertheilten Instructionen provisorisch zu verbinden. Sollten Drahtleitungen, Apparate oder Telegraphenstangen wegen Eisenbahnbarbeiten versetzt werden, so müssen solche Versetzungen durch die Telegraphenbehörde auf Kosten des Concessionärs stattfinden.

Der Concessionär ist verpflichtet, alle Telegraphendrähte und Apparate, welche zum Geben der für die Sicherheit und Regelmässigkeit seines Betriebes nöthigen Signale dienen sollen, auf eigene Kosten herzustellen.

Er kann sich, mit Bewilligung des Ministeriums des Innern, bestehender Telegraphenstangen der Staatstelegraphenleitung bedienen, im Falle solche längs der Bahn sich befinden.

Der Concessionär hat sich allen in Bezug auf diese Apparate von Seiten der öffentlichen Behörden erlassenen Verordnungen zu unterziehen.

Abtheilung VI.
Verschiedene Bestimmungen.

§ 52. Im Falle irgend welche Bauten an Kaiser-, Departement- oder Vicinalstrassen, Eisenbahnen oder Canälen, welche die hiermit concessionirten Linien schneiden, durch die Behörde verordnet oder bewilligt werden, so darf sich der Concessionär diesen Arbeiten nicht entgegenstellen. Es werden andererseits alle Vorkehrungen getroffen, damit kein Hinderniss für den Bau oder den Betrieb der betreffenden Eisenbahnen und auch keine Unkosten für den Concessionär dadurch entstehen können.

§ 53. Keine später stattfindende Ausführung oder Bewilligung von Strassen, Canälen, Eisenbahnen oder Schifffahrtsanlagen, sei es in der Gegend dieser Eisenbahn oder in der Nachbarschaft, kann dem Concessionär Grund zu einer Entschädigung geben.

§ 54. Die Behörde behält sich ausschliesslich das Recht vor, neue Abzweigungen oder Fortsetzungen der concessionirten Eisenbahnen zu bewilligen.

Der Concessionär darf sich diesen Zweigbahnen weder widersetzen, noch darf er auf Grund ihrer Ausführung irgend welche Entschädigung beanspruchen, ausgenommen, wenn durch solche Anlagen ein Hinderniss für die Circulation oder besondere Auslagen auf seine Rechnung entstehen würden.

Die Concessionäre der neuen Zweig- oder Verlängerungsbahnen werden das Recht haben, auf Grund der oben angeführten Tarifsätze und der bestehenden oder bis dahin erlassenen Polizeivorschriften ihre Wagen und Locomotiven auf den gegenwärtig concessionirten Bahnen circuliren zu lassen, welches Recht reciprok auch für diese gilt.

Der Concessionär ist jedoch nicht verpflichtet, solche Fahrzeuge auf seiner Bahn circuliren zu lassen, deren Gewichte und Dimensionen den Constructionen seiner Bahn widersprechen.

In Streitigkeitsfällen, welche durch Ausübung dieser Gegenseitigkeit zwischen einzelnen Gesellschaften etwa entstehen sollten, hat die Präfectoralbehörde die betreffenden Schwierigkeiten zu untersuchen.

Im Falle der Concessionär einer Zweig- oder einer anschliessenden Verlängerungsbahn von der in gegenwärtiger Concession genannten Gegenseitigkeit keinen Gebrauch machen wollte, sowie in dem Falle, wenn der gegenwärtige Concessionär die Möglichkeit der Circulation auf den Verlängerungs- und Zweigbahnen nicht benützen würde, sind die Concessionäre doch verpflichtet, solche Vorkehrungen zu treffen, dass der Transport auf den Anschlussstellen niemals Unterbrechung erleiden könne.

Derjenige Concessionär, der sich eines Materials bedient, welches nicht sein eigen ist, ist verpflichtet, den Eigenthümer im Verhältniss zum Gebrauch und Abnutzung dieses Materials zu entschädigen.

Sollten sich die Concessionäre über den Betrag dieser Entschädigung oder über die zur Sicherung der Betriebscontinuität nöthigen Massregeln nicht einigen, so hat der Präfect amtlich die nöthigen Massregeln vorzuschreiben.

§ 55. Der Concessionär ist verpflichtet, sich mit jedem Bergwerks- oder Fabriksbesitzer, der eine neue Anschlussbahn im Einklange mit den folgenden Bedingungen verlangt, zu verständigen; sollte aber keine Verständigung erzielt werden können, so hat der Präfect nach Vernehmen des Concessionärs die Entscheidung, welcher beide Parteien sich zu fügen haben, zu treffen.

Die Zweigbahnen werden auf Kosten der Bergwerks- und Fabriksbesitzer ausgeführt, wobei jedoch kein Hinderniss der allgemeinen Circulation, kein Schaden an Material und keine besonderen Ausgaben dem Concessionär verursacht werden darf.

Ihre Erhaltung muss mit Sorgfalt und unter Aufsicht der Präfectoralbehörde durch den Eigenthümer ausgeführt werden.

Die Präfectoralverwaltung kann zu allen Zeiten Aenderungen in der Art und Weise des Anschlusses, der Trace und im Gleise anordnen, wobei die Aenderungen auf Kosten der Eigenthümer ausgeführt werden.

Im Falle der Eigenthümer den Transport zum Theil oder gänzlich einstellt, ist die Präfectoralverwaltung, nach Anhörung desselben, auch zum Ausheben der Anschlussweichen, und zwar theilweise oder vollständig, berechtigt.

§ 56. Die Grundsteuer wird nach der durch die Eisenbahn und ihre Dependenzen eingenommenen Grundfläche bezahlt. Der Betrag wird, wie bei Canalanlagen, nach dem Gesetz vom 25. April 1803 gerechnet.

Die Gebäude und Magazine, welche zur Eisenbahn gehören, werden wie andere Gebäude des bezüglichen Ortes aufgenommen.

Alle Zahlungen, welchen die Eisenbahngebäude unterliegen, sowie die Grundsteuer, hat der Concessionär zu entrichten.

§ 57. Die vom Concessionär angestellten Beamten und Wächter, mögen sie das Einnehmen oder die Bahnpolizei oder Ueberwachung besorgen, können beeidigt werden und sind diesbezüglich den Feldhütern gleichzustellen.

§ 58. Die Eisenbahnen verbleiben stets unter Aufsicht der Präfectoralbehörde. Die Unkosten der Controle der Ueberwachung und Uebernahme von Arbeiten, sowie der Betriebscontrole, muss der Concessionär tragen.

Als Caution für diese Kosten ist der Concessionär verpflichtet, jährlich an die Departementskasse den Betrag von 50 Francs für jeden Kilometer der concessionirten Bahn abzuliefern.

Sollte der Concessionär diese Summe nicht zur Zeit einliefern, so wird gegen ihn das Executionverfahren, wie bei Steuereinhebungen, eingeleitet.

§ 59. Sollte der Bruttoertrag sämmtlicher concessionirter Bahnen 11.000 Fr. pro Kilometer Bahnlänge übersteigen, so wird der Ueberschuss zu gleichen Theilen zwischen dem Concessionär und zwischen dem Departement vertheilt. Die an das Departement fallende Hälfte wird zwischen diesem, dem Staate und der Gemeinde, im Verhältniss ihrer Betheiligung an den Auslagen, vertheilt.

§ 60. Der Concessionär muss in Terminen, welche durch den Conseil général bestimmt werden, die Summe von 200.000 Francs in Staatsrente oder in anderen öffentlichen Effecten, welche der Präfect annimmt, in eine öffentliche, ebenfalls durch den Präfecten dazu bezeichnete Kasse einlegen, wobei diejenigen Effecten, welche auf den Namen lauten, dem Departement überschrieben werden.

Dieser Betrag bildet die Caution der Unternehmung.

Sie wird dem Concessionär in Fünfteltheilen im Verhältniss der gelieferten Arbeit zurückerstattet. Das letzte Fünftel wird ihm erst bei der Eröffnung der Bahnen, gegen Garantie seiner Obligationen, zurückerstattet. Der Concessionär muss ausser der besagten Caution von 200.000 Francs, in drei Monaten nach der Ministerialapprobation, noch die nöthigen zur Arbeitsführung und zum ungestörten Gang erforderlichen Mittel nachweisen.

§ 61. Der Concessionär muss in Montpellier Domicil nehmen.

Im Falle er das unterlassen hätte, so wird jede Amtssendung als giltig betrachtet, welche vom Präfectursecretariate von Hérault an ihn adressirt wurde.

§ 62. Streitigkeiten, welche zwischen dem Concessionär und der Behörde in der Auslegung einzelner Punkte des vorliegenden Bedingungsheftes entstehen könnten, werden durch den Präfecturrath im Departement Hérault ausgetragen, die Berufung zum Conseil d'État ausgenommen.

§ 63. Dieses Bedingungsheft und der beigefügte Vertrag sind erst nach Erlegung der 1 Francgebühr giltig.

(Folgen die Unterschriften.)

Anhang IV.

Frankreich.

Gesetzentwurf.

Artikel 1. Es ist gestattet, Locomotiv-Eisenbahnen auf den Reichsstrassen anzulegen.

Mit Zustimmung der Departements und Gemeinden kann dasselbe auch auf allen anderen öffentlichen Strassen und Wegen geschehen.

Artikel 2. Die auf dem Grund und Boden der öffentlichen Strassen und Wege hergestellten Eisenbahnen gehören in rechtlicher Beziehung zu dem allgemeinen Verkehrsnetze (*sont placés sous le régime de la grande voirie*) und sind mit nachstehenden Ausnahmen den Bestimmungen des Gesetzes vom 15. Juli 1845 unterworfen:

Der Artikel 4, betreffend die Einfriedungen und Schranken, ist auf dieselben nicht anwendbar.

Die Anrainer sind wegen der Eisenbahn keiner der in den Artikeln 5, 6, 7 und 8 ausgesprochenen Servituten unterworfen.

Artikel 3. Eine Staatsverordnung wird jene Bedingungen feststellen, welchen die Eisenbahnen, deren Herstellung auf dem Grunde der Strassen und Wege genehmigt wird, rücksichtlich ihres Baues sowohl als ihres Betriebes entsprechen müssen.

Versailles, den 17. März 1875.

Der Präsident der französischen Republik:
Marschall von Mac-Mahon, Herzog von Magenta m/p.

Der Minister für öffentliche Bauten:
Caillaux m/p.

Anhang V.

Frankreich.

Entwurf der Bau- und Betriebs-Ordnung.
Zum Gesetzentwurf vom 17. März 1875.

Artikel 1. Jede auf einem öffentliche Wege angelegte Locomotiv-Eisenbahn muss für den Land-Wagenverkehr eine lichte Breite von mindestens 6 Meter, von den äussersten Ausladungen der Maschinen oder Wagen an gerechnet, frei lassen.

Das Gleise ist auf einer Seite der Strasse und in einem durch das Bauproject festzustellenden Abstande von der Strassenkante anzulegen.

Wenn die Bahn jedoch mit höherer Genehmigung Städte und Dörfer durchzieht, so hat das Gleise dort in der Regel die Mitte der Strasse einzunehmen.

In dem einen wie in dem anderen Falle dürfen die Schienen nicht über die Fläche der Strasse, deren Querprofil unverändert beizubehalten ist, hervorragen.

Im Innern der Städte und Dörfer, dann bei Wegkreuzungen und überall, wo die Staatsbehörde es sonst noch für nöthig erachten wird, sind theils im Interesse der öffentlichen Sicherheit, theils im Interesse der Anrainer, Sicherheitsschienen anzubringen.

Artikel 2. Von Ausnahmsfällen, deren Beurtheilung der Staatsbehörde zusteht, abgesehen, sind bei Wegkreuzungen im Niveau weder Schranken, noch auf der einen oder anderen Seite der Eisenbahn Einfriedungen irgend einer Art herzustellen.

Der Concessionär ist übrigens verpflichtet, alle erforderlichen Vorkehrungen zu treffen, damit das Betreten der öffentlichen oder Privatwege in keiner Weise behindert werde.

Artikel 3. In dem Falle, als der Bestand der Strasse gewisse Aenderungen erfahren muss, um die für die Richtungs- und Steigungsverhältnisse der Eisenbahn gegebenen Grenzen nicht zu überschreiten, hat der Concessionär alle hierfür nöthigen Arbeiten auf seine Kosten und nach dem genehmigten Projecte auszuführen.

Ebenso hat er auf seine eigenen Kosten jene Erbreiterungen vorzunehmen, welche zur Aufrechthaltung der im Artikel 1 bezeichneten freien Strassenbreite nöthig sind.

Der Concessionär hat endlich an den ihm zu bezeichnenden Punkten Lagerplätze für das Strassenerhaltungs-Materiale, welches früher auf der von der Eisenbahn eingenommenen Strassenseite gelagert war, herzustellen.

Artikel 4. Die Ausführung der Arbeiten unterliegt der Controle und Aufsicht der Staatsbehörde.

Sie müssen derart eingetheilt werden, dass der Strassenverkehr die thunlich geringsten Störungen erfahre. Die Arbeitsplätze müssen bei Nacht beleuchtet und, erforderlichen Falles, auch bewacht werden.

Der Concessionär hat sich im Uebrigen allen Verfügungen zu unterwerfen, welche ihm im Interesse der öffentlichen Sicherheit vorgezeichnet werden.

Artikel 5. Der Concessionär kann, sofern die Staatsbehörde es für nöthig erachtet, dazu verhalten werden, die Fläche zwischen den Schienen und überdies zwei je ein Meter breite Streifen längs der äusseren Schienenkanten mit Steinbeschlag zu versehen oder zu pflastern. Diese ganze Fläche hat er beständig in gutem Zustande zu erhalten. Im Falle der Nichterfüllung dieser Verpflichtung wird hierfür durch die Staatsbehörde zu Lasten des Concessionärs Vorsorge getroffen werden.

Der Betrag der hierbei auflaufenden Kosten wird mittelst Anweisungen durch den Präfecten eingetrieben werden.

Artikel 6. Die Fahrgeschwindigkeit der Züge darf zwanzig Kilometer per Stunde nicht übersteigen und muss bei Annäherung an belebte Punkte, sowie im Falle eines Hindernisses auf der Strasse, entsprechend ermässigt werden.

Es muss auch langsamer gefahren oder gar angehalten werden, wenn das Weiterfahren durch Erschrecken von Pferden oder anderen Thieren zu Verwirrungen oder gar zu Unfällen Anlass geben könnte.

Das Herannahen des Zuges muss mittelst Trompete, Horn oder eines ähnlichen Instrumetes, mit Ausschluss der Dampfpfeife, signalisirt werden.

Artikel 7. Ausserhalb der Stationen dürfen die Züge nur während der zur Ausübung des Dienstes unbedingt nöthigen Zeit anhalten.

Die Maximalanzahl der Wagen eines Zuges wird von der Staatsbehörde nach Anhörung des Concessionärs für jeden einzelnen Fall festgestellt.

Artikel 8. Jede Ablagerung von Erde, Materialien oder irgend welchen Sachen auf dem von der Eisenbahn eingenommenen Strassenrande ist strenge untersagt, auch in dem Falle, wo dieselbe nur vorübergehend und ausserhalb der gewöhnlichen Fahrzeiten der Züge stattfände.

Diese Verfügung ist durch besondere Präfectoral-Erlässe zur allgemeinen Kenntniss zu bringen.

Artikel 9. Wie alle behufs Nutzniessung des öffentlichen Gutes (domaine public) ertheilten Concessionen, so ist auch die Genehmigung zur Anlage einer Eisenbahn auf Strassen und Wegen selbst vor dem in dem Bedingnisshefte ausgesprochenen Termin der Concessionserlöschung ganz oder theilweise widerrufbar.

Der Widerruf kann jedoch nur unter der für die Concessionirung befolgten Form geschehen.

Im Falle des Widerrufes oder der Verwirkung der Concession kann der Inhaber dieser letzteren verhalten werden, auf seine Kosten den ursprünglichen Zustand wieder herzustellen.

Artikel 10. Die auf den Strassen angelegten Locomotiv-Eisenbahnen sind den Bestimmungen der Verordnung vom 15. November 1846, betreffend die Bahnpolizei, die Sicherheit und den Betrieb der Eisenbahnen, unterworfen, insofern dieselben durch die gegenwärtige Verordnung nicht abgeändert sind.

Artikel 11. Die Verletzung der Artikel 6, 7 und 8 der gegenwärtigen Verordnung, sowie jede andere Uebertretung, wodurch die Sicherheit der die Eisenbahn oder die Fahrstrasse als solche benützenden Personen gefährdet werden könnte, wird nach den Bestimmungen des I., II. und III. Abschnittes des Eisenbahn-Polizei-Gesetzes vom 15. Juli 1845 erhoben, verfolgt und bestraft, unbeschadet der civilrechtlichen Verantwortlichkeit, welcher die Uebertreter zufolge des Artikels 1382 und der darauffolgenden Artikel des Civil-Gesetzbuches verfallen.

Anhang VI.

Bayern.

Gesetz, die Ausdehnung und Vervollständigung der bayer. Staatsbahnen, dann Erbauung von Vicinalbahnen betreffend.

Ludwig II. etc. etc. etc.

Wir haben nach Vernehmung Unseres Staatsrathes, mit Beirath und Zustimmung der Kammer der Reichsräthe und der Kammer der Abgeordneten beschlossen und verordnen wie folgt:

Art. 1. Zur Vervollständigung des bayerischen Staats-Eisenbahnnetzes sollen folgende Linien zur Ausführung kommen: (Folgen 22 Hauptbahnen).

Art. 2. Bahnverbindungen von localer Wichtigkeit, welche vom Staate oder durch Privatunternehmung hergestellt werden, sollen nur unter der Voraussetzung Aussicht auf Unterstützung haben, wenn für dieselben die Grunderwerbung und die Herstellung der Erdarbeiten ohne Inanspruchnahme von Staatsfonds gesichert ist.

Zur Förderung solcher Vicinalbahnen soll aus den Ueberschüssen der Rente der Staatsbahnen und den Ertragsantheilen der Staatscasse an den Ueberschüssen der k. priv. bayer. Ostbahnen nach Erfüllung aller finanzgesetzlichen und budgetmässigen Bestimmungen der Vicinaleisenbahn-Baufond gebildet werden, dessen Verwaltung der Eisenbahnbau-Dotationscasse überwiesen wird.

Aus diesem Fond kann höchstens die Hälfte desjenigen Aufwandes entnommen werden, welche für eine auf dem Wege der Gesetzgebung festgestellte Vicinalbahn nach Erfüllung der in Absatz 1 dieses Artikels aufgestellten Bedingung erforderlich ist.

Als Dotation für die IX. Finanzperiode werden dem Vicinaleisenbahn-Baufond die Mehreinnahmen aus dem Betriebe der Staatsbahnen aus den zwei letzten Jahren der VIII. Finanzperiode überwiesen, soweit über dieselben noch nicht gesetzlich verfügt ist.

Art. 3. (Folgt die Creditbewilligung für die Hauptbahnen.)

Art. 4. Der k. Staatsregierung wird zur Deckung des in Artikel 3 festgesetzten Gesammtbetrages ein ausserordentlicher Credit von 92,772.000 fl., mit Worten: zweiundneunzig Millionen siebenhundert zweiundsiebenzigtausend Gulden, eventuell 102,272.000 fl., mit Worten: einhundert zwei Millionen zweihundert zweiundsiebenzigtausend Gulden auf acht Jahre, von Erlassung des gegenwärtigen Gesetzes an gerechnet, eröffnet.

Zur Flüssigmachung dieses Credits nach Massgabe des jeweiligen Partialbedarfes ist der k. Staatsminister der Finanzen ermächtigt, ein auf die Staatseisenbahnen zu versicherndes Staatsanlehen in gleichem Betrage aufzunehmen.

Dieses Eisenbahn-Anlehen wird als eine Fortsetzung der seit dem Gesetze vom 19. März 1856, die Eisenbahnbau-Dotation für die VII. Finanzperiode betreffend, aufgenommenen Eisenbahn-Anlehen erklärt, und es ist sich hinsichtlich der Tilgung dieses Anlehens nach den Bestimmungen der hierfür massgebenden Finanzgesetze zu richten.

Art. 5. Die Ausgaben für Verzinsung dieses Anlehens während der Bauzeit und die Geldaufbringungskosten sind durch Erhöhung des im Artikel 4 gewährten Anlehens-Credites zu beschaffen.

Von der Zeit der Uebergabe der einzelnen Bauobjecte an den Betrieb hat die Verzinsung der an dieselben verwendeten Summen aus der Eisenbahnrente zu erfolgen.

Gegeben München, den 29. April 1869.

Gez. Ludwig.

Anhang VII.

Deutschland.

Sicherheitsordnung für normalspurige Eisenbahnen Preussens vom 10. Mai 1877.

Für diejenigen normalspurigen Eisenbahnen in Preussen, bei welchen vermöge ihrer untergeordneten Bedeutung gemäss § 74 des Bahnpolizei-Reglements und Nr. 2 der allgemeinen Bestimmungen zur Signalordnung für Eisenbahnen Deutschlands vom 4. Januar 1875 der Minister für Handel, Gewerbe und öffentliche Arbeiten mit Zustimmung des Reichs-Eisenbahnamtes Abweichungen von den Bestimmungen der vorbezeichneten Reglements für zulässig erachtet, soll die nachstehende Sicherheitsordnung bis auf Weiteres eingeführt werden. Für die einzelnen Bahnstrecken, auf welchen demgemäss diese Sicherheitsordnung Anwendung finden soll, wird specielle Bekanntmachung vorbehalten.

I. Zustand der Bahn.

§ 1. Die Bahn ist mit ihren sämmtlichen Nebenanlagen fortwährend in einem guten baulichen Zustande zu erhalten; insbesondere ist der Bahnkörper, der Unter- und Oberbau der Bahn derart zu unterhalten, dass alle Anlagen, welche zur Regelung des Wasserlaufes dienen, oder welche in Beziehung auf die Benutzung der von der Bahn berührten Wege gemacht sind, sich stets in einem zweckentsprechenden Zustande befinden, und dass die Bahn ohne Gefahr und mit Ausnahme der in Reparatur befindlichen Strecken mit einer Geschwindigkeit von 20 Kilometern in der Stunde befahren werden kann.

Das Längengefälle der Bahn darf auf freier Strecke das Verhältniss von 1 : 25 nicht überschreiten.

Die Minimalradien dürfen auf freier Strecke nicht kleiner als 100 Meter sein.

In Curven darf die Spurerweiterung das Mass von 35 Millimetern nicht überschreiten.

§ 2. Sämmtliche Gleise, auf welchen Züge bewegt werden, sind in solcher Weise frei zu halten, dass für dieselben mindestens das auf der Anlage [1]) dargestellte Normalprofil des lichten Raumes vorhanden ist.

Abweichungen von diesem Profile, welche bereits vor Bekanntmachung dieser Vorschriften bestanden haben, können mit Zustimmung der Landes-Aufsichtsbehörde auch ferner beibehalten werden.

Inwieweit bei Ladegleisen Einschränkungen dieses Profils zulässig sind, bestimmt in jedem Einzelfalle die Aufsichtsbehörde.

§ 3. Zwischen Wegen, welche dicht neben der Bahn hinlaufen, und dem Bahnkörper sind Schutzwehren nur dann erforderlich, wenn der Weg unmittelbar an einer Einschnittsböschung, und höher als das Bahnplanum, gelegen ist.

Wege, welche auf 1·5 Meter hohen und höheren Rampen über die Bahn in gleicher Ebene führen, sind mit Schutzbarrièren, Hecken oder sonstigen Einfriedungen zu versehen.

In angemessener Entfernung von den in gleicher Ebene mit der Bahn liegenden Wege-Uebergängen sind Warnungstafeln aufzustellen.

Werden zur Absperrung von Wege-Uebergängen Drahtzugbarrièren verwendet, so müssen dieselben so eingerichtet sein, dass sie mit der Hand geschlossen und geöffnet werden können. Jeder mit Drahtzugbarrièren versehene Uebergang erhält eine Glocke, mit welcher vor dem Niederlassen der Sperrbäume zu läuten ist.

§ 4. Die Bahn ist mit Abtheilungszeichen zu versehen, welche Entfernungen von ganzen und $^1/_{10}$ Kilometer angeben.

An den Wechselpunkten der Gefälle sind da überall Neigungszeiger aufzustellen, wo das Gefällverhältniss mehr als 1 : 300 beträgt.

Zwischen zusammenlaufenden Schienensträngen ist ein Markirzeichen anzubringen, welches die Grenze angibt, bis zu welcher in jedem Bahngleise Fahrzeuge vorgeschoben werden dürfen, ohne den Durchgang anderer Fahrzeuge auf dem anderen Gleise zu hindern.

II. Einrichtung und Zustand der Betriebsmittel.

§ 5. Sofern auf einer Bahnstrecke unbewachte Wege vorkommen, sind die Locomotiven, welche diese Bahnstrecke befahren, mit Läutewerken auszurüsten, die nach Auslösung durch den Locomotivführer selbstthätig läuten.

§ 6. Locomotiven dürfen erst in Betrieb gesetzt werden, nachdem sie der technisch-polizeilichen Prüfung unterworfen und als sicher befunden worden sind. Die bei der Revision als zulässig erkannte Dampfspannung über den Druck der äusseren Atmosphäre, sowie der Name des Fabrikanten, die laufende Fabriknummer und das Jahr der Anfertigung müssen in leicht erkennbarer Weise an jeder Locomotive angebracht sein.

§ 7. Jede Locomotive ist nach jeder grösseren Kesselreparatur und mindestens alle drei Jahre einer gründlichen Revision zu unterwerfen. Bei Gelegenheit dieser Revision, welche sich auf alle Theile der Locomotive erstrecken muss, ist der Dampfkessel vom Mantel zu entblössen und mittelst einer Druckpumpe zu prüfen.

---

[1]) Ist hier als technisches Detail nicht mit reproducirt. D. V.

Hinsichtlich des bei diesen Proben anzuwendenden Druckes wird bestimmt, dass die Prüfung für eine Dampfspannung von nicht mehr als fünf Atmosphären Ueberdruck mit dem zweifachen Betrage der zulässigen Maximal-Dampfspannung, bei einer Dampfspannung von mehr als fünf Atmosphären mit einem Drucke, welcher die zulässige Maximal-Dampfspannung um fünf Atmosphären übersteigt, stattfinden soll. Für diejenigen Locomotiven, welche bei dem Inkrafttreten dieser Bestimmung bereits vorhanden sind, verbleibt es bei dem Maximaldrucke, welcher bei der ersten Prüfung Anwendung gefunden hat, sofern der letztere niedriger ist, als die vorstehend vorgeschriebenen.

Kessel, welche bei dieser Probe ihre Form bleibend ändern, dürfen in diesem Zustande nicht wieder in Gebrauch genommen werden.

Bei dieser Probe ist zugleich die Ventilbelastung und die Richtigkeit des Manometers zu prüfen.

Von 10 zu 10 Jahren muss eine innere Revision des Kessels vorgenommen werden, bei welcher die Siederohre zu entfernen sind. Ueber die Locomotiv-Revisionen sind Verhandlungen aufzunehmen, in denen die Ergebnisse derselben zu verzeichnen sind.

Jede Locomotive muss versehen sein:

1. mit mindestens zwei zuverlässigen Vorrichtungen zur Speisung des Kessels, welche unabhängig von einander in Betrieb gesetzt werden können und von denen jede für sich während der Fahrt im Stande sein muss, das zur Speisung erforderliche Wasser zuzuführen. Eine dieser Vorrichtungen muss ausserdem geeignet sein, beim Stillstande der Locomotive den Wasserstand im Kessel auf der normalen Höhe zu erhalten;
2. mit mindestens zwei voneinander unabhängigen Vorrichtungen zur zuverlässigen Erkennung der Wasserstandshöhe im Innern des Kessels. Bei einer dieser Vorrichtungen muss die Höhe des Wasserstandes vom Stande des Führers ohne besondere Proben fortwährend erkennbar und eine in die Augen fallende Marke des Normalwasserstandes angebracht sein;
3. mit wenigstens zwei vorschriftsmässigen Sicherheitsventilen, von welchen das eine so eingerichtet sein muss, dass die Belastung desselben nicht über das bestimmte Mass gesteigert werden kann. Die Belastung dieser Sicherheitsventile ist derartig einzurichten, dass eine verticale Bewegung derselben von 3 Millimetern eintreten kann;
4. mit einer Vorrichtung (Manometer), welche den Druck des Dampfes zuverlässig und ohne Anstellung besonderer Proben fortwährend erkennen lässt. Auf den Zifferblättern der Manometer muss die grösste zulässige Dampfspannung durch eine in die Augen fallende Marke bezeichnet sein;
5. mit einer vom Stande des Führers aus zu handhabenden Dampfpfeife und eventuell einem Läutewerk (vergl. § 5).

§ 8. Jede Locomotive muss mit Bahnräumern, sowie mit einem verschliessbaren, an dem Feuerkasten dicht anliegenden Aschkasten und mit einer Vorrichtung versehen sein, durch welche der Auswurf glühender Kohlen aus dem Schornstein wirksam verhütet wird.

§ 9. Tender-Locomotiven und Tender müssen mit kräftigen, leicht zu handhabenden Bremsen ausgerüstet sein.

§ 10. Alle in geschlossenen Zügen gehende Wagen sollen auf Federn ruhen, sämmtliche Räder müssen mit Spurkränzen versehen sein.

Bei Locomotiven und Tendern muss die Stärke schmiedeiserner Radreifen mindestens 19, diejenige stählner mindestens 15 Millimeter betragen; bei Wagen können schmiedeiserne und stählene Radreifen bis auf 16 Millimeter, resp. 12 Millimeter, abgenutzt werden.

§ 11. Jeder Wagen und Tender ist von Zeit zu Zeit einer gründlichen Revision zu unterwerfen, bei welcher die Achsenlager und Federn abgenommen werden müssen. Diese Revision hat zu erfolgen bei Tendern, Personen- und Gepäckwagen, bevor ein Jahr, bei Güterwagen, bevor zwei Jahre seit der letzten Revision verflossen sind.

§ 12. Jeder Wagen muss Bezeichnungen erhalten, aus welchen zu ersehen ist:

a) die Eisenbahn, zu welcher er gehört;
b) die Ordnungsnummer, unter welcher er in den Revisionsregistern geführt wird;
c) das eigene Ladegewicht, einschliesslich der Achsen und Räder;
d) das grösste Ladegewicht, mit welchem er belastet werden darf;
e) das Datum der letzten Revision.

§ 13. Die Betriebsmittel sind fortwährend in einem solchen Zustande zu erhalten, dass die Fahrten mit einer Geschwindigkeit von 30 Kilometern pro Stunde ohne Gefahr stattfinden können.

§ 14. Betriebsmittel, welche auf Bahnen übergehen, für welche das Bahnpolizei-Reglement und die Signalordnung für die Eisenbahnen Deutschlands Geltung haben, müssen den für diese Bahnen bestehenden Vorschriften entsprechen.

III. Einrichtungen und Massregeln für die Handhabung des Betriebes.

§ 15. Die Bahnstrecke ist mindestens einmal an jedem Tage zu revidiren.

An besonders gefährdeten Stellen ist bei einer Fahrgeschwindigkeit der Züge von mehr als 15 Kilometer in der Stunde eine Bahnbewachung erforderlich.

Bei der Annäherung eines Zuges oder einer leer fahrenden Locomotive an einen in gleicher Ebene mit der Bahn liegenden Wegeübergang, dessen Bewachung nicht vorgeschrieben, hat der Locomotivführer das Läutewerk der Locomotive in Thätigkeit zu setzen.

§ 16. Mehr als 80 Wagenachsen sollen in keinem Zuge befördert werden. Für Militärzüge ist ausnahmsweise eine Stärke bis zu 120 Achsen gestattet.

§ 17. In jedem Zuge, welcher mit Locomotiven bewegt wird, müssen ausser den Maschinen- und Tenderbremsen so viele kräftige Bremsvorrichtungen angebracht und bedient sein, dass durch die letzteren bei Neigungen der Bahn bis einschliesslich

$1:500$ der 12. Theil
$1:300$ „ 10. „
$1:200$ „ 8. „

1 : 100 der 7. Theil
1 : 60 „ 5. „
1 : 40 „ 4. „

und bei stärkeren Neigungen die Hälfte der Räder gebremst werden kann.

Erstreckt sich die stärkste Neigung zwischen zwei Stationen auf eine Bahnlänge von weniger als 1000 Meter, so ist für die Berechnung der Bremsenzahl nicht diese, sondern die nächstgeringere Neigung der Strecke massgebend.

Für Züge und Wagen, welche auf längeren Strecken ausschliesslich durch die Schwerkraft oder mit Hilfe stehender Maschinen sich bewegen, werden die erforderlichen Sicherheitsvorschriften von der Aufsichtsbehörde erlassen.

§ 18. Kein Zug darf die Station verlassen, bevor die Abfahrt von dem Vorstande der Station gestattet worden ist. Bei der insbesondere auf der Ausgangsstation vorzunehmenden Revision der Züge ist insbesondere darauf zu achten, dass die Wagen regelmässig zusammengekuppelt und ordnungsmässig belastet, die vorgeschriebenen Zugsignale und Laternen angebracht und die erforderlichen Bremsen angemessen vertheilt sind.

§ 19. Die grösste Fahrgeschwindigkeit für Züge und leerfahrende Locomotiven wird durch die Aufsichtsbehörde festgesetzt. Grössere Geschwindigkeiten als 30 Kilometer pro Stunde dürfen nicht gestattet werden.

§ 20. Die für die Bahn festgesetzte Fahrgeschwindigkeit darf niemals überschritten werden.

Langsamer muss gefahren werden:

a) wenn Menschen, Thiere oder andere Hindernisse auf der Bahn bemerkt werden;

b) wenn das Signal zum Langsamfahren gegeben wird.

Bei Einfahrten in Hauptbahnen und überhaupt beim Uebergange aus einem Gleise in das andere muss so langsam gefahren werden, dass der Zug auf eine Länge von 100 Metern zum Stillstand gebracht werden kann.

Extrazüge und leere Maschinen, für welche den betheiligten Beamten nicht vorher Fahrpläne mitgetheilt sind, dürfen mit keiner grösseren Geschwindigkeit als 15 Kilometer pro Stunde befördert werden. Auch müssen die Stationen vorher von dem Abgange derselben verständigt sein.

§ 21. Das Schieben der Züge ohne Locomotive an der Spitze ist nur dann zulässig, wenn die Stärke derselben nicht mehr als 50 Achsen beträgt, der vorderste Wagen gut bewacht ist und die Geschwindigkeit 20 Kilometer pro Stunde nicht übersteigt.

§ 22. Bei einer Fahrgeschwindigkeit von mehr als 15 Kilometer pro Stunde darf ein Zug einem anderen, in derselben Richtung abgelassenen Zuge nur in Stationsdistanz, bei geringerer Geschwindigkeit frühestens 30 Minuten nach Abfahrt des letzteren folgen.

§ 23. Das Zugbegleitungspersonal darf während der Fahrt nur einem Beamten untergeordnet sein. Derselbe hat einen Fahrbericht zu führen, in welchem die Abgangs- und Ankunftszeiten auf den einzelnen Haltepunkten und aussergewöhnlichen Vorkommnisse genau zu verzeichnen sind.

§ 24. Bei angeheizten Locomotiven soll, so lange sie vor dem Zuge halten oder in Ruhe stehen, der Regulator geschlossen, die Steuerung in Ruhe gesetzt und die Bremse angezogen sein. Die Locomotive muss dabei stets unter Aufsicht stehen.

Die ohne ausreichende Aufsicht und über Nacht stehenden Wagen sind durch geeignete Vorrichtungen festzustellen.

§ 25. Ohne Erlaubniss der dazu bevollmächtigten Beamten darf ausser den durch ihren Dienst dazu berechtigter Personen Niemand auf der Locomotive mitfahren.

§ 26. Die Führung der Locomotiven darf nur solchen Führern übertragen werden, welche mindestens ein Jahr lang als Locomotivführer selbstständig und tadelfrei den Fahrdienst verrichtet und ihre Befähigung durch ein von einer deutschen Eisenbahnverwaltung ausgestelltes Attest nachgewiesen haben.

Die Heizer müssen mit der Handhabung der Locomotive mindestens soweit vertraut sein, um dieselbe erforderlichen Falles zum Stillstand bringen zu können.

IV. Signalwesen.

§ 27. Auf der Bahn müssen die optischen Signale
1. der Zug soll langsam fahren, und
2. der Zug soll halten,

gegeben werden können.

Die Stationen der Bahn müssen mit Sprechapparaten ausgerüstet sein und untereinander in elektrisch-telegraphischer Verbindung stehen.

§ 28. Der Stand beweglicher Brücken muss in einer Entfernung von mindestens 300 Metern erkennbar sein. So lange diese Brücken geöffnet sind, müssen die Zugänge zu denselben, auch wenn kein Zug erwartet wird, durch Signale abgeschlossen sein.

Es sind Einrichtungen zu treffen, welche die richtige Stellung dieser Signale für die Dauer der Unfahrbarkeit sichern.

§ 29. Die jedesmalige Stellung der Weichen in den Hauptgleisen muss dem Locomotivführer durch Signale kenntlich sein, wenn nicht die Weichen durch einen sicheren Verschluss unverrückbar festgestellt sind.

§ 30. Jeder sich bewegende Zug muss mit Signalen versehen sein, welche bei Tage dessen Schluss und bei Dunkelheit die Spitze und den Schluss derselben erkennen lassen. Dasselbe gilt von einzeln fahrenden Locomotiven.

§ 31. Die Locomotivführer müssen folgende Signale geben können:
1. Achtung geben,
2. Bremsen anziehen,
3. Bremsen loslassen.

§ 32. Sämmtliche auf der Bahn zur Anwendung gelangenden Signale müssen den Vorschriften der Signalordnung für die Eisenbahnen Deutschlands entsprechen.

V. Bestimmungen für das Publikum.

§ 33. Die im Bahnpolizei-Reglement für die Eisenbahnen Deutschlands vom 4. Januar 1875 enthaltenen Bestimmungen für das Publikum §§ 53 bis 65 finden Anwendung mit nachstehenden Abänderungen:

Es tritt an Stelle

a) der beiden letzten Sätze § 54 Alinea 1 und des § 54 Alinea 2 die Bestimmung:

„Das Publikum darf die Bahn nur an den zu Ueberfahrten und Uebergängen bestimmten Stellen überschreiten, und zwar nur so lange, als sich kein Zug nähert. Dabei ist jeder unnöthige Verzug zu vermeiden."

b) des § 57 Alinea 2 und der §§ 58 und 59 die Bestimmung:

„Sobald sich ein Zug nähert, müssen Fuhrwerke, Reiter, Treiber von Viehheerden und Führer von Lastthieren bei den an den Wegeübergängen aufgestellten Warnungstafeln halten. Das Gleiche gilt, wenn an den mit Barrièren versehenen Ueberwegen die Barrièren geschlossen sind oder bei Zugbarrièren die Glocken ertönen."

VI. Bahnpolizei-Beamte und Beaufsichtigung.

§ 34. Die im Bahnpolizei-Reglement für die Eisenbahnen Deutschlands vom 4. Januar 1875 im Abschnitt V und VI, §§ 66 bis incl. 72, gegebenen Bestimmungen über die Bahnpolizei-Beamten und die Beaufsichtigung finden auch hier Anwendung.

Berlin, den 10. Mai 1877.

Der Minister für Handel, Gewerbe und öffentliche Arbeiten.

Achenbach.

Anhang VIII.

Oesterreich.

Concessionsurkunde vom 3. November 1874, für die Locomotiv-Eisenbahn von Leobersdorf nach St. Pölten sammt Nebenlinien.

Wir Franz Josef der Erste etc. etc. etc.

§ 1. Wir verleihen den Concessionären das Recht zum Bau und Betrieb der Locomotiv-Eisenbahnlinien:

a) Von Leobersdorf über Altenmarkt-Hainfeld und Wilhelmsburg nach St. Pölten mit der Zweigbahn von Scheibmühl nach Schrambach, eventuell Freiland;

b) von Leobersdorf nach Gutenstein;

c) von Pöchlarn nach Gaming.

Die Zweigbahn von Scheibmühl nach Schrambach ist unter den in der gegenwärtigen Concessionsurkunde für diese Zweigbahn vorgeschriebenen Bedingungen über Verlangen der Staatsverwaltung bis Freiland zu verlängern.

Die Concessionäre sind überdies verpflichtet, über Verlangen der Staatsverwaltung und unter den diesfalls von derselben seinerzeit festzustellenden Bedingungen die nachstehend weiteren Locomotiv-Eisenbahnlinien herzustellen und in Betrieb zu setzen:

1. Eine directe Eisenbahnverbindung von Leobersdorf nach Ebenfurt, jedoch nicht früher, als bis der Bau einer von Raab nach der niederösterreichisch-ungarischen Grenze bei Ebenfurt projectirten Eisenbahn zur Ausführung gelangt sein wird.

2. Eine Eisenbahnverbindung von St. Pölten nach Traismauer.

3. Eine Eisenbahnverbindung von Traismauer nach Mautern.

Die unter b) und c) angeführten Bahnlinien Leobersdorf-Gutenstein und Pöchlarn-Gaming sind in Anschung des Baues und Betriebes als Secundärbahnen derart zur Ausführung zu bringen, dass auf denselben die Züge nur mit einer Maximalgeschwindigkeit von zwölf Kilometern per Stunde verkehren.

Die gleiche Bestimmung wird eventuell in Ansehung der unter 2 und 3 genannten Bahnverbindungen St. Pölten-Traismauer und Traismauer-Mautern zur Anwendung gelangen.

Desgleichen ist die unter a) genannte Zweigbahn von Scheibmühl nach Schrambach, eventuell Freiland, in Betreff der Ausrüstung und Betriebsführung insolange als Secundärbahn zu behandeln, als nicht die Vervollständigung der Anlage und die Einrichtung eines mit grösserer Fahrgeschwindigkeit zu vollziehenden Betriebes von der Staatsverwaltung, welcher dies jederzeit freisteht, mit Rücksicht auf eine künftige Fortsetzung der obigen Zweigbahn angeordnet wird.

§ 2. Die Ausführung des Baues und der Betriebseinrichtungen der im § 1 bezeichneten Bahnen hat nach Massgabe der vom Handelsministerium zu genehmigenden Detail-Bauprojecte und der von demselben festzustellenden Baubedingnisse, dann der dem Handelsministerium zur Genehmigung vorzulegenden Bau- und Lieferungsverträge stattzufinden.

Sowohl den auszuarbeitenden Detailplänen, als auch den Bau- und Lieferungsverträgen, haben die Bestimmungen der vom Handelsministerium aufzustellenden Bedingnisshefte, beziehungsweise der diesfalls genehmigten Grundzüge für den Bau und die Ausrüstung zur Grundlage zu dienen, bei deren Feststellung und Anwendung übrigens auf die thunlichste Herabminderung der Baukosten Bedacht genommen werden und insbesondere in Ansehung des Baues der Linien Leobersdorf-Gutenstein und Pöchlarn-Gaming, auf welchen die Maximalgeschwindigkeit der Züge zwölf Kilometer per Stunde nicht übersteigen darf, die Gewährung aller in Folge dieser geringen Fahrgeschwindigkeit zulässigen Erleichterungen eintreten soll.

Die technischen Entwürfe für den Bau und die Ausrüstung der Bahn sind dem Handelsministerium rechtzeitig vorzulegen und die aus diesem Anlasse, sowie überhaupt ergehenden Anordnungen der staatlichen Aufsichtsbehörden genauestens zu befolgen.

Desgleichen haben die Concessionäre beim Bau auch allen vom Handelsministerium aus öffentlichen Rücksichten nachträglich zu stellenden Anforderungen Folge zu leisten und sich nach den bestehenden allgemeinen Bau- und Polizeivorschriften zu benehmen.

Für Aenderung in den Bauprojecten bleibt die Genehmigung der Staatsverwaltung vorbehalten, insoferne solche nach Massgabe des Resultates der Trace-Revision und der nach Vorschrift des § 6 des Eisenbahn-Concessionsgesetzes vorzunehmenden politischen Begehung im Interesse des öffentlichen Verkehres und zur Sicherstellung des Bestandes der Bahn, dann der Erfüllung der gesetzlichen Bestimmungen sich als erforderlich darstellen werden.

Sollte sich bei der Bauausführung aus bauökonomischen oder Betriebsrücksichten eine Abänderung der Bahntrace oder der Detailpläne als nothwendig oder wünschenswerth darstellen, wodurch jedoch die im § 1 bestimmte Bahnrichtung nicht verändert wird, und gegenüber der genehmigten Trace im Allgemeinen eine wesentliche Verschlechterung der Niveau- und der Richtungsverhältnisse nicht stattfinden darf, so muss zu einer solchen Abänderung die Genehmigung der Staatsverwaltung eingeholt werden.

Die Staatsverwaltung ist berechtigt, den Concessionären oder ihrem Rechtsnachfolger die Herstellung des Unterbaues für das zweite Geleise auf der Linie Leobersdorf-St. Pölten und der Abzweigung nach Schrambach, eventuell Freiland, sowie dessen Legung auf jenen Strecken, wo sie es für nothwendig findet, in dem Falle aufzutragen, wenn der jährliche Rohertrag während zweier aufeinander folgender Jahre die Summe von 160.000 fl. in Silber per Meile überschreitet.

Die Concessionäre sind verpflichtet, wegen Mitbenützung von Bahnhöfen oder sonstigen Theilen bestehender oder concessionirter Bahnen im Bereiche der Anschlusspunkte der im § 1 bezeichneten Eisenbahnlinien, sowie wegen Einrichtung des Betriebsdienstes beim Uebergangs- und Wechselverkehre mit den betheiligten Eisenbahnverwaltungen ein Abkommen zu treffen und dasselbe der Staatsverwaltung zur Genehmigung vorzulegen.

Sollte eine Vereinbarung über die gemeinschaftliche Benützung eines fremden Bahnhofes nicht zu Stande kommen, so sind die Concessionäre zwar berechtigt, einen eigenen Bahnhof zu errichten; sie haben jedoch die Verpflichtung, ein Anschlussgleise an die fremde Bahn herzustellen und wenigstens für den Personenverkehr einen gemeinschaftlichen Bahnhofdienst einzurichten.

Bezüglich der Bedingungen eines solchen Anschlusses und eines gemeinschaftlichen Bahnhofdienstes für den Personenverkehr unterwerfen sich die Concessionäre dem Ausspruche des Handelsministeriums, falls eine Einigung hierüber mit der Anschlussbahn nicht erzielt werden sollte.

Der Staatsverwaltung bleibt das Recht vorbehalten, in Ermangelung eines Einverständnisses die Bedingungen für die gegenseitige Wagenbenützung der inländischen Nachbarbahnen und für die Einmündung von Bergwerks- und Industriebahnen zu bestimmen.

Die Concessionäre sind jedoch verpflichtet, die Einmündung von Verbindungsbahnen, welche von den an den concessionirten Bahnlinien gelegenen Industrie-Unternehmungen zum Behufe der Beförderung ihrer Erzeugnisse zur Bahn angelegt werden sollen, mit dem Anschlusse an die betreffenden Bahnhöfe auf die dem Bahnbetriebe mindest lästige Art gegen Vergütung der erwachsenden Kosten zu gestatten.

§ 3. Die Concessionäre sind verpflichtet, den Bau der Eisenbahn von Leobersdorf nach St. Pölten binnen zwei Monaten, vom heutigen Tage an gerechnet, zu beginnen und diese Linie mit der Zweigbahn nach Schrambach, eventuell Freiland, binnen drei Jahren, die Linien Leobersdorf-Gutenstein und Pöchlarn-Gaming aber binnen vier Jahren, vom gleichen Zeitpunkte an gerechnet, zu vollenden, die fertigen Bahnen dem öffentlichen Verkehre zu übergeben und während der ganzen Concessionsdauer im ununterbrochenen Betriebe zu erhalten.

Die Concessionäre haben für die Erfüllung dieser und der sonstigen concessionsmässigen Verpflichtungen über Verlangen der Staatsverwaltung durch den Erlag einer Caution im Betrage von 50.000 Gulden österr. Währung Sicherheit zu leisten.

§ 4. Den Concessionären wird zur Ausführung der concessionirten Eisenbahn das Recht der Expropriation nach den Bestimmungen der einschlägigen gesetzlichen Vorschriften ertheilt.

Das gleiche Recht soll den Concessionären auch bezüglich jener zu einzelnen industriellen Etablissements etwa herzustellenden Flügelbahnen zugestanden werden, deren Errichtung von der Staatsverwaltung, als im öffentlichen Interesse gelegen, erkannt werden sollte.

Die Concessionäre sind verpflichtet, die grundbücherliche Abschreibung der für den Bahnbau erworbenen Grundparzellen, beziehungsweise die Durchführung der nach Massgabe des Gesetzes vom 19. Mai 1874 (R. G. Bl. Nr. 70) erforderlichen Vorkehrungen behufs der eisenbahnbücherlichen Sicherstellung der einschlägigen Rechtsverhältnisse, insoweit es an ihnen liegt, thunlichst zu beschleunigen, sowie dafür Sorge zu tragen, dass die der bücherlichen Richtigstellung vorhergehende definitive Vermessung der Grundstücke und die Finalisirung der Abrechnung mit aller Beschleunigung vollzogen werde.

§ 5. Die Concessionäre haben sich bei dem Bau und Betrieb der concessionirten Bahnen nach dem Inhalte der gegenwärtigen Concessionsurkunde, sowie nach den diesfalls bestehenden Gesetzen und Verordnungen [namentlich nach dem Eisenbahn-Concessionsgesetze vom 14. September 1854 (R. G. Bl. Nr. 238) und der Eisenbahn-Betriebsordnung vom 16. November 1851 (R. G. Bl. Nr. 1 ex 1852)], dann nach den etwa künftig zu erlassenden Gesetzen und Verordnungen zu benehmen.

In Ansehung des Betriebes der mit einer Maximalgeschwindigkeit von zwölf Kilometern per Stunde zu befahrenden Secundärbahnen von Leobersdorf nach Gutenstein und von Pöchlarn nach Gaming, dann der Zweigbahn Scheibmühl-Schrambach, eventuell Freiland, wird jedoch im Sinne der durch Artikel 6 des Gesetzes vom 16. Mai 1874 (R. G. Bl. Nr. 64) gewährten Ermächtigung von den in der Eisenbahn-Betriebsordnung vorgeschriebenen Sicherheitsvorkehrungen insoweit Umgang genommen werden, als dies mit Rücksicht auf die ermässigte Maximalgeschwindigkeit nach dem Ermessen des Handelsministeriums für zulässig erkannt werden wird, und werden diesfalls die vom Handelsministerium zu erlassenden besonderen Betriebsvorschriften Anwendung finden.

§ 6. Bezüglich der Leistungen für die Postanstalt kommen auf den concessionirten Bahnen folgende Bestimmungen zur Anwendung:

1. Die Concessionäre haben die Post und die Postbediensteten nach Vorschrift des § 68 der Eisenbahn-Betriebsordnung unentgeltlich zu befördern.

Die Postverwaltung ist berechtigt, alle fahrplanmässigen, für den Personentransport dienenden Züge zur Beförderung der Post zu benützen.

Im Falle der Einführung von Eil- und Courierzügen bleibt jedoch die Beförderung von Frachtpostsendungen bei denselben ausgeschlossen. Die Feststellung der Fahrpläne der zur Postbeförderung benützten Züge hat mit Genehmigung des Handelsministeriums zu erfolgen, welchem auch jede beabsichtigte Aenderung des Fahrplanes mindestens 14 Tage vor deren Activirung mitzutheilen ist.

2. Die Concessionäre sind verpflichtet, für die Linie Leobersdorf-St. Pölten die zur Beförderung der Post erforderlichen gewöhnlichen und Ambulance-Waggons auf ihre Kosten herzustellen und in Stand zu halten, wozu auch die Reinigung der Aussenseite und das Schmieren der Waggons gehört.

Mit Ausnahme der Eil- und Courierzüge haben die Concessionäre bei jedem auf der Linie Leobersdorf-St. Pölten verkehrenden Zuge, für welchen es von der Postanstalt verlangt werden wird, nach dem Ermessen der letzteren vorläufig Einen vierräderigen Waggon, welcher nach den Anforderungen der Postanstalt eingerichtet sein muss und, wenn sich das Bedürfniss darnach herausstellen sollte, einen achträderigen Wagen oder zwei vierräderige solche Wagen unentgeltlich beizustellen und zu befördern.

Ergiebt sich nach dem Ermessen der Postanstalt die Nothwendigkeit, bei einem auf der Linie Leobersdorf-St. Pölten verkehrenden Bahnzuge ausser dem oben bezeichneten achträderigen Waggon oder den erwähnten zwei vierräderigen Waggons noch weitere Wagen oder überhaupt solche auf einer der anderen concessionirten Linien zu Postzwecken beizustellen, so wird den Concessionären von der Postanstalt für jeden solchen beigestellten vierräderigen Wagen und für jede im Postdienste zurückgelegte Meile der Betrag von Einem Gulden österr. Währung vergütet.

Bei allen auf den Linien Leobersdorf-Gutenstein, Pöchlarn-Gaming und Scheibmühl-Freiland zum Behufe des Personentransportes verkehrenden Zügen, sowie bei jenen Zügen der Linie Leobersdorf-St. Pölten, bei welchen die Postanstalt nicht einen eigenen Waggon in Anspruch nimmt, demnach insbesondere bei etwa einzuführenden Eil- und Courierzügen, ist ihr ein entsprechend eingerichteter, vollständig abgeschlossener und mindestens ein Coupé umfassender Theil eines Eisenbahnwaggons zum Transporte der Postsendungen unentgeltlich zur Verfügung zu stellen.

Insoferne in dem erwähnten Raume einzelne grössere Briefpackete oder Briefsäcke nicht untergebracht werden können, hat die Eisenbahnverwaltung für deren anderweitige sichere Unterbringung im Zuge vorzusorgen.

Die gewöhnliche Beleuchtung der zum Postdienste verwendeten Waggons obliegt den Concessionären in gleicher Weise wie bei den Personenwagen; die Kosten für die aussergewöhnliche Beleuchtung der inneren Wagenräume und für deren Beheizung werden von der Postanstalt getragen.

3. Die Postverwaltung ist berechtigt, die Post bei allen Eisenbahnzügen durch ihre eigenen Organe begleiten zu lassen.

Die Beförderung der zur Begleitung der Post erforderlichen Postbeamten, Conducteure und Diener, sowie der zur Ueberwachung oder Erlernung des Bahnpostdienstes entsendeten Organe der Postanstalt, welch' letztere sich mit Certificaten der vorgesetzten Postdirection zu legitimiren haben, erfolgt unentgeltlich.

Der Postverwaltung ist ferner das Recht vorbehalten, bei allen Eisenbahnzügen, welche nicht durch ihre eigenen Organe begleitet werden, die Briefpost der von den Concessionären aufzustellenden Bahnverwaltung zur Beförderung durch die Organe der letzteren zu überweisen.

4. Für die Ausübung des Postdienstes in den Stationen der Linie Leobersdorf-St. Pölten ist ein geeignetes Zimmer mit einer Requisitenkammer in dem Gebäude der Eisenbahn unentgeltlich zu überlassen, und hinsichtlich der Befriedigung etwa eintretender weiterer Bedürfnisse für diesen Zweck wird eine besondere Vereinbarung bezüglich der für weiters beizustellenden Raum in Form eines Miethzinses zu leistenden Entschädigung zu treffen sein.

Die innere Einrichtung, Reinigung, Beleuchtung und Beheizung dieser Räumlichkeiten obliegt der Postverwaltung.

5. In jenen Bahnhöfen der Linie Leobersdorf-St. Pölten, in welchen keine Postämter aufgestellt sind, ferner in den Bahnhöfen der Linien Leobersdorf-Gutenstein, Pöchlarn-Gaming und Scheibmühl-Schrambach haben die Concessionäre

auf Verlangen der Postverwaltung die Uebergabe und Ueberuahme der Postsendungen zwischen Bahnzügen und den Organen der Postanstalt, sowie deren zeitweilige sichere Aufbewahrung bis zur Uebergabe an ein Postorgan durch hierzu befähigte Bahnbedienstete gegen eine von der Postverwaltung festzusetzende Entlohnung besorgen zu lassen.

Dort, wo nach dem Ermessen der Postverwaltung der Postdienst es erheischt, haben die Concessionäre ihre Bediensteten der Postanstalt zur Mitwirkung bei dem Auf- und Abladen der Postsendungen gegen eine den diesfälligen Leistungen entsprechende Entlohnung zur Verfügung zu stellen.

Correspondenzen, welche in Beziehung auf die Verwaltung der Eisenbahn zwischen der Direction oder dem Verwaltungsrathe der Eisenbahn und ihren untergeordneten Organen, oder von diesen untereinander geführt werden, dürfen auf den bezüglichen Bahnstrecken durch die Bediensteten der Bahnanstalt befördert werden.

§ 7. Die Concessionäre übernehmen die Verpflichtung, die für den Bahnbetrieb und die Signalisirung erforderlichen Telegraphenleitungen auf eigene Kosten entweder nach Anordnung oder durch Vermittelung der Staatstelegraphen-Anstalt herzustellen, einzurichten und zu unterhalten.

Die Staatsverwaltung behält sich das Recht vor, die Betriebsleitung auch für Staats- und Privatcorrespondenzen verwenden zu lassen.

Der Staatsverwaltung steht es frei, die Drähte des Staatstelegraphen an den Stützpunkten der Bahnbetriebsleitung anzubringen oder selbstständige Leitungen auf dem von den Concessionären eingelösten oder sonst für Bahnzwecke benützten Grund und Boden ohne jede Vergütung oder Entschädigung anzulegen.

Zur Beaufsichtigung und Instandhaltung solcher Staatslinien haben die Concessionäre durch das Bahnpersonale unentgeltlich mitzuwirken. Die Concessionäre sind ferner verpflichtet, auf ihren Bahnstrecken die Materialien und Requisiten der Staatstelegraphen-Anstalt nach den für Militärtransporte giltigen Tarifsätzen zu befördern und in ihren Bahnhöfen und Stationen unentgeltlich zu lagern und zu verwahren.

In allen vorerwähnten Beziehungen sind die Concessionäre gehalten, mit der Staatstelegraphen-Verwaltung rechtzeitig ein besonderes Uebereinkommen zu treffen.

§ 8. Die Höhe der Fahr- und Frachtpreise wird folgenden Begrenzungen unterworfen:

Maximaltarif per österr. Meile, und zwar bei Reisenden die Person:
    Für die I. Classe 36 Kr. österr. Währ.
    „   II. „   27 „ „   „
    „   III. „   18 „ „   „

Bei den etwa in der Folge auf den Linien Leobersdorf-St. Pölten verkehrenden Schnellzügen, welche mindestens aus Wagen I. und II. Classe bestehen müssen, dürfen diese Tarife um 20 Percent erhöht werden, unter der Bedingung dass die bei diesen Schnellzügen zu beobachtende Fahrgeschwindigkeit nicht geringer sei, als die durchschnittliche Fahrgeschwindigkeit bei den Schnellzügen anderer österreichischer Eisenbahnen.

Maximaltarif bezüglich der Waaren bei gewöhnlicher Geschwindigkeit per Zollcentner und Meile:

I. Classe . . . 2 Kr. österr. Währ.
II. „ . . . 2·5 „ „ „
III. „ . . . 3 „ „ „

Ausnahmsweise haben bei vollen Wagenladungen, beziehungsweise bei Aufgabe von mindestens 100 Zollcentnern der nachstehenden Artikel, folgende ermässigte Frachtsätze per Zollcentner und Meile zu gelten:

A.	B.	C.
Getreide, Kartoffel, Hülsenfrüchte, Mahlproducte, Salz und gefrischtes Eisen	Brenn- und Schnittholz, dann nicht über eine Wagenlänge hinausreichendes Bau- und Werkholz	Mineralkohle, Coaks, gepresster Torf, Erze, Eisenstoffe, Mauerziegel, Bau- und Kalksteine, Schotter, Sand und Dungmittel
1·5	K r e u z e r 1·2	1·0

Als Expeditionsgebühr werden für alle Güter zwei Kreuzer per Zollcentner eingehoben, worin die Auf- und Abladegebühr und allgemeine Assecuranz einbezogen ist. Wenn das Auf- und Abladen von der Partei besorgt wird, so wird die Expeditionsgebühr nur mit 1·5 Kreuzer per Zollcentner eingehoben.

Rücksichtlich der Frachtpreise der übrigen Gegenstände, der Festsetzung das Lagerzinses und der sonstigen Verkehrsbestimmungen ist sich derart zu benehmen, dass die diesfälligen Preise und Bestimmungen auf keinen Fall höher und lästiger sein dürfen, als auf der Südbahn.

Bei der Bemessung der Frachtpreise kann für Strecken mit einer Steigung von 1 : 60 und darüber die Berechnung mit der 1½fachen Länge der Strecke vorgenommen werden.

Die Concessionäre sind verpflichtet, im Frachtenverkehre rücksichtlich der Nebengebühren, der Nomenclatur und Classification der Waaren, sowie der sonstigen Transportbestimmungen, dann überhaupt bezüglich der bei der Umrechnung der Tarife nach dem jeweiligen gesetzlichen Mass- und Gewichtssysteme durchzuführenden Abrundungen sich den Anordnungen des Handelsministeriums zu unterwerfen.

Die Regelung der Fahr- und Frachtpreise innerhalb der vorstehend fixirten Grenzen steht den Concessionären frei.

Hierbei darf aber eine persönliche Bevorzugung nicht stattfinden. Wenn daher einem Versender oder Frachtunternehmer unter gewissen Bedingungen eine Herabsetzung der Frachtpreise oder eine andere Begünstigung gewährt wird, so muss diese Herabsetzung oder Begünstigung allen Versendern oder Frachtunternehmen, welche die nämlichen Bedingungen eingehen, zugestanden werden.

Alle Specialtarife sind der öffentlichen Kundmachung zu unterziehen.

Nach Ablauf von fünf Betriebsjahren hat die Regierung das Recht, eine entsprechende Herabsetzung obiger Tarifsätze und insbesondere der ermässigten Sätze für Sendungen der obgenannten Artikel in vollen Wagenladungen oder Quantitäten zu mindestens 100 Zollcentnern nach Einvernehmung der Concessionäre oder ihrer Rechtsnachfolger eintreten zu lassen.

Es bleibt übrigens die Regelung der Fahr- und Fracht-Tarifsbestimmungen der Gesetzgebung jederzeit vorbehalten; einer solchen Regelung haben sich die Concessionäre zu unterwerfen.

§ 9. Die einzuhebenden Fahr- und Frachtpreise dürfen in inländischer Silbermünze bemessen werden, jedoch so, dass die mit Berücksichtigung des Courswerthes entfallende Gebühr auch in der Landeswährung angenommen werden muss.

Die Zurückführung des Tarifes auf die Landeswährung hat nach den von dem Handelsministerium festzustellenden Modalitäten stattzufinden.

§ 10. Die Militärtransporte müssen nach herabgesetzten Tarifpreisen besorgt werden, und zwar nach dem in dieser Beziehung, sowie rücksichtlich der Begünstigungen reisender Militärs zwischen dem Reichs-Krigsministerium und der Direction der Kaiser Ferdinands-Nordbahn unterm 18. Juni 1868 abgeschlossenen Uebereinkommen, dessen Bestimmungen einen integrirenden Bestandtheil der Concessionsurkunde zu bilden haben.

Im Falle jedoch mit allen oder der Mehrzahl der österreichischen Bahnen für Militärtransporte dem Staate günstigere Bedingungen vereinbart würden, so sollen diese auch für die concessionirten Bahnen Geltung erhalten.

Diese Bestimmungen finden auch auf die Landwehr beider Reichshälften, auf die Landesschützen Tirols, und zwar nicht nur bei Reisen auf Rechnung des Aerars, sondern auch bei dienstlichen Reisen auf eigene Rechnung zu den Waffenübungen und Controlsversammlungen, ferner auf das Militär-Wachcorps für die k. k. Civilgerichte Wiens, auf die k. k. Gendarmerie, sowie auf die militärisch organisirte Finanz- und Sicherheitswache Anwendung.

Die Concessionäre verpflichten sich, dem von den östereichischen Eisenbahn-Gesellschaften abgeschlossenen Uebereinkommen über die Anschaffung und Bereithaltung von Ausrüstungsgegenständen für Militärtransporte, die Leistung gegenseitiger Aushilfe mit Fahrbetriebsmitteln bei Durchführung grösserer Militärtransporte, ferner den organischen Bestimmungen und der Dienstvorschrift für die Feldeisenbahn-Abtheilungen, sowie dem mit 1. Juni 1871 in Wirksamkeit getretenen Nachtrags-Uebereinkommen, bezüglich des Transportes der im liegenden Zustande auf Rechnung des Militär-Aerars zur Beförderung gelangenden Kranken und Verwundeten beizutreten.

Dieselbe Verpflichtung des Beitrittes gilt auch bezüglich des mit den Bahn-Gesellschaften zu Stande kommenden Uebereinkommens wegen gegenseitiger Aushilfe an Personale bei Durchführung grosser Militärtransporte und der Vorschrift für den Militärtransport auf Eisenbahnen.

Diese Verpflichtungen obliegen den Concessionären bezüglich der Linien Leobersdorf-Gutenstein und Pöchlarn-Gaming, dann der Zweigbahn Scheibmühl-Schrambach, eventuell Freiland, nur insoweit, als deren Erfüllung nach Massgabe des secundären Charakters dieser Linien und der demzufolge gewährten Erleichterungen in Bezug auf Anlage, Ausrüstung und Betriebssystem durchführbar erscheint.

Die Concessionäre unterwerfen sich hinsichtlich der Anstellung gedienter Unterofficiere des Heeres, der Kriegsmarine und der Landwehr den im § 38 des

Wehrgesetzes vom 5. December 1868 (R G. Bl. Nr. 151) und in dem Gesetze vom 19. April 1872 (R. G. Bl. Nr. 60) enthaltenen Bestimmungen.

§ 11. Staatsbeamte, Angestellte und Diener, welche im Auftrage der die Aufsicht über die Verwaltung und den Betrieb der Eisenbahnen führenden Behörde oder zur Wahrung der Interessen des Staates in Folge dieser Concession oder aus Gefällsrücksichten die Eisenbahn benützen, und sich mit dem Auftrage dieser Behörde ausweisen, müssen sammt ihrem Reisegepäcke unentgeltlich befördert werden.

§ 12. Schübliuge und Sträflinge, sowie deren Escorte, letztere auch auf der Rückfahrt, sind zur halben Personenzugsgebühr III. Classe zu befördern.

Für derlei Transporte, welche in abgesonderten Coupés untergebracht werden müssen, sind mit den competenten Behörden bestimmte Tage und Züge zu vereinbaren.

§ 13. Die Staatsverwaltung ist berechtigt, in Fällen ausserordentlicher Theuerung der Lebensmittel in dem österreichischen Kaiserstaate die Frachtpreise für dieselben auf die Hälfte des Maximalpreises herabzumindern.

§ 14. Den Concessionären wird das Recht eingeräumt, eine Actiengesellschaft zu bilden und zur Aufbringung der erforderlichen Geldmittel auf Ueberbringer oder auf Namen lautende Actien und Prioritäts-Obligationen auszugeben, welche auf den österreichischen Börsen verhandelt und amtlich notirt werden dürfen.

Die durch Prioritätsobligationen aufgebrachte Summe darf drei Fünftel des Anlagecapitals nicht überschreiten.

Werden die Prioritätsobligationen in einer fremden Valuta ausgegeben, so muss der Betrag auch in österreichischer Währung ersichtlich gemacht werden.

Die Tilgung der Prioritätsobligationen hat der Tilgung der Actien vorauszugehen.

Die zu bildende Gesellschaft tritt in alle Rechte und Verbindlichkeiten der Concessionäre; die Gesellschaftsstatuten unterliegen der Genehmigung der Staatsverwaltung.

§ 15. Die Concessionäre sind befugt, Agentien im In- und Auslande zu bestellen, sowie Transportmittel für Personen und Frachten zu Wasser oder zu Lande unter Beobachtung der bestehenden Vorschriften einzurichten.

§ 16. Die Staatsverwaltung ist berechtigt, sich die Ueberzeugung zu verschaffen, dass der Bau der Bahn, sowie die Betriebseinrichtung in allen Theilen zweckmässig und solid ausgeführt werde und anzuordnen, dass Gebrechen in dieser Beziehung hintangehalten und rücksichtlich beseitigt werden.

Die Staatsverwaltung ist auch berechtigt, durch ein von ihr abgeordnetes Organ Einsicht in die Gebahrung zu nehmen.

Der von der Staatsverwaltung bestellte Commissär hat auch das Recht, den Sitzungen des Verwaltungsrathes oder der sonst als Gesellschaftsvorstand fungirenden Vertretung, sowie den Generalversammlungen, so oft er es für angemessen erachtet, beizuwohnen und alle etwa den Gesetzen oder den Gesellschaftsstatuten zuwiderlaufenden, beziehungsweise den öffentlichen Interessen nachtheiligen Beschlüsse und Verfügungen zu sistiren.

Für die hier festgesetzte Ueberwachung der Bahnunternehmung haben die Concessionäre mit Rücksicht auf die hiermit verbundene Geschäftslast eine jährliche Pauschalvergütung an den Staatsschatz zu leisten, deren Höhe von der Staatsverwaltung bestimmt wird.

§ 17. Die Dauer der Concession mit dem im § 9, lit. b) des Eisenbahn-Concessionsgesetzes ausgesprochenen Schutze gegen die Errichtung neuer Bahnen wird auf neunzig Jahre, vom Tage der Eröffnung des Betriebes auf den im § 1 a) b) und c) angeführten Eisenbahnlinien gerechnet, festgesetzt und sie erlischt nach Ablauf dieser Frist.

Die Concession kann von der Staatsverwaltung als erloschen erklärt werden, wenn die im § 3 festgesetzten Verpflichtungen bezüglich der Inangriffnahme und Vollendung des Baues, dann der Eröffnung und Aufrechthaltung des Betriebes nicht eingehalten werden, soferne eine etwaige Terminüberschreitung nicht im Sinne des § 11, lit. b) des Eisenbahn-Concessionsgesetzes und namentlich durch politische oder finanzielle Krisen gerechtfertigt werden könnte.

§ 18. Die Staatsverwaltung behält sich das Recht vor, nach Ablauf von dreissig Jahren, vom Tage der Betriebseröffnung auf sämmtlichen concessionirten Bahnen, jederzeit diese Bahnlinien gegen eine an den Concessionär zu leistende Baarentschädigung einzulösen.

Zur Bestimmung des Einlösungspreises werden die jährlichen Reinerträgnisse der Unternehmung während der, der wirklichen Einlösung vorausgegangenen sieben Jahr beziffert, hiervon die Reinerträgnisse der ungünstigsten zwei Jahre abgeschlagen und der durchschnittliche Reinertrag der übrigen fünf Jahre berechnet.

Sollte sich jedoch der so ermittelte durchschnittliche Reinertrag nicht wenigstens auf $5^5/_{10}$ Percent in Silber des von der Staatsverwaltung genehmigten Nominal-Anlagecapitales beziffern, so wird dieser Minimalbetrag als das der Bemessung des Einlösungspreises zu Grunde zu legende Reinerträgniss festgesetzt.

Der zwanzigfache Betrag des nach diesen Grundsätzen zu bestimmenden Reinerträgnisses bildet den Einlösungspreis.

Die Ziffer des Nominal-Anlagecapitals ist der Genehmigung der Staatsverwaltung zu unterwerfen, und zu demselben gehören:

a) Die Kosten der Vorarbeiten und Projectsverfassung;

b) die Kosten des Baues und der ersten Betriebseinrichtung (d. i. bis zum Ende des ersten Betriebsjahres nach eröffnetem Betriebe auf der ganzen concessionirten Bahn), sowie alle sonstigen Auslagen, welche aus Anlass der Herstellung und Inbetriebsetzung der concessionirten Bahnen, ausser dem im Punkte a) bereits erwähnten Betrage nothwendiger Weise bestritten werden müssen;

c) die fünfpercentigen Zinsen für die während der Bauzeit bis zur Eröffnung des Betriebes auf der ganzen concessionirten Bahn nach Massgabe des Fortschrittes des Baues und der Betriebseinrichtung eingezahlten Capitalsbeträge nach Abzug der erzielten Reinerträgnisse von den etwa früher dem Betriebe übergebenen einzelnen Bahnstrecken und der Zinsen, welche aus den eingezahlten und nicht sofort verwendeten Geldern erzielt worden sind, jedoch nur insoweit, als solche Zinsen thatsächlich ausgezahlt wurden;

d) die Kosten der Geldbeschaffung, beziehungsweise der Betrag des mit Genehmigung der Staatsverwaltung zugestandenen durchschnittlichen Coursverlustes bei der Aufbringung des baaren Gelderfordernisses bei Ausgabe der Actien und Prioritätsobligationen.

Sollten nach Ablauf des ersten Betriebsjahres noch weitere Bauten ausgeführt oder die Betriebseinrichtung vermehrt werden, so können die diesfälligen Kosten dem Anlagecapitale zugerechnet werden, wenn die Staatsverwaltung zu den beabsichtigten neuen Bauten oder zur Vermehrung der Betriebseinrichtungen ihre Zustimmung ertheilt hat und die Kosten gehörig nachgewiesen werden.

§ 19. Die Concessionäre sind überdies verpflichtet, jede der im § 1 unter *a)*, *b)*, *c)* genannten Bahnen nach Vollendung derselben in dem Falle, als die Staatsverwaltung es für nothwendig oder zweckmässig erachten sollte, über deren Verlangen an eine andere Bahnunternehmung gegen eine von derselben zu leistende Entschädigung abzutreten.

Die Art und Höhe dieser Entschädigung wird zunächst der Vereinbarung beider Theile überlassen.

Sollte jedoch eine solche Vereinbarung nicht zu Stande kommen, dann ist als Entschädigung ein Baarcapitalsbetrag zu leisten, dessen Höhe nach den oben im § 18 für die Einlösung der Bahn durch die Staatsverwaltung festgesetzten Grundsätzen zu bestimmen sein wird.

Nur ist in dem Falle, wenn die einzulösenden Linien noch nicht sieben, wohl aber fünf Jahre im Betriebe stehen sollten, der durchschnittliche Reinertrag der günstigsten drei Jahre — und wenn die Bahn noch nicht fünf Jahre im Betriebe stehen sollte — der Reinertrag des günstigsten Jahres der Bemessung des Einlösungspreises zu Grunde zu legen.

Sollte die Abtretung vor Ablauf des ersten Betriebsjahres gefordert werden, so ist, wie überhaupt in allen Fällen, der Einlösungspreis nicht unter jenem Minimalbetrage festzusetzen, welchen die Staatsverwaltung nach § 18 für die Einlösung der Bahn zu zahlen haben würde.

§ 20. Für die im § 1 dieser Concessionsurkunde unter *a)*, *b)* und *c)* genannten Eisenbahnlinien werden folgende finanzielle Begünstigungen gewährt:

a) Die Befreiung von der Einkommensteuer und der Entrichtung der Coupon-Stempelgebühren, sowie von jeder Steuer, welche etwa durch künftige Gesetze eingeführt werden sollte, während der Bauzeit und durch zwanzig Jahre, vom Tage der Eröffnung des Betriebes auf der betreffenden Linie;

b) die Befreiung von den Stempeln und Gebühren für alle Verträge, Eingaben und sonstigen Urkunden zum Zwecke der Capitalsbeschaffung, sowie des Baues und der Instruirung der Bahnen bis zum Zeitpunkte der Betriebseröffnung;

c) die Befreiung von den Stempeln und Gebühren für die erste Ausgabe der Actien und der Prioritätsobligationen, mit Einschluss der Interimsscheine, sowie der bei der Grundeinlösung auflaufenden Uebertragungsgebühr.

§ 21. Bei dem Erlöschen der Concession und mit dem Tage des Erlöschens tritt der Staat ohne Entgelt in das lastenfreie Eigenthum und in den Genuss der concessionirten Bahnen, namentlich des Grundes und Bodens, der Erd- und Kunstarbeiten, des ganzen Unter- und Oberbaues der Bahn und des sämmtlichen unbeweglichen Zugehörs, als: Bahnhöfe, Auf- und Abladeplätze aller zum Bahnbetriebe erforderlichen Gebäude an den Abfahrts- und Ankunftsplätzen, Wach- und Aufsichtshäusern sammt allen Einrichtungen an stehenden Maschinen und allen unbeweglichen Sachen.

Was die beweglichen Sachen, als: Locomotive, Wagen, bewegliche Maschinen, Werkzeuge und andere Einrichtungen und Materialien, insoweit sie zur Fortsetzung des Betriebes erforderlich und hierzu geeignet sind, betrifft, so hat von diesen Gegenständen eine solche Quantität und bezüglich Werthsumme unentgeltlich an den Staat überzugehen, welche der in dem Anlagecapitale enthaltenen ersten Betriebseinrichtung entspricht.

Durch die erfolgte Einlösung der Bahn und vom Tage dieser Einlösung tritt der Staat gegen Ausbezahlung des im §. 18 festgesetzten Einlösungspreises ohne weiteres Entgelt in das Eigenthum und in den Genuss der gegenwärtig concessionirten Linien mit allen früher erwähnten dazu gehörigen, sowohl beweglichen als auch unbeweglichen Sachen.

Sowohl beim Erlöschen dieser Concession, als auch bei der Einlösung der Bahnen, behalten die Concessionäre das Eigenthum des aus den eigenen Erträgnisse der Unternehmung gebildeten Reservefonds und der ausstehenden Activen, dann auch jener aus dem eigenen Vermögen errichteten und rücksichtlich erworbenen besonderen Anlagen und Gebäude, als: Coaks- und Kalköfen, Giessereien Fabriken von Maschinen oder anderen Geräthen, Speicher, Docks, Kohlen- und andere Depôts, zu deren Erbauung und Erwerbung dieselben von der Staatsverwaltung mit dem ausdrücklichen Beisatze ermächtigt wurden, dass sie kein Zugehör der Eisenbahn bilden.

§ 22. Der Staatsverwaltung wird ferner das Recht vorbehalten, wenn ungeachtet vorausgegangener Warnung wiederholte Verletzungen oder Nichtbefolgung der in der Concessionsurkunde oder in den Gesetzen auferlegten Verpflichtungen vorkommen sollten, die den Gesetzen entsprechenden Massregeln dagegen zu treffen und nach Umständen noch vor Ablauf der Concessionsdauer die Concession für erloschen zu erklären.

§ 23. Indem Wir Jedermann ernstlich verwarnen, den Bestimmungen dieser Concession entgegen zu handeln, und dem Concessionär das Recht einräumen, wegen des erweislichen Schadens vor Unseren Gerichten auf Ersatz zu dringen, ertheilen Wir sämmtlichen Behörden, die es betrifft, den gemessenen Befehl, über die Concession und alle darin enthaltenen Bestimmungen strenge und sorgfältig zu wachen.

Zu Urkund dessen erlassen Wir diesen Brief, besiegelt mit Unserem grösseren Insiegel, in Unserer Reichshaupt- und Residenzstadt Wien am Dritten Tage des Monates November, im Jahre des Heils Eintausend Achthundert Siebzig und Vier, Unserer Reiche im Sechsundzwanzigsten.

Anhang IX.

Ungarn.

Betriebsvorschrift für Locomotiv-Eisenbahnen II. Ranges.

A. Bahnaufsicht.

§ 1. Untersuchung der Bahn.

Der Zustand der Bahn und der Nebengleise ist, insolange in beiden Richtungen zusammengenommen nicht mehr als 10 Züge verkehren, täglich wenigstens einmal durch das Bahnbewachungspersonale zu untersuchen.

§ 2. Unterstützung der Wegübergänge und gefährlichen Bahnstellen.

Frequente Wegübergänge, sowie jene Stellen der Bahn, welche für die verkehrenden Züge besonders gefährlich werden können, sind vor dem Passiren eines jeden Zuges zu revidiren.

§ 3. Wegübersetzungen.

Frequente Wegübergänge, sowie jene, welche ein Zug in der Dunkelheit zu passiren hat, endlich diejenigen, welche wegen einen Einschnitt oder aus welchem Grunde immer vom Zuge auf 800 Meter oder 150 Klafter nicht gesehen werden können, sind mit Schranken zu versehen, und diese müssen bei Passirung der Züge von dem Bahnaufsichtspersonale vorschriftsmässig gesperrt und geöffnet werden.

B. Zusammenstellung der Züge.

§ 4. Achsen-Anzahl.

Mehr als 100 Achsen dürfen in keinem verkehrenden Lastzuge und mehr als 60 Achsen in keinem Zuge, mit welchem Personen befördert werden, eingestellt sein.

§ 5. Beförderung von Langholz.

Langholz darf mit gemischten Zügen befördert werden, jedoch müssen die mit Langholz beladenen Wagen hinter den mit Personen besetzten Wagen eingereiht und von diesen durch wenigstens drei womöglich beladene Kastenwagen getrennt werden.

§ 6. Bremsen-Eintheilung.

In jedem Zuge müssen ausser der Bremse an der Locomotive oder am Tender, so viele kräftig wirkende Bremsenvorrichtungen vorhanden und auch besetzt sein, dass bei längeren Neigungen der Bahn bei jeder Gattung von Zügen, und zwar

bis einschliesslich 1 : 500 jedes 12.
„ 1 : 300 „ 10.
„ 1 : 200 „ 8.
„ 1 : 100 „ 7.
„ 1 : 60 „ 5.
„ 1 : 40 „ 4.

der Räderpaare gebremst werden kann.

C. Fahrgeschwindigkeit.

§ 7. Auf der currenten Bahn.

Die fahrordnungsmässige Geschwindigkeit der Züge auf der currenten Bahn darf durchschnittlich zwei Meilen per Stunde betragen; die grösste zulässige Geschwindigkeit aber drei Meilen per Stunde nicht überschreiten.

§ 8. Bei Wegübersetzungen.

Vor Wegübersetzungen, welche mit Schranken nicht abgesperrt werden können, ist die Fahrgeschwindigkeit derart zu mässigen, dass der Zug auf eine Entfernung von 100 Metern oder 50 Klaftern zum Stillstande gebracht werden kann.

Jede derlei Wegübersetzung ist mit einer fixen, das Langsamfahren gebietenden, bei Tag und Nacht sichtbaren Scheibe zu versehen.

D. Stellung der Maschine während der Fahrt.

§ 9. Schieben bei Last- und gemischten Zügen.

Das Schieben der Lastzüge mit der Locomotive ist, im Falle als die thätige Zugsmaschine sich an der Spitze des Zuges befindet, gestattet, ebenso bei gemischten Zügen, jedoch darf in letzterem Falle die höchste Geschwindigkeit nur 1½ Meilen per Stunde betragen.

§ 10 Schieben der Züge auf Bahnhöfen oder in Nothfällen.

In Nothfällen und auf den Bahnhöfen, sowie bei Arbeitszügen ist das Schieben der Züge, auch ohne dass sich die thätige Maschine an der Spitze des Zuges befindet, gestattet.

In solchen Fällen darf aber auf der currenten Bahn nur mit einer Geschwindigkeit von 1 Meile per Stunde gefahren werden und es hat der an der Spitze des Zuges befindliche Wagen von einem, mit einem Signalhorne und allen sonstigen Signalmitteln versehenen Conducteur besetzt zu sein.

§ 11. Die Verwendung umgekehrter Locomotiven.

Die Fahrt mit umgekehrter Locomotive, d. h. mit dem Rauchfang nach rückwärts, ist auch bei den fahrplanmässigen Zügen gestattet.

E. Avisirung der Züge.
§ 12.

Das telegraphische Avisiren der Abfahrt eines Zuges von den End- und Zwischenstationen ist insolange nicht erforderlich, als gleichzeitig je nur ein Zug verkehrt, also keine Zugskreuzung oder Ueberholung eines Zuges stattfinden kann.

Es müssen aber alle Stationen mittelst telegraphischen Apparaten verbunden sein.

F. Schlussbemerkung.
§ 13.

Die übrigen Bestimmungen, welche in der Betriebsordnung vom 16. November 1851 und in den sonstigen Instructionen enthalten sind, und die mit vorstehenden Bestimmungen nicht collidiren, bleiben ihrem vollen Inhalte nach auch für den Betrieb auf den Bahnen II. Ranges aufrecht.

Ofen, den 17. Mai 1871.

Anhang X.

Frankreich.

Concession der Localeisenbahn von St. Quentin nach Guise.
15. August 1870.[1]

Erklärung der öffentlichen Nützlichkeit.

Napoleon

In Verfolg des Berichtes unseres Ministers für öffentliche Arbeiten;

In Verfolg der Kenntnissnahme vom eingereichten Vorprojecte für die Localbahn von St. Quentin nach Guise.

In Verfolg der Einsicht der Acten, welche über die öffentliche Nützlichkeit dieser Linie im Departement de l'Aisne ergangen sind, vornehmlich der Protokolle der Erörterungs-Commission vom 12. August 1869 und 25. April 1870;

Nach Einsicht des Protokolls der Conferenzen, die zwischen den Ingenieuren der Brücken und Strassen und den Genie-Officieren am 17. Februar 1870 gehalten worden sind und der Zustimmungs-Erklärung des Befestigungs-Directors von Mezières;

Nach Kenntnissnahme von den Beschlüssen vom 28. August 1868, 14. Januar und 30. August 1869, durch die der Generalrath des Departements de l'Aisne die Errichtung der genannten Linie autorisirt und den Vertrag genehmigt hat, der am 12. Juli 1869 zwischen dem Präfecten und den Vertretern der Gesellschaft, Herrn Virgile Bauchard und Genossen, über Bau und Betrieb dieser Linie, auf Grund des angefügten „Bedingnissheftes" (Cahier des charges), geschlossen worden ist;

Nach Einsicht dieses Vertrages und des Bedingnissheftes;

Nach Einholung des Gutachtens des Generalrathes des Corps der Brücken und Chausseen vom 18. Juni 1870;

Nach Einsicht des Schreibens Unseres Ministers des Innern vom 24. Juli 1870;

Im Hinblick auf das Gesetz vom 3. Mai 1841, die Expropriation für öffentliche Zwecke betreffend;

---

[1] Annales des Ponts et Chaussées, 1871 Mai, pag. 160.

Im Hinblick auf das Gesetz vom 12. Juli 1865, über die Bahnen von localem Interesse;

Nach Anhörung Unseres Staatsrathes;

Haben Wir verordnet und verordnen, wie folgt:

Artikel 1. Die Errichtung einer Eisenbahn von St. Quentin nach Guise wird der öffentlichen Nützlichkeit entsprechend erklärt.

Artikel 2. Das Departement de l'Aisne wird ermächtigt, die Herstellung dieser Eisenbahn von localem Interesse zu bewirken, und zwar nach Massgabe des Gesetzes vom 12. Juli 1865 und des mit dem Herrn Bauchard und Genossen geschlossenen Vertrages und des demselben angefügten Bedingnissheftes.

Beglaubigte Copien dieses Vertrages und dieses Bedingnissheftes bleiben diesem Decrete angefügt.

Artikel 3. Dem Departement de l'Aisne wird auf Grund des Artikels 5 des Gesetzes vom 12. Juli 1865 eine Subvention von 470.000 Francs gewährt.

Diese Subvention wird in sechs halbjährigen Raten ausbezahlt, deren erste den 15. Januar 1873 entrichtet wird.

Das Departement hat vor der Zahlung jeder Rate nachzuweisen, dass der dreifache Betrag derselben auf Arbeiten, Vorräthe oder Grunderwerb verwendet worden ist.

Die letzte Rate wird erst nach vollständiger Vollendung der Arbeiten ausbezahlt.

Artikel 4. Unsere Minister des Innern und der öffentlichen Arbeiten sind mit Vollzug dieses Decretes, jeder so weit es ihn angeht, beauftragt. Das Decret wird im „Bulletin des lois" inserirt werden.

Vertrag
zwischen dem Departement de l'Aisne und dem Herrn Bauchard und Genossen.

Vor uns, dem Präfecten des Departemens de l'Aisne, sind am 12. Juli 1869 im Präfecturgebäude erschienen

Herr V. R. A. Bauchard und ..... (folgen die Namen von 14 Genossen) im Namen und als Verwaltungsräthe der anonymen Gesellschaft der Localeisenbahn von St. Quentin nach Guise mit einem Capital von 1,500.000 Francs und bringen vor:

1. die Acten, ergangen von Herrn Damoisy, Notar von St. Quentin, am 18. und 26. Januar 1869 (betreffend: Gründung der Gesellschaft und Redaction ihrer Statuten) und am 29. Mai 1870 (betreffend: Erklärung der Gründer, die vollständige Actienzeichnung und Zahlung des vierten Theiles des gezeichneten Capitals).

2. Die eines Beschlusses der Generalversammlung der Actionäre der Gesellschaft, gehalten am 29. Mai 1870 in St. Quentin, durch welchen die Authenticität der Erklärung der Gründer, der Ernennung des Verwaltungsrathes und der Erhöhung des Gesellschaftscapitals bestätigt wird.

Nach Registrirung, Veröffentlichung und Affichirung dieser Acte und Beschlüsse, nach dem Gesetze vom 24.—29. Juli 1867, bleibt eine Ausfertigung derselben hier beigeschlossen.

Die genannten Verwaltungsräthe, die, wie sie erklären, zu diesem Zwecke ausdrücklich autorisirt sind, sowohl durch die Statuten als die Beschlüsse der Generalversammlung vom 29. Mai 1870 — setzen uns auseinander:

Dass in seinen beiden letzten Sessionen, August 1868 und Januar 1869, der Generalrath de l'Aisne uns (den Präfecten) autorisirt hatte, mit der Gesellschaft, die sie vertreten und die damals in ihrer Gestaltung war, einen Concessionsvertrag für die Herstellung einer Eisenbahn von Guise nach St. Quentin durch das Oise-Thal zu verabhandeln, der dann der Departements-Versammlung, in der Session von 1869, vorzulegen sein würde.

Dass der Entwurf des Bedingnissheftes im Januar 1870 der Prüfung des Ober-Ingenieurs und des Strassen-Inspectors des Departements und der Genehmigung des Generalrathes unterbreitet, zu verschiedenen Bemerkungen Anlass gegeben hat, die sich bezogen:

1. Auf die Zahl der gemischten Züge, die auf zwei per Tag in jeder Richtung zu fixiren zweckmässig schien, mit der Bedingung der Einlegung eines dritten, wenn der kilometrische Bruttoertrag auf 12.000 Francs steigen würde.

2. Auf das Gewicht der Schienen; das auf 30 Kilogramm per Meter für die Hauptbahn und 25 Kilogramm für die ausser der Hauptbahn liegenden Gleise festgestellt werden könne.

3. Auf die Höhe der Cautionssumme, deren Betrag festzustellen uns überlassen worden ist.

4. Auf den Minimalradius der Curven; den die Commission auf 200 Meter festzustellen gut befunden hat, eingehendes Studium vorbehalten.

5. Auf die Tarife, die durch competente Leute studiren zu lassen, zweckmässig erschienen ist, um sich zu vergewissern, ob sie nicht einer Reduction, wenn auch nicht gleich, so doch, wenn der kilometrische Ertrag eine gewisse Höhe erreicht haben wird, zu unterziehen sein könnten. Darauf, dass sich aus diesen beiden genannten Beschlüssen ergiebt, dass die den Concessionären zu gewährende Subvention in der Herstellung des Gleises und der Beschotterung bestehe, und dass deren Werth sich hiernach zu 1,880.000 Francs ergiebt, von welcher Summe die Hälfte mit 940.000 Francs dem Departement, ein Viertel den Gemeinden und anderen Interessenten, mit 470.000 Francs, zur Last fällt.

Das letzte Viertel mit 470.000 Francs ist vom Staate zu zahlen, an den das betreffende Anverlangen nach dem Gesetze vom 12. Juli 1865 gestellt werden wird.

Darauf, dass nach dem Gesetze vom 15. Mai 1869 das Departement ermächtigt ist, sich als Extraordinarium zu den vier directen Steuern aufzuerlegen: Während 9 Jahren, von 1870 angefangen, 0·02 Francs und für das Jahr 1879 0·75 Centimes. Das Product dieser Auflage ist zur Zahlung der Subvention zu verwenden.

Darauf, dass durch die Beschlüsse der Gemeinden und die Privat-Subscriptionen der ihnen zufallender Antheil von 47.000 Francs gedeckt wurde.

Darauf, dass das Bedingnissheft nach den vom General-Rathe gegebenen Grundsätzen rectificirt worden ist.

Darauf, dass daher nichts mehr der Verleihung der Concession zu dem von der Departements-Versammlung bestimmten Termine entgegenstehe.

Hierauf verfügen wir, der Präfect de l'Aisne:

Auf Grund der Beschlüsse des General-Rathes de l'Aisne vom 14. Januar 1869;

Im Hinblick auf die hier angefügte beglaubigte Tabelle, welche die Beitragsbeschlüsse der Gemeinden und den Betrag der Subscriptionen der Interessenten darstellt;

Im Hinblick auf das Gesetz vom 15. Mai 1869, welches das Departement de l'Aisne ermächtigt, sich eine ausserordentliche Auflage zur Zahlung der Subvention von 940.000 Francs zu machen, die ihm zur Last geschrieben ist;

Im Hinblick auf die vorstehenden Kundgebungen und des hier angefügten Bedingnissheftes, welches von den Vertretern der von ihnen administrirten Gesellschaft vorgelegt worden ist;

Im Hinblick auf den Bericht des Ober-Ingenieurs und des Strassen-Verwalters des Departements vom 15. Juni 1869;

Im Hinblick auf den Artikel 2, § 3 des Gesetzes vom 12. Juli 1865;

In Erwägung, dass die Interessenten in der Lage sind, die ihnen zur Last fallenden Beträge zu zahlen;

Dass die Massnahmen mit nahezu sicherem Erfolge getroffen sind, um vom Staate die Subvention von 470.000 Francs zu erhalten, die den Local-Eisenbahnen zu ertheilen er durch den Artikel 5 des Gesetzes vom 12. Juli 1865 ermächtigt ist;

Dass die Nachsuchenden ein Bedingnissheft vorlegen, das den oben aufgeführten Bemerkungen gemäss rectificirt ist;

Dass sie vornehmlich beträchtliche Reductionen des Transport-Tarifes für Wolle und resp. Baumwolle gemacht haben;

Dass sie aber, in Bezug auf den der Stadt Guise auferlegten Differential-Tarif, dessen Bedeutung als Belastung nur durch die Praxis dargethan werden kann, sich nicht entschliessen konnten, sich zu neuen Reductionen, ausser den vom angefügten Bedingnisshefte bezeichneten, für die Zukunft zu verpflichten;

Dass es klug scheint, ihr in Bezug auf die Proportional-Reduction, wenn die Brutto-Erträgnisse eine gewisse Höhe werden erreicht haben, die Initiative zu lassen, die hier gewiss durch die Wasser-Concurrenz stimulirt werden wird; — das Folgende:

Artikel 1. Die Concession wird der Gesellschaft der Eisenbahn von St. Quentin nach Guise (die, wie von die obengenannten Acten darthun, auf Grund der Bestimmungen und Bedingungen des hier angefügten Bedingnissheftes gegründet und constituirt worden ist), für die Linie von St. Quentin nach Guise, durch das Oise-Thal und die Orte berührend: (Aufzählung der Orte) ertheilt.

Diese Concession hat eine Dauer von 99 Jahren; sie läuft vom Schlusse des Zeitraumes an, der für die Vollendung der Arbeiten durch den nachfolgenden Artikel 2 bestimmt worden ist.

Artikel 2. Die Concession tragende Gesellschaft wird bei der Herstellung und beim Betriebe der Bahn sich nach den Bestimmungen und Bedingungen richten, die ihr das Bedingnissheft auferlegt, welches sie unterbreitet hat.

Diese Bahn soll in einem Zeitraume von vier Jahren hergestellt werden, vom Datum der Erklärung der öffentlichen Nützlichkeit an gerechnet, und zwar so, dass nach Ablauf dieser Frist die Bahn in ganzer Länge in Betrieb befindlich sein muss.

Artikel 3. Die Concession tragende Gesellschaft erhält in Form der Subventionen:

1. Die Summe von 940.000 Francs, als vom Generalrathe genehmigte Subvention des Departements . . . . . 940.000 Francs.

2. Eine weitere von 470.000 Francs, als vom Staate zu beanspruchende Subvention, auf Grund der Erklärung der öffentlichen Nützlichkeit der Bahn . . . . 470.000 "

3. Endlich eine letzte vom 470.000 Francs, als Betrag der Bewilligungen der betheiligten Gemeinden und der Privat-Subscriptionen . . . . 470.000 "

Total . 1,880.000 Francs.

4. Die Zahlungen des Departements erfolgen in zehn Jahren, so dass das letzte Zehntel 1879 entrichtet wird.

Die des Staates erfolgen nach den von der Regierung bestimmten Verfallterminen. Die Beitreibung der von den Gemeinden und durch die Privat-Subscriptionen zugesicherten Beiträge erfolgt durch die Verwaltung, jedoch für Rechnung der Gesellschaft zu den Terminen und unter den Bedingungen, die von den Gemeinden und den Unterzeichnern dafür gestellt worden sind.

Die Beiträge der Gemeinden erheben sich auf . . . 372.899 Francs
Die Privat-Subscriptionen auf . . . . 25.390 "
Hierzu sind 75.000 Francs zu fügen, als Betrag einer Subscription, welche die Gesellschaft selbst veranstaltet hat, um die Summe zu erfüllen, welche von den Gemeinden zu Guise, und (folgen die Namen) nicht vollständig bewilligt worden ist. Letztere Subscription würde durch nachträgliche Bewilligungen dieser Gemeinden ganz oder zum Theil annulirt werden, immer den Fall vorausgesetzt, dass der Beitrag noch nicht erfüllt wäre . . . . 75.000 "

Total . 473.289 Francs.

5. Die Zahlungen erfolgen nach Massgabe der Ausführung der Arbeiten, oder der nachgewiesenen Auslagen.

Zu diesem Zwecke wird alle zwei Monate, in Wechselwirkung mit dem Ober-Ingenieur und dem Wege-Inspector des Departements, eine Zusammenstellung der gekauften und bezahlten Areale und der ausgeführten Arbeiten angefertigt werden. Der Gesellschaft werden Zahlungs-Certificate bis zur Höhe der für ihre Rechnung in der Cassa des Staats-Zahlmeisters befindlichen Summen, ausgehändigt werden.

6. Die Comparenten erklären unter heutigem Tage an das General-Schatzamt die Caution von 50.000 Francs in Baar abgeführt zu haben. Das diese Zahlung constatirende Recepisse ist uns vorgelegt und von uns sofort zurückgegeben worden.

Diese Caution leistet für die Erfüllung der von der concessiontragenden Gesellschaft eingegangenen Verpflichtungen Bürgschaft, bis zu vollständiger Erledigung aller Arbeiten.

Sie kann jedoch, auf Ansuchen der Betheiligten, durch eine, von uns auf Grund eingeholten Gutachtens des Ober-Ingenieurs und Wege-Inspectors des Departements zu ertheilende Specialweisung, nach Massgabe des Fortschrittes der Arbeiten, um die es sich handelt, nach Fünfteln zurückgegeben werden.

7. Die Kosten aller Art, die aus Gegenwärtigem erwachsen können, sind von der concessionirten Gesellschaft zu tragen.

8. Gegenwärtiger Act wird dem Generalrathe bei seiner nächsten Sitzung zur Genehmigung unterbreitet werden und tritt erst in Kraft, wenn er seinem ganzen Inhalte nach, vom genannten Generalrathe ratificirt sein wird.

So geschehen und niedergeschrieben in unserem Präfecturhôtel unter obenstehendem Datum und haben die Comparenten nach Vorlesung mit unterzeichnet.

Gezeichnet Bauchard (und Consorten).

Der Präfect des Departements de l'Aisne

J. Ferrand.

Anhang XI.

Frankreich.

Vorlage zur Concession der auf den Vicinalstrassen zwischen Haironville und Triaucourt auszuführenden Schmalspur-Strassenbahn.

Uebereinkommen.

Im Jahre 1876 am 10. October.

Zwischen Herrn Hippolyt Rousseau, Präfecten der Maas, im Namen und in Vertretung des Departements der Maas und kraft der Beschlüsse des Generalrathes der Maas vom 20. und 21. August 1875 — einerseits, und

Herrn Leo Soulié, Civil-Ingenieur, wohnhaft Paris, Avenue Villiers 96, der im eigenen Namen erscheint, andererseits, ist folgendes Uebereinkommen getroffen worden.

Art. 1.

Der Herr Präfect der Maas concessionirt an Herrn Soulié die Schmalspurbahn, die auf den Seitentheilen der Vicinalstrassen und Wege des Departements der Maas, ausgehend von Haironville über (folgen die Namen von 14 Orten) nach Triaucourt hergestellt werden soll.

Alles mit Bezug auf Bestimmungen und Bedingungen des angeführten Bedingnissheftes.

Art. 2.

Seinerseits verpflichtet sich Herr Soulié, die genannte Eisenbahn, welche Gegenstand vorliegender Concession ist, herzustellen und zu betreiben, und zwar in einem Zeitraume von drei Jahren von der Genehmigung der Projecte an gerechnet.

Diese Projecte müssen spätestens ein Jahr nach der Erklärung der öffentlichen Nützlichkeit der Bahn eingereicht werden.

Art. 3.

Der Concessionär erhält zur Ausführung der Bahn eine Totalsubvention von 1,312.667 Francs.

Diese Summe setzt sich zusammen, wie folgt:

1. Das Departement bezahlt 10.000 Francs pr. Kilometer. Giebt für die Länge der Bahn von 61 Kilometer . . . . 610.000 Francs

Diese Summe ist in zwölf Raten fällig, und zwar am 1. Januar und 1. Juli jeden Jahres von der Deponirung der Pläne an gerechnet.

Keine dieser Zahlungen wird geleistet, es habe denn der Concessionär die Verausgabung ihres doppelten Betrages für Arbeiten oder Materialien nachgewiesen.

Das Departement bezahlt ferner an den Concessionär die Summe von 50.000 Francs à fonds perdu, als Entschädigung für Arbeiten aller Art, die da auszuführen sind, wo die Bahn die Strassen zu verlassen haben wird und andere Zugangs- und Vermittelungs-Arbeiten.

Diese Zahlung wird zu denselben Terminen und unter denselben Bedingungen geleistet wie die vorhergehenden . . 50.000 „

2. Subvention der Gemeinden . . . . 49.500 „
3. Subvention der Industriellen . . . . 87.500 „
4. Werth der von den Gemeinden gratis gelieferten Areale . . . . 112.000 „
5. Subvention des Staates, von demselben auf Grund des Art. 5 des Gesetzes vom 12. Juli 1865 zu verlangen . 403.667 „

Total 1,312.667 Francs.

Art. 4.

Der Concessionär erhält das Recht, nach erfolgter Erklärung der öffentlichen Nützlichkeit, eine anonyme Gesellschaft zu gründen, um Titres: Actien und Obligationen, ausgeben zu können.

Die so gegründete Gesellschaft tritt dann an die Stelle des Concessionärs und wird dem Departement gegenüber für alle von jenem eingegangenen Verbindlichkeiten haftbar.

Art. 5.

Die gegenwärtige Concession hat auf 90 Jahre Giltigkeit, deren Beginn vom Tage der Inbetriebsetzung der ganzen Linie gerechnet wird. Nach Ablauf dieses Zeitraumes wird die Bahn, die mit allem Zubehör in gutem Zustande erhalten sein muss, ohne jedwede Entschädigung, Eigenthum des Departements. Was das Mobiliar, die Materialien und Brennstoffe anbelangt, so wird das Departement gehalten sein, wenn die Gesellschaft es verlangt, dieselben zum Werthe zu übernehmen, welcher durch Experten festgestellt werden wird.

Art. 6.

Die gegenwärtige Concession ist an die Gewährung der Subvention des Staates, wie sie sich nach dem Gesetze vom 12. Juli 1865 herausstellt, geknüpft.

Diese Subvention wird dem Concessionäre gehören, ebenso wie die Summen, die etwa von den Gemeinden und Privaten werden gezeichnet werden.

Es versteht sich, dass die Areale, welche zur Rectification der Trace: (Durchsetzungen der Dörfer, Aenderungen der Richtung) zur Errichtung der Werkstätten, Remisen, Wasserstationen, Material- und Brennstoff-Niederlagen nöthig sind, nach den von der Staatsverwaltung genehmigten Plänen, dem Concessionär kostenfrei angewiesen werden.

Art. 7.

Da die Linie, welche Gegenstand dieser Concession ist, als Versuch gebaut wird, so sichert das Departement dem Concessionär, gleiche Bedingungen vorausgesetzt, auf drei Jahre den Vorzug bei Ertheilung der Concession für jede andere Schmalspurbahn im Departement zu, und zwar vornehmlich folgende Linien: (Folgen die Namen von 4 Bahnen.)

Art. 8.

Die Stempelgebühr und Eintragkosten für vorliegende Concession und des Bedingnissheftes werden vom Concessionär getragen.

Nach Vorlesen genehmigt.

Der Präfect der Maas:
H. Rousseau.

Der Concessionär:
L. Soulié.

Anhang XII.

Schweiz.

Bedingnissheft der Schmalspur-Strassenbahn von Lausanne nach Echallens.

Capitel I.
Allgemeine Bestimmungen.

Art. 1. Allgemeine Richtung der Bahn. Die dem Decrete des Grossen Rathes vom 6. Juni 1872 angefügte Karte im Maassstabe von 1:25.000 giebt den Lauf der Bahn im Allgemeinen an.

Die Trace beginnt westlich von Chanderon und verfolgt, so viel thunlich, die jetzige Strasse von Lausanne nach Echallens.

Art. 2. Im Innern der Städte und Dörfer. Die Durchfahrten durch Städte und Dörfer können erst nach Gestattung der Gemeindebehörden hergestellt werden.

Art. 3. Einzureichende Projecte. Bevor die Gesellschaft die Arbeiten beginnt, hat sie bei der Oberbehörde [1]) Pläne der definitiven Trace der Bahn, im Maassstabe von 1:1000, und mindestens in Abschnitten von 3 Kilometer Länge, zur Genehmigung einzureichen.

Auf diesen Plänen müssen die Lage und Form der Stationen und Ausweichstellen, die Kunstarbeiten, die Verlegungen der Strassen, Wege und Wasserläufe und die Grenzen des Unternehmungsgebietes angegeben sein.

Diesen Plänen sind anzufügen: ein Längenprofil der Bahn und Querprofile für jeden besonderen Fall, ein Gefälleverzeichniss und eine allgemeine Beschreibung der auszuführenden Arbeiten.

Im Laufe der Ausführung kann die Gesellschaft Modificationen der genehmigten Projecte vorschlagen, sie darf dieselben aber erst nach erfolgter Genehmigung der Staatsverwaltung ausführen.

Art. 4. Strassenbreiten. Wenn die Gesellschaft ihre Bahn auf der Strasse von Lausanne nach Yverdun legt, so hat sie, ihrer Concession gemäss, eine Breite derselben von 5·4 Meter freizulassen, Gräben und Böschungen ungerechnet. Die Breite der Strassengräben ist auf 0·75 Meter festgestellt.

---

[1]) Die in neuerer Zeit nach Massgabe der Verordnung vom 1. Februar 1875, über die Form der Concessionswerbung, zu verfassen sind.

Diese Breiten werden zwischen der Ausladung der Wägen und den Einfriedungen gerechnet, wo dergleichen erforderlich sind. Auf der zwischen dem Platze von Chanderon und der Kreuzung von Monfétou gelegenen Strecke ist die Strassenbreite auf 7·2 Meter frei zu halten, die Trottoirbreite nicht gerechnet, und vom Abschluss am Rande des Fahrweges an gemessen.

Die Bahn wird auf dieser Strecke zwischen zwei Einfriedungen geführt, wie sie das diesem Bedingnisshefte angefügte Profil zeigt. Thüren werden in diesen Einfriedungen da angebracht werden, wo es der Zugang zu den Nachbargrundstücken von der Strasse aus erfordert.

Art. 5. Grunderwerbung. Die Gesellschaft hat die Expropriation des Terrains zu besorgen, dessen sie ausserhalb des Areals öffentlichen Eigenthums für die Bahnanlage und ihr Zubehör bedarf.

Art. 6. Abweichungen von der Strasse. Wenn die Construction der Bahn eine Verrückung der Strassentrace bedingt, so geschieht dies auf Kosten der Gesellschaft.

Art. 7. Curven. Der Minimalradius der Curven ist auf 100 Meter in offener Bahn und auf 60 Meter in den Stationen festgestellt. Zwischen zwei in entgegengesetzter Richtung laufenden Curven ist eine Gerade von mindestens 30 Meter einzulegen.

Dieses Minimum darf indess nur da angewendet werden, wo eine grössere Ausdehnung der Geraden wesentliche Kosten verursachen würde. Die Uebergänge der Curven in gerade Linien geschieht durch Parabelbogen, die durch Verdrückung der Curven erzielt werden.

Art. 8. Der Gesellschaft ist die Anwendung beliebiger Steigungen freigestellt, vorausgesetzt, dass sie sich den Bestimmungen des Uebereinkommens vom 6. Juni 1872 und besonders des Art. 10 desselben bequemt, der die Fahrgeschwindigkeit auf 19 Kilometer per Stunde limitirt, Anhalten ungerechnet.

Capitel II.
Erd- und Kunstarbeiten.

Art. 9. Querprofile. Die Oberfläche des Erdkörpers soll überall auf der Strasse, auf der Unterfläche des Ballastes gemessen, 2·1 Meter Breite haben. Da wo die Bahn ausserhalb der Strasse fällt, soll sie zwischen den Graben- oder Dammkanten eine Breite von 3·0 Meter haben. In den Einschnitten kommt die Breite der Gräben hinzu.

Art. 10. Böschungen. Die Böschungen sollen sowohl im Auftrag wie Abtrag eine Neigung von $1:1\frac{1}{2}$ haben, im Felseneinschnitt $1:1\frac{1}{4}$, im Felsenauftrag $1:1$. Selbstverständlich können die Steigungen da, wo sie sich ungenügend zeigen, sanfter gemacht werden.

Art. 11. Gräben. Die Gräben der Bahn haben 0·75 Meter obere, 0·20 Meter untere Breite, bei 0·15 Meter unter der Ballastsohle; da wo der Wasserlauf es erfordert, sollen die Dimensionen der Gräben vergrössert werden.

Wo es nöthig ist, sollen die Gräben durch gepflasterte Rinnen ersetzt werden.

Art. 12. Die Pflasterungen zur Befestigung der Einschnittböschungen erhalten die im Art. 10 gegebenen Steigungen.

Art. 13. Entwässerungen. Ausser den Gräben für Wasserabzug sollen die Böschungen und Oberflächen der Einschnitte und die Lagerflächen der Dämme drainirt werden, so dass eine vollständige Entwässerung der Bahn erfolgt.

Art. 14. Behandlung der Böschungen und Besämungen. Nach Vollendung der Erdarbeiten sind die Böschungen mit grösster Sorgfalt zu formen und mit einer Lage Vegetationserde zu bedecken von 0·20 Dicke. Ihre Oberflächen werden dann mittelst Besämung in Rasen verwandelt.

Art. 15. Setzungen der Dämme. Die an den Kunstbauten anstossenden Dämme sollen in abgerammten Schichten ausgeführt werden.

Art. 16. Stütz- und Futtermauern. Die Futtermauern, die sich nöthig zeigen sollten, sind im Allgemeinen nach den Bedingnissheften und Profilen des Corps der Brücken und Strassen herzustellen, jedenfalls nach den Vorschriften des controlirenden Staats-Ingenieurs.

Art. 17. Kunstarbeiten, Wasserleitungen und Brücken. Die Gesellschaft hat der Regierung Pläne und Typen aller Kunstarbeiten vorzulegen, die sie auszuführen beabsichtigt. Wenn sich bei der Ausführung die Nothwendigkeit ergiebt, bestehenden Wasserleitungen neue zur Hilfe beizufügen oder vorhandene zu verlängern, so wird die Gesellschaft diese nach dem Muster derjenigen bewirken, zu denen sie gehören.

Die Gesellschaft hat hierin dem Staats-Ingenieure der Controle Folge zu leisten.

Art. 18. Qualität und Natur der Bau-Materialen, Mauerwerk. Das Mauerwerk ist nach Construction und Qualität der Materialien, den Vorschriften der Bedingnisshefte des Corps der Brücken und Strassen gemäss auszuführen.

Holz. Die zu den Errichtungen verwendeten Hölzer sollen erster Qualität und im Winter geschlagen sein.

Eisen. Die Eisen-Constructionen werden nach einem Widerstandsmomente von 7 Kilogramm pr. Quadrat-Millimeter effectiven Querschnittes, die Nietungen abgezogen, berechnet.

Das Eisen soll sehnig, widerstandsfähig und mit grösster Sorgfalt bearbeitet sein. Die zu den Trägern verwendeten Eisen sollen gut gewalzt sein und eine Widerstandsfähigkeit von 35 Kilogramm pr. Quadrat-Millimeter im Minimo zeigen. Die Nieten sollen vom besten Drahteisen sein.

Gusseisen. Die Gusseisenstücke sollen widerstandsfähig, gut geformt und fehlerfrei sein.

Anstrich. Alle Eisentheile haben einen guten Oelfarbenanstrich zu erhalten.

Art. 19. Wasserdurchlässe. Die Durchlässe, welche die Bahn durchsetzen, können, nach Bedarf, von Mauerwerk, von Cement, von Gusseisen sein oder aus gezogenen Röhren oder genieteten Blechen bestehen.

Wenn die Errichtung der Bahn Anlass zur Verlegung von Quellenfassungen, Schützen etc. bietet, sollen diese Arbeiten nach den Regeln der Kunst und sorgsam ausgeführt werden.

Art. 20. Arbeiten an Wegen, Strassen und Wasserläufen. Die Arbeiten der Verlegung von Strassen, Wegen und Wasserläufen sollen eben so solid und mit eben so guten Materialien ausgeführt werden, wie die Bahn selbst.

Die Theile der Strassen und Wege, die verlegt werden müssen, sind nach den Bedingnissheften des Corps der Brücken und Strassen wieder herzustellen.

Die Beschotterung der Vorplätze der Stationen ist in einer, den vernünftigen Ansprüchen des Publicums entsprechenden Weise herzustellen.

Capitel III.
Oberbau.

Art. 21. **Bettung.** Der Ballast der Bettung soll 30 Centim. Dicke zwischen Schwelle und Dammoberfläche haben. Diese Dicke wird auf 50 Centim. erhöht in feuchten und Felseneinschnitten und auf sumpfigem Grunde.

Der Ballast wird in zwei Lagen aufgebracht. Die untere besteht aus grobem Kies oder Steinschlag von nicht mehr als 7·5 Centim. Seitenlänge. Die obere Lage besteht aus demselben Materiale von nur 4·0 Centim. Seitenlänge.

Art. 22. **Schienen** Vignoles Schienen von ungefähr 29 Kilogr. p. lauf. Meter Gewicht und 4·6—6·4 Meter Länge sind zulässig. Die Schienen dürfen keine grössere Mitteldistanz als 1·3 Meter haben. Wenn die Gesellschaft leichtere Schienen anzuwenden wünscht, so hat sie dazu die Genehmigung des Staatsrathes einzuholen, der dann die Schwellendistanz bestimmen wird.

Für den inneren Strang der Curven wird eine gewisse Anzahl kürzerer Schienen angewendet. In den Curven unter 450 Meter Radius sind die Schienen vor dem Verlegen zu biegen. Schwebende Stösse sind anzuwenden.

Die Schwellendistanz unter diesen soll nicht grösser als 0·6 Meter von Mitte zu Mitte sein.

Art. 23. **Schwellen.** Die Schwellen sind von Lärchen- oder Eichenholz herzustellen. Der Staatsrath kann auch die Verwendung von Kiefern- und Fichtenschwellen gestatten, wenn dieselben nach guten, während mehrere Jahre bewährten Methoden imprägnirt sind. Die Schwellen für die offene Bahn sollen Minimaldimensionen haben:

Länge 1·5 Meter, Breite 0·16 Meter, Dicke 0·12 Meter.

Sie sollen von gesundem Holze und ihre Unterfläche soll eben sein. Die obere Schienenauflagefläche soll mindestens 0·12 Länge haben. In der Horizontalen können sie eine Krümmung von 0·05 Meter haben.

Art. 24. **Qualität der Schienen.** Die Schienen sollen von hartem, zähem Eisen, gut geschweisst und nach demselben Profile gewalzt sein. Die Schienen sind den gewöhnlichen Proben zu unterwerfen.

Art. 25. **Laschen.** Die Laschen sollen von hartem, gutem Eisen und nach zwei Profilen gewalzt sein, das eine männlich, das andere weiblich.

Die Laschenbolzen sollen 0·016 Meter Durchmesser haben und vier an der Zahl sein.

Die Bolzen- und Hakennägel sollen von zähem Eisen erster Qualität und sorgsam fabricirt sein.

Art. 26. **Weichen und Kreuzungen.** Die Weichenzungen sollen von sehr festem Eisen sein und von bester Qualität.

Die Kreuzungen können aus Schaalenguss von Ganz in Pest, oder, eben so wie die Flügelschienen, von gutem Stahl hergestellt sein.

Diese Apparate werden auf eichene Gerüste gelegt, die aus zusammengebolzten Lang- und Querschwellen bestehen.

Da, wo es nöthig scheint, sollen Drehscheiben oder sonstige Vorkehrungen gleichen Zweckes angebracht werden.

Art. 27. Niveau-Uebergänge. Auf der ganzen Breite der Strasse werden Schutzschienen verlegt, die an ihren Enden zurückgekrümmt sind, und zwischen ihrem und dem Kopfe der Fahrschiene einen Zwischenraum von 0·04 Meter lassen. In Curven von kurzem Radius wird dieser Zwischenraum vergrössert.

Die beiden Schienen sind durch Bolzen verbunden.

Die Zufahrten zu den Niveau-Uebergängen sind, wo sie nicht gepflastert sind, sorgsam zu macadamisiren und abzurammen, um zu starkes Setzen zu verhindern.

Art. 28. Verlegen der Gleise. Die Spurweite soll in gerader Linie 1·00 Meter sein. In den Curven wird die Spurweite ein wenig vermehrt, dem Krümmungshalbmesser gemäss, nach den Weisungen des Staats-Ingenieurs.

Beim Verlegen der Gleise ist auf die Temperatur Rücksicht zu nehmen und den Schienenenden eine Distanz zu geben von: (Folgen die Abstände).

In der geraden Linie sollen die beiden Gleisestränge genau im Niveau liegen. In den Curven wird der äussere Strang, dem Radius und der Fahrgeschwindigkeit angemessen, erhöht. Das Mass dieser Erhöhung ist vom Staats-Ingenieur zu genehmigen.

Zwischen den Steigungen und Gefällen werden vertikale Uebergangscurven von 3000 Meter Radius eingelegt.

Der Uebergang aus den Geraden in die Curven wird durch parabolische Curven vermittelt (nach Art. 7 dieses Bedingnissheftes).

Die Schwellen werden sorgsam bis auf 0·25 Meter rechts und links von der Bahnachse gestopft. An den Mittelstellen aber gar nicht

Die Gleise werden in jeder Richtung sorgsam justirt.

Art. 29. Gleisezwischenraum. Der Raum zwischen den Doppelgleisen soll in freier Bahn 1·8 Meter und 2·4 Meter in den Bahnhöfen betragen.

Capitel IV.

Stationen und Gebäude.

Art. 30. Die Stationen sind 7 an der Zahl:

(Namen.)

Sie sind mit Schutzdächern für die Passagiere, Latrinen, Pissoirs und mit den zum Laden und Entladen der Waaren nöthigen Vorkehrungen zu versehen. Mit Genehmigung des Staatsrathes können auch deren mehrere, so wie „Haltestellen" errichtet werden.

Auch die „Haltestellen" sind mit Schutzdächern für die Passagiere zu versehen. Die Bahnhofsgebäude sind mit Sparsamkeit und Einfachheit herzustellen.

Die Endstationen sollen, ausser den für den Personen- und Güterdienst bestimmten Räumlichkeiten, eine Locomotivremise, einen Wagenschuppen und eine Wasserstation enthalten.

Eine mit Werkzeug für die laufenden Reparaturen genügend ausgestattete Werkstatt ist an einem Endpunkte der Linie zu errichten.

Dem Staatsrathe sind Detailprojecte der Stationen, und zwar sowohl Gebäude- als Gleispläne einzureichen.

Capitel V.

Rollendes Material.

Art. 31. Locomotiven und Wagen. Die Locomotiven sollen nach einem Systeme construirt sein, das alle Garantien für die gute Dienstleistung bietet.

Sie sind mit Bremsen und Sandbüchsen zu versehen und müssen für den Dienst auf der Linie genügen.

Die Gesellschaft wird ermächtigt, die Personen- und Güterwagen der Fell'schen Eisenbahn über den Mont-Cenis anzuwenden. Sie sind alle mit Schraubenbremsen der besten Construction zu versehen.

Die Gesellschaft wird jederzeit ein für die Bedürfnisse des Betriebes ausreichendes Rollmateriale an Locomotiven, Personen- und Güterwagen bereit halten.

Die Personenwagen aller Classen sollen in angemessener Weise geheizt sein.

Capitel VI.

Expropriation und Abgrenzung.

Art. 32. Expropriation. Die Expropriation aller Art geschieht auf Kosten der Gesellschaft.

Art. 33. Materialdepôts. Die Entschädigungen für Steinbrüche, Ballast, Werkhütten und Materialdepôts, sowie für Zufahrtwege fallen der Gesellschaft zur Last, ausser für die Materialien, die aus öffentlichem Besitzthume entnommen werden, in Folge erhaltener Erlaubniss.

Art. 34. Abgrenzung. Die Abgrenzung, definitiv oder provisorisch, erfolgt auf Kosten der Gesellschaft.

Sie geschieht in der bei der Verwaltung der Brücken und Chausseen üblichen Form.

Auch die Gestalt der Grenzsteine soll die dort gebräuchliche sein.

Capitel VII.

Art. 35. Einfriedungen werden da angebracht werden, wo es der Staatsrath nothwendig findet, und zwar auf Kosten der Gesellschaft.

Muster davon werden der Regierung zur Genehmigung vorgelegt.

Art. 36. Barrièren sollen da, wo sie nöthig sind, in einfacher und solider Form angebracht werden.

Für jeden Fall hat die Gesellschaft ein Project zu der Barrière dem Staatsrathe vorzulegen.

Drahtzugbarrièren sind verboten.

Art. 37. Kilometerpfähle. Die Linie wird in Kilometer mittelst Pfähle oder durch Grenzsteine eingetheilt, die eine deutliche Nummer zeigen.

Art. 38. Gradientenzeiger sollen, von Stein oder Eichenholz hergestellt, die Angabe der Steigung deutlich sichtbar machen.

Art. 39. Distanzsignale sind an den Punkten, wo es nöthig scheint, zu errichten.

Art. 40. Telegraph. Die Errichtung von Telegraphenbureaux auf den Stationen wird der Gegenstand besonderen Uebereinkommens zwischen dem Bunde, den Gemeinden und der Gesellschaft sein.

Capitel VIII.

Art. 41. Ueberwachung und Controle wird über die Gesellschaft während der Dauer der Arbeiten von der Staatsverwaltung ausgeübt.

Diese Ueberwachung und Controle hat den Zweck, die Gesellschaft an Abweichungen von den Bestimmungen des vorliegenden Bedingnissheftes zu verhindern.

Die Gesellschaft allein ist dem Staate für die gute Ausführung der Arbeiten verantwortlich.

Die Beziehungen zwischen dem Staate und der Gesellschaft in allen der Bahnausführung betreffenden Angelegenheiten werden durch den Staats-Controlor einer- und dem Ingenieur der Gesellschaft andererseits gepflogen.

Der controlirende Ingenieur hat das Recht, jede Ausführung demoliren zu lassen, die nicht ganz den Plänen und Bedingungen gemäss oder nicht in tadelloser Weise hergestellt ist.

Art. 42. Provisorische Uebernahme. Nach Massgabe als die verschiedenen Bauausführungen vorschreiten, erfolgt die provisorische Uebernahme derselben durch die Organe des Staates. Entsprechen diese Ausführungen nicht den Bedingungen, so müssen sie, denselben gemäss, vor der definitiven Uebernahme, modificirt werden.

Art. 43. Definitive Uebernahme. Die Eisenbahn darf vor der definitiven Uebernahme durch den Staat nicht eröffnet werden.

Wenn bei dieser Uebernahme die Gesammtheit der Bauwerke nicht als den Vorschriften dieses Bedingnissheftes entsprechend erkannt wird, so hat die Gesellschaft sie umzugestalten und zu vervollständigen, und zwar in so kurzer Frist als möglich.

Wenn die Arbeiten nicht zur concessionsmässigen Zeit vollendet sind, so wird diese Vollendung durch die Regierung auf Kosten der Gesellschaft herbeigeführt werden.

Das Depôt von 20.000 Fr. ist dazu bestimmt, die Vorschüsse des Staates zu decken.

Art. 44. **Wahl des Domicils.** Für die Ausführung des gegenwärtigen Bedingnissheftes und die Erfüllung der daraus hervorgehenden Verpflichtungen, gilt Lausanne als Sitz der Gesellschaft und diese unterwirft sich der Jurisdiction des Cantons Vaud.

Art. 45. **Ueberwachung des Betriebes.** Der Staat hat das Recht der General- und Special-Aufsicht über die Eisenbahn. Zur Erleichterung derselben hat die Gesellschaft die Agenten dieser Staatsaufsicht frei zu befördern.

Art. 46. Während der Ausführung der Bahn, oder auch nach ihrer Vollendung kann der Staatsrath der Gesellschaft auf ihren Antrag, Abweichungen untergeordneter Art vom beigehenden Bedingnisshefte zugestehen, wenn die Detailstudien deren Nothwendigkeit dargethan haben.

Lausanne, 23. Januar 1873.

Anhang XIII.

Schweiz.

Bundesbeschluss, betreffend Concession einer schmalspurigen Eisenbahn von Stäfa nach Wetzikon. (Vom 23. September 1873.)

Die Bundesversammlung der schweizerischen Eidgenossenschaft, nach Einsicht:

1. eines gemeinschaftlichen Gesuches des Eisenbahncomité Stäfa-Wetzikon und der Direction der schweizerischen Gesellschaft für Localbahnen, domicilirt in Basel, d. d. 14. Juni 1873;
2. einer Botschaft des Bundesrathes vom 14. Juli 1873, beschliesst:

Der schweizerischen Gesellschaft für Localbahnen wird die Concession für den Bau und Betrieb einer schmalspurigen Eisenbahn von Stäfa nach Wetzikon unter den in nachfolgenden Artikeln enthaltenen Bedingungen ertheilt.

Art. 1. Es sollen die jeweiligen Bundesgesetze, sowie alle übrigen Vorschriften der Bundesbehörden über den Bau und Betrieb der schweizerischen Eisenbahnen jederzeit genaue Beachtung finden.

Art. 2. Die Concession wird auf die Dauer von achtzig Jahren, vom 1. October 1873 an gerechnet, ertheilt.

Art. 3. Der Sitz der Gesellschaft ist in Basel; für dieses Unternehmen erwählt sie ihr Domicil in Stäfa.

Art. 4. Die Mehrheit der Direction und des Verwaltungsrathes oder weitern Ausschusses soll aus Schweizer Bürgern, welche ihren Wohnsitz in der Schweiz haben, bestehen.

Art. 5. Binnen einer Frist von 10 Monaten, vom Datum des Concessionsactes an gerechnet, sind dem Bundesrathe die vorschriftsmässigen technischen und finanziellen Vorlagen nebst den Statuten der Gesellschaft einzureichen.

Vor dem 1. December 1874 ist der Anfang mit den Erdarbeiten für die Erstellung der Bahn zu machen.

Art. 6. Bis zum 31. Mai 1876 ist die ganze concessionirte Linie zu vollenden und dem Betriebe zu übergeben.

Art. 7. Der Bundesrath ist berechtigt, auch nach Genehmigung des Tracé eine Abänderung derselben zu verlangen, wenn eine solche durch Fürsorge für die Sicherheit des Betriebes geboten ist.

Art. 8. Die Bahn wird mit einspurigem Unterbau erstellt. Die Gleiseweite soll, zwischen den inneren Kanten der Schienen gemessen, 1 Meter betragen.

Art. 9. Gegenstände von wissenschaftlichem Interesse, welche durch die Bauarbeiten zu Tage gefördert werden, wie Versteinerungen, Münzen, Medaillen u. s. w., sind Eigenthum des Cantons Zürich und an dessen Regierung unentgeltlich abzuliefern.

Art. 10. Den Bundesbeamten, welchen die Ueberwachung der Bahn hinsichtlich der Bauten oder des Betriebes obliegt, hat die Bahnverwaltung behufs Erfüllung ihrer Aufgabe zu jeder Zeit Einsicht von allen Theilen der Bahn und des Materials zu gestatten und das zur Untersuchung nöthige Personal und Material zur Verfügung zu stellen.

Art. 11. Der Bundesrath kann verlangen, dass Beamte oder Angestellte der Gesellschaft, welche in der Ausübung ihrer Functionen zu gegründeten Klagen Anlass geben, und gegen welche die Gesellschaft nicht von sich aus einschreitet, zur Ordnung gewiesen, bestraft oder nöthigenfalls entlassen werden.

Art. 12. Die Beförderung von Personen soll täglich mindestens dreimal nach beiden Richtungen von einem Endpunkte der Bahn zum anderen und unter Anhalt bei allen Stationen erfolgen.

Personenzüge haben mit einer mittleren Geschwindigkeit von mindestens 16 Kilometern in einer Zeitstunde zu fahren, das Anhalten bei den Zwischenstationen (Knotenpunkte ausgenommen) und den daherigen Aufenthalt inbegriffen. Eine geringere Fahrgeschwindigkeit darf nur in Folge besonderer Bewilligung des Bundesrathes zur Anwendung gelangen.

Art. 13. Das mindestens drei Monate vor der Betriebseröffnung dem Bundesrathe vorzulegende Transportreglement soll nicht vor ausgesprochener Genehmigung in Vollzug gesetzt werden. Jede Aenderung desselben unterliegt ebenfalls der Zustimmung des Bundesrathes.

Art. 14. Die Gesellschaft wird zur Personenbeförderung zwei Wagenclassen aufstellen, welche der 2. und 3. Classe der bestehenden Bahnen entsprechen. In der Regel sind allen Personenzügen Wagen beider Classen beizugeben; Ausnahmen kann nur der Bundesrath gewähren. Der Gesellschaft bleibt freigestellt, auch eine erste Wagenclasse einzuführen.

Die Normalien für das zu benutzende Wagensystem sind dem Bundesrathe zur Genehmigung vorzulegen.

Die Gesellschaft hat stets ihr Möglichstes zu thun, damit alle auf einen Zug mit Personenbeförderung sich Anmeldenden durch denselben, und zwar auf Sitzplätzen, befördert werden können. Auf Verlangen des Bundesrathes sind auch mit Waarenzügen Personen zu befördern. In diesem Falle findet die Vorschrift von Art. 12, Absatz 2, keine Anwendung.

Art. 15. Die Gesellschaft wird ermächtigt, für den Transport von Personen Taxen bis auf den Betrag folgender Ansätze zu beziehen:

in der ersten Wagenclasse 10 Rappen;
in der zweiten Wagenclasse 7 Rappen;
in der dritten Wagenclasse 5 Rappen per Kilometer der Bahnlänge.

Die Taxen für die mit Waarenzügen beförderten Personen sollen um mindestens 20% niedriger gestellt werden.

Für Kinder unter drei Jahren, sofern für solche kein besonderer Sitzplatz beansprucht wird, ist nichts, für solche zwischen dem dritten und dem zurückgelegten zehnten Altersjahre die Hälfte der Taxe in allen Wagenclassen zu zahlen.

10 Kilogramm des Reisendengepäcks sind frei, sofern es ohne Belästigung der Mitreisenden im Personenwagen untergebracht werden kann.

Für das übrige Gepäck der Reisenden kann eine Taxe von höchstens 2½ Rappen per 50 Kilogramm und per Kilometer bezogen werden.

Für Hin- und Rückfahrt am gleichen oder folgenden Tage sind die Personentaxen mindestens 20% niedriger anzusetzen, als für einfache und einmalige Fahrten.

Für Abonnementsbillets zu einer mindestens 12maligen Benutzung der gleichen Bahnstrecke für Hin- und Rückfahrt während drei Monaten wird die Gesellschaft einen weitern Rabatt bewilligen.

Das Minimum der Taxe darf auf 25 Rp. festgesetzt, diese Ausnahmstaxe aber der Berechnung des Preises der Retour- und Abonnementsbillets nicht zu Grunde gelegt werden.

Art. 16. Arme, welche als solche durch Zeugniss zuständiger Behörde sich für die Fahrt legitimiren, sind zur Hälfte der Personentaxe zu befördern. Auf Anordnung eidgenössischer oder cantonaler Polizeistellen sind auch Arrestanten mit der Eisenbahn zu spediren. Ein vom Bundesrathe zu erlassendes Reglement wird hierüber die näheren Bestimmungen aufstellen.

Art. 17. Für den Transport von Vieh mit Waarenzügen dürfen Taxen bis auf den Betrag folgender Ansätze bezogen werden:

per Stück und per Kilometer für:

Pferde, Maulthiere und über ein Jahr alte Fohlen 16 Rp.,

Stiere, Ochsen, Kühe, Rinder, Esel und kleine Fohlen 8 Rp.;

Kälber, Schweine, Schafe, Ziegen und Hunde 3 Rp.

Für die Ladung ganzer Transportwagen sind die Taxen um mindestens 20% zu ermässigen.

Art. 18. Im Tarif für den Transport von Waaren sind Classen aufzustellen, wovon die höchste nicht über einen Rappen, die niedrigste nicht über ⁵/₁₀ Rappen per 50 Kilogramm und per Kilometer betragen soll.

Eine ganze Wagenladung von Waaren hat gegenüber den Stücksendungen Anspruch auf Rabatt. Der Bundesrath wird das Minimum der Centnerzahl einer solchen Wagenladung festsetzen.

Die der Landwirthschaft und Industrie hauptsächlich zu dienenden Rohstoffe, wie fossile Kohlen, Holz, Erze, Eisen, Salz, Steine, Düngungsmittel u. s. w. in Wagenladungen sollen möglichst niedrig taxirt werden.

Für den Transport von baarem Gelde und von Kostbarkeiten mit declarirtem Werthe soll die Taxe so berechnet werden, dass für 1000 Fr. per Kilometer höchstens 1 Rappen zu bezahlen ist.

Wenn Vieh und Waaren in Eilfracht transportirt werden sollen, so darf die Taxe für Vieh um 40% und diejenige für Waaren um 100% des gewöhnlichen Ansatzes erhöht werden.

Traglasten mit landwirthschaftlichen Erzeugnissen, welche in Begleitung der Träger, wenn auch in besonderen Wagen, mit den Personenzügen transportirt und am Bestimmungsort sogleich wieder in Empfang genommen werden, sind, soweit sie das Gewicht von 25 Kilogramm nicht übersteigen, frachtfrei. Für das Mehrgewicht ist die Taxe für Waaren in gewöhnlicher Fracht zu bezahlen.

Die Gesellschaft ist berechtigt, zu bestimmen, dass Waarensendungen bis auf 25 Kilogramm Gewicht stets in Eilfracht befördert werden sollen, ebenso für den Transport von Fahrzeugen aller Art und aussergewöhnlichen Gegenständen Taxen nach eigenem Ermessen festzusetzen.

Das Minimum der Transporttaxe eines einzelnen Stückes kann auf 40 Rappen festgesetzt werden.

Art. 18. Für Strecken mit aussergewöhnlichen Steigungen wird der Bundesrath ermächtigt, vor der Hand die Taxansätze verhältnissmässig zu erhöhen, in der Meinung jedoch, dass er, gestützt auf technische Untersuchungen, der Bundesversammlung später bestimmte Vorschläge für definitive Festsetzung dieser Maxima unterbreiten wird.

Art. 19. Bei eintretenden Nothständen, insbesondere bei ungewöhnlicher Theuerung der Lebensmittel, ist die Gesellschaft verpflichtet, für den Transport von Getreide, Mehl, Hülsenfrüchten, Kartoffeln u. s. w. zeitweise einen niedrigern Specialtarif einzuführen, dessen Bedingungen vom Bundesrathe nach Anhörung der Bahnverwaltung festgesetzt werden.

Art. 20. Bei Festsetzung der Taxen werden Bruchtheile eines Kilometers für einen ganzen Kilometer gerechnet.

In Betreff des Gewichtes gelten Sendungen bis auf 25 Kilogramm für volle 25 Kilogramm; bei Waaren in gewöhnlicher Fracht Sendungen zwischen 25 und 50 Kilogramm für volle 50 Kilogramm. Das Mehrgewicht (bei Reisendengepäck und Eilgut über 25, bei Waaren in gewöhnlicher Fracht über 50 Kilogramm) wird nach Einheiten von je 5 Kilogramm berechnet, wobei jeder Bruchtheil von 5 Kilogramm für eine ganze Einheit gilt. Bei Geld- und Werthsendungen repräsentiren Bruchtheile von 500 Fr. volle 500 Fr.

Ist die genaue Ziffer der so berechneten Taxe keine durch 5 ohne Rest theilbare Zahl, so darf eine Abrundung nach oben auf die nächstliegende Zahl, welche diese Eigenschaft besitzt, erfolgen.

Art. 21. Die in den Art. 15, 17 und 18 aufgestellten Taxbestimmungen beschlagen blos den Transport von Station zu Station. Die Waaren sind von den Aufgebern an die Stationsabladplätze abzuliefern und vom Adressaten auf der Bestimmungsstation abzuholen. Auf den Hauptstationen hat jedoch die Gesellschaft von sich aus die gehörigen Einrichtungen für das Abholen und die Ablieferung der Güter im Domicil des Aufgebers, beziehungsweise des Adressaten, zu treffen. Das Auf- und Abladen der Waaren ist Sache der Gesellschaft und es darf eine besondere Taxe dafür in der Regel nicht erhoben werden. Ausnahmen hiervon sind unter Zustimmung des Bundesrathes zulässig für einzelne Classen von Wagenladungsgütern, für lebende Thiere und andere Gegenstände, deren Verladung mit besonderen Schwierigkeiten verbunden ist.

Art. 22. Für die Einzelheiten des Transportdienstes sind besondere Reglements und Tarife aufzustellen.

Art. 23. Die sämmtlichen Tarife sind mindestens sechs Wochen, ehe die Eisenbahn dem Verkehre übergeben wird, dem Bundesrathe zur Genehmigung vorzulegen.

Art. 24. Wenn die Bahnunternehmung drei Jahre nach einander einen acht Percent übersteigenden Reinertrag abwirft, so ist das nach gegenwärtiger Concession zulässige Maximum der Transporttaxen verhältnissmässig herabzusetzen. Kann diesfalls eine Verständigung zwischen dem Bundesrathe und der Gesellschaft nicht erzielt werden, so entscheidet darüber die Bundesversammlung.

Reicht der Ertrag des Unternehmens nicht hin, die Betriebskosten, einschliesslich die Verzinsung des Obligationencapitals, zu decken, so kann der Bundesrath eine angemessene Erhöhung obiger Tarifansätze gestatten. Solche Beschlüsse sind jedoch der Bundesversammlung zur Genehmigung vorzulegen.

Art. 25. Sofern die Gesellschaft eine grundsätzliche Aenderung der Tarife vorzunehmen beabsichtigen sollte, so hat sie ihr daheriges Project sammt dem neuen Tarife der Bundesversammlung zur Genehmigung vorzulegen.

Art. 26. Die Gesellschaft ist verpflichtet, den vom Bundesrathe mit der Controle über den Betrieb beauftragten Organen freien Zutritt in den Bahnhöfen und die unentgeltliche Benutzung eines geeigneten Locals zu gewähren.

Art. 27. Für die Geltendmachung des Rückkaufsrechtes des Bundes, oder, wenn er davon keinen Gebrauch machen sollte, des betheiligten Cantons, gelten nachfolgende Bestimmungen:

a) Der Rückkauf kann frühestens auf 1. Mai 1903 und von da an jederzeit erfolgen. Vom Entschluss des Rückkaufes ist der Gesellschaft drei Jahre vor dem wirklichen Eintritt desselben Kenntniss zu geben.

b) Durch den Rückkauf wird der Rückkäufer Eigenthümer der Bahn mit ihrem Betriebsmaterial und allen übrigen Zugehören. Immerhin bleiben die Drittmannsrechte hinsichtlich des Pensions- und Unterstützungsfonds vorbehalten. Zu welchem Zeitpunkte auch der Rückkauf erfolgen mag, ist die Bahn sammt Zugehör in vollkommen befriedigendem Zustande dem Bunde, beziehungsweise dem Canton Zürich, abzutreten. Sollte dieser Verpflichtung kein Genüge gethan werden, und sollte auch die Verwendung der Erneuerungs- und Reservefonds dazu nicht ausreichen, so ist ein verhältnissmässiger Betrag von der Rückkaufsumme in Abzug zu bringen.

c) Die Entschädigung für den Rückkauf beträgt, sofern letzterer bis 1. Mai 1918 rechtskräftig wird, den 25fachen Werth des durchschnittlichen Reinertrages derjenigen zehn Jahre, die dem Zeitpunkte, in welchem der Rückkauf der Gesellschaft notificirt wird, unmittelbar vorangehen; sofern der Rückkauf zwischen dem 1. Mai 1918 und 1. Mai 1933 erfolgt, den 22$^1/_2$fachen Werth; wenn der Rückkauf zwischen dem 1. Mai 1933 und dem Ablauf der Concession sich vollzieht, den 20fachen Werth des oben beschriebenen Reinertrages, immerhin in der Meinung, dass die Entschädigungssumme in keinem Falle weniger als die nachgewiesenen erstmaligen Anlagekosten der bestehenden Einrichtungen, jedoch unter Abzug des Betrages des Erneuerungs- und Reservefonds, betragen darf.

Bei Ermittelung der Anlagekosten und des Reinertrages darf lediglich die durch diesen Act concedirte Eisenbahnunternehmung, mit Ausschluss aller anderen etwa damit verbundenen Geschäftszweige, in Betracht und Berechnung gezogen werden.

d) Der Reinertrag wird gebildet aus dem gesammten Ueberschuss der Betriebseinnahmen über die Betriebsausgaben, zu welch' letzteren auch diejenigen Summen zu rechnen sind, welche auf Abschreibungsrechnung getragen oder einem Reservefonds einverleibt wurden.

e) Im Falle des Rückkaufes im Zeitpunkte des Ablaufes der Concession ist nach der Wahl des Rückkäufers entweder der Betrag der erstmaligen Anlagekosten für den Bau und Betrieb oder eine durch bundesgerichtliche Abschätzung zu bestimmende Summe als Entschädigung zu bezahlen.

f) Streitigkeiten, die über den Rückkauf und damit zusammenhängende Fragen entstehen möchten, unterliegen der Entscheidung des Bundesgerichtes.

Art. 28. Hat der Canton Zürich den Rückkauf der Bahn bewerkstelligt, so ist der Bund nichtsdestoweniger befugt, sein daheriges Recht, wie es im Art. 27 definirt worden, jederzeit auszuüben, und der Canton Zürich hat unter den gleichen Rechten und Pflichten die Bahn dem Bunde abzutreten, wie letzterer dies von der concessionirten Gesellschaft zu fordern competent gewesen wäre.

Art. 29. Der Bundesrath ist mit dem Vollzuge der Vorschriften dieser Concession, welche mit dem Tage ihrer Promulgation in Kraft tritt, beauftragt.

Also beschlossen vom Nationalrathe

Bern, den 22. September 1873.

Der Präsident: Ziegler.
Der Protocollführer: Schiess.

Also beschlossen vom Ständerathe

Bern, den 23. September 1873.

Der Präsident: A. Kopp.

Der Protocollführer: J. L. Lütscher.

Der schweizerische Bundesrath beschliesst:

Vollziehung des vorstehenden Bundesbeschlusses.

Bern, den 3. October 1873.

Im Namen des schweiz. Bundesrathes,
Der Vicepräsident:
Schenk.
Der Kanzler der Eidgenossenschaft:
Schiess.

Anhang XIV.

Oesterreich.

Gesetz vom 13. März 1876, betreffend den Bau einer Locomotiv-Eisenbahn auf Staatskosten von Kriegsdorf im Anschlusse an die Mährisch-schlesische Centralbahn nach Römerstadt.

Mit Zustimmung beider Häuser des Reichsrathes finde Ich anzuordnen, wie folgt:

Art. 1. Die Regierung wird ermächtigt, eine normalspurige Locomotiv-Eisenbahn von Kriegsdorf im Anschlusse an die Mährisch-schlesische Centralbahn nach Römerstadt auf Staatskosten herzustellen.

Art. 2. Diese Bahn ist als Secundärbahn mit einer Unterbau-Kronenbreite von höchstens vier Metern herzustellen, und das Maximalgewicht der Schienen wird im Falle der Verwendung von Eisenschienen auf 28 Kilogramm per Meter festgesetzt.

Auf dieser Bahn haben die Züge mit einer Geschwindigkeit von höchstens 15 Kilometern per Stunde zu verkehren, und es wird die Regierung beauftragt, nicht nur beim Baue alle thunlichen Erleichterungen zur Anwendung zu bringen, sondern auch in Bezug auf den Betrieb von allen in der Eisenbahn-Betriebsordnung vom 16. November 1851 (R. G. Bl. Nr. 1 vom Jahre 1852) und den einschlägigen Nachtragsbestimmungen vorgeschriebenen Sicherheitsvorkehrungen insoweit Umgang zu nehmen, als dies mit Rücksicht auf die ermässigte Fahrgeschwindigkeit zulässig erscheint.

Art. 3. Zur Inangriffnahme des Baues der im Art. 1 bezeichneten Eisenbahn wird der Regierung für das Jahr 1876 ein Specialcredit von 300.000 Gulden bewilligt.

Dieser Credit kann, sofern er im Jahre 1876 entweder gar nicht oder nicht vollständig zur Verwendung gelangt, noch bis Ende Juni 1878 verwendet werden, ist jedoch in diesem Falle so zu behandeln, als wenn derselbe im Voranschlage des Jahres 1877 bewilligt worden wäre, daher er für den Dienst dieses letzteren Jahres zu verrechnen ist.

Art. 4. Dieses Gesetz tritt mit dem Tage seiner Kundmachung in Wirksamkeit.

Art. 5. Mit dem Vollzuge dieses Gesetzes sind der Handelsminister und der Finanzminister beauftragt.

Wien, am 13. März 1876.

Anhang XV.
Ungarn.
Ungarisches Gesetz vom 10. Juni 1871 über die Wasser-Regulirungs-Gesellschaften.

§ 1. Die Besitzer eines neben Flüssen und Gewässern jeder Art gelegenen, von wasserfreien Höhen begrenzten, somit in sich ein Ganzes bildenden Ueberschwemmungsgebietes oder einer Insel sind berechtigt, eine Entfluthungs-Gesellschaft zu bilden.

Hingegen können, behufs Regulirung von Flussbetten oder Wasser-Abflüssen, und Sicherstellung von Ufern nur die Besitzer solcher selbstständiger Territorien eine Regulirungs-Gesellschaft bilden, in welchen eine derlei Regulirung weder den gegenüber befindlichen noch den oberen oder unteren Grundbesitzern einen Schaden verursachen kann, welcher durch ähnliche Arbeiten nicht hintangehalten werden könnte.

Die Ermittelung dessen, ob der Fall solcher Beschädigungen bei dieser Regulirung vorliege, und wenn ja, welche Verfügungen zu deren Abwendung nothwendig seien? — geschieht durch das im § 12 vorgeschriebene Verfahren.

§ 2. Wenn die Bildung der Entfluthungs- oder Wasser-Regulirungs-Gesellschaft nicht einstimmig geschehen kann, so kann die nach dem Quantum der in dem Ueberschwemmungs-Gebiete besessenen Joche zu berechnende Majorität der interessirten Grundbesitzer auch gegenüber der Minorität die Regulirungs-Gesellschaft für constituirt erklären.

§ 3. Die betheiligten Parteien, die eine Regulirungs-Gesellschaft bilden wollen, haben einen Ausweis über die Joch-Anzahl der interessirten Grundbesitzer — einen technischen Generalplan und Kostenvoranschlag über die Regulirung — anzufertigen, dieses dem betreffenden Municipium (Jurisdiction) anzumelden, und sohin alle Betheiligten zu einer Generalversammlung einzuberufen.

In dieser Generalversammlung constituirt sich die Gesellschaft gemäss § 2, wählt einen Präses und einen Ausschuss, stellt ihre Statuten fest, fertigt den technischen Detailplan an, bestimmt die Reihenfolge der Arbeiten und die Vollstreckungs-Termine, und unterbreitet alles dieses dem competenten Municipium und im Wege desselben dem Communications-Ministerium behufs Genehmigung und Einleitung des im § 12 vorgeschriebenen Verfahrens.

Die weitere Bethätigung ihrer gesellschaftlichen Wirksamkeit kann sie jedoch erst nach erfolgter höherer Genehmigung beginnen.

§ 4. Präses, Vicepräses und Ausschussmitglied kann nur ein betheiligter Grundbesitzer oder dessen Bevollmächtigter sein.

Die Zahl der Ausschussmitglieder wird auf mindestens drei festgesetzt.

Eine zum Schutze eines Ueberschwemmungs-Gebietes von Tausend Katastral-Jochen oder von geringerem Umfange constituirte Gesellschaft kann die Leitung und Vertretung ihrer Angelegenheiten auch einem Geschäftsleiter (Director) übertragen.

Ebendieselbe Verfügung hat auch bei solchen Ueberschwemmungs-Gebieten von grösserem Umfange platzzugreifen, bei welchen die Anzahl der Besitzer eine andere Constituirung des Ausschusses unmöglich macht.

§ 5. Die Generalversammlung der Gesellschaft wählt den Präses und Vicepräses mit allgemeiner, den Ausschuss mit einfacher Stimmenmehrheit auf 3 Jahre.

§ 6. Der Ausschuss besorgt alle Angelegenheiten der Gesellschaft, beaufsichtigt die Beamten, sorgt für die genaue Conscription der in den gesellschaftlichen Verband gehörigen gegen Ueberschwemmung zu schützenden Territorien, und für deren Classificirung nach dem Nutzverhältnisse; verfasst den Entwurf des Jahres-Kostenvoranschlages und legt seine diesfälligen Operate behufs Genehmigung der gesellschaftlichen Generalversammlung vor, repartirt die durch die Generalversammlung votirten Summen, unternimmt wegen deren Einbringung seinerzeit die erforderlichen Schritte bei den betreffenden Gemeinden, wacht über das gesellschaftliche Vermögen und hält dasselbe in Evidenz.

§ 7. Das Beamten-Personale der Gesellschaft besteht in der Regel wenigstens aus einem Director und einem Ingenieur, insofern aber die finanzielle Lage der Gesellschaft es nicht zulässt, dass sie einen eigenen Ingenieur halte, so kann sie ihre technischen Agenden auch einem anderwärts angestellten Ingenieur übertragen.

Desgleichen kann mit den Agenden des Directors der Präses, Vicepräses oder auch ein Ausschussmitglied betraut werden.

§ 8. Jede Entfluthungs- oder Wasser-Regulirungs-Gesellschaft ist verpflichtet, jährlich wenigstens eine Generalversammlung abzuhalten und deren Protocoll im Wege des competenten Municipiums dem Communications-Minister zu unterbreiten.

Unter der Voraussetzung eines statutenmässig zu bestimmenden Termines und der Kundmachung kann der Präses eine ausserordentliche Generalversammlung wann immer einberufen; über Antrag des Ausschusses aber oder über eine schriftliche Aufforderung seitens der — an Besitz mindestens ein Zehntel des Ueberschwemmungs-Gebietes repräsentirenden Mitglieder, ist der Präses eine solche Generalversammlung einzuberufen verpflichtet.

Das Protocoll dieser ausserordentlichen Generalversammlung ist betreffenden Orts ebenfalls vorzulegen.

§ 9. Die Haupt-Agenden der Generalversammlung sind: mit Rücksicht auf den durch den Ausschuss über den Fortgang und den Lauf der Regulirungs-

Angelegenheit zu erstattenden Bericht in Betreff der zunächst in Angriff zu nehmenden Arbeiten Verfügungen zu treffen;

das Jahres-Budget festzustellen;

die durch Gesellschafts- aber nicht Ausschussmitglieder zu geschehende Revision der Rechnungen vom abgelaufenen Jahre anzuordnen;

die Rechnung behufs Einsichtnahme den Gesellschafts-Mitgliedern in geeigneter Weise mitzutheilen;

über die durch den Ausschuss oder einzelne Gesellschafts-Mitglieder einzubringenden Anträge, beantragte Statuten-Abänderungen, über Verfügungen bezüglich der Geschäftsgebahrung zu berathen, zu beschliessen, ihre Beamten zu wählen.

§ 10. Wenn die Thätigkeit einer Gesellschaft sich nur auf das Gebiet eines Municipiums erstreckt, so wird die Aufsicht und Controle über ihr Gebahren durch dieses Municipium ausgeübt. Wenn die Wirksamkeit der Gesellschaft sich auf mehrere Comitate, Districte erstreckt: so wird auf Grund des von der Gesellschaft vorgelegten Berichtes der Communications-Minister das Municipium namhaft machen, welches mit der Aufsicht und Controle betraut werden soll, von dem Geschehenen aber sind auch die übrigen betheiligten Municipien zu verständigen.

§ 11. Projecte von Entfluthungs- oder Regulirungs-Arbeiten sind bei der nach § 10 competenten Behörde zu überreichen.

§ 12. Nachdem von Seiten der Gesellschaften die General- und Detail-Pläne der Entfluthungs- oder Wasser-Regulirungs-Arbeiten bei der competenten Behörde eingebracht wurden, sind die betheiligten und insbesondere bei Wasser-Regulirungs-Operationen die gegenüber liegenden oberen und unteren Gemeinden durch den Vicegespan oder den demselben gleichgestellten Beamten des Municipiums von der Ueberreichung des Projectes binnen acht Tagen zu verständigen.

Die Pläne bleiben über die zur Veröffentlichung festgesetzten 8 Tage hinaus durch 30 Tage zur allgemeinen Einsichtnahme aufgelegt.

Alle auf das Project bezüglichen Erklärungen sind seitens der Betheiligten bei der competenten Behörde während dieser Frist zu überreichen.

Nach diesem Vorgange fasst die competente Behörde über das Project in der längstens binnen 80 Tagen einzuberufenden Generalversammlung ihren Beschluss und legt denselben unter Anschluss der eingelangten Erklärungen dem Communications-Minister zur endgiltigen Bestätigung vor.

Die Genehmigung der Pläne zieht weder für das Municipium noch für die Staatsverwaltung in Ansehung der etwaigen Mängel oder nachtheiligen Folgen eine Verbindlichkeit zum Schadenersatz nach sich.

§ 13. Das auf die Entfluthungs- oder Regulirungs-Arbeiten bezügliche Project haben die betheiligten Grundbesitzer oder Gesellschaften auf ihre eigenen Kosten anfertigen zu lassen; er wird jedoch der Communications-Minister ermächtigt, die constituirten Gesellschaften über Antrag des betreffenden Municipiums durch Gewährung eines für die Anfertigung der Pläne zu verwendenden Darlehen-Vorschusses zu unterstützen, oder auf Ansuchen der Gesellschaft die Anfertigung der Pläne durch seine eigenen Organe, jedoch gegen Vergütung der hiermit verbundenen Kosten, zu veranlassen.

§ 14. Von dem vorher festgestellten und im competenten Wege genehmigten General- und Detail-Projecte darf die Gesellschaft nicht abgehen. Zu Modificationen oder Abänderungen ist der Beschluss der zu diesem Zwecke einberufenen Generalversammlung der Gesellschaft und die Genehmigung der im vorigen Paragraphe namhaft gemachten Behörden erforderlich.

§ 15. Der Ausschuss der Entfluthungs- und Wasser-Regulirungs-Gesellschaft hat im Sinne des § 6 anzufertigen:

a) die Darstellung des Ueberschwemmungsgebietes, die Conscription und Classification der betheiligten Besitzungen nach der Anzahl der Joche;
b) den Schlüssel der Kostenrepartition;
c) schliesslich die Summe der Wasser-Regulirungskosten und deren einzelnweise Repartition.

In sämmtlichen drei Fällen theilt er sein Operat den interessirten Parteien 30 Tage vor der betreffenden Generalversammlung mit und legt dasselbe der Generalversammlung vor.

Wenn einzelne gegen die Operate eine Beschwerde erheben, so müssen sie dieses der Generalversammlung anzeigen.

In Bezug auf die Beschwerden gegen die unter a) erwähnten Operate hat die Generalversammlung bei der zur Localisirung anzuberaumenden Tagsatzung, in Bezug auf die gegen die Operate unter b) und c) erhobenen Beschwerden aber sogleich einen Vergleich zu versuchen.

Ueber den Vergleich ist ein Protocoll aufzunehmen, welches zur Beschlussfassung der Generalversammlung unterbreitet wird.

Die Partei, welche sich mit dem Beschlusse der Generalversammlung nicht zufrieden giebt, ist gehalten, ihre Beschwerde binnen 30 Tagen von der Generalversammlung an gerechnet, bei dem Präses einzureichen, der solche binnen 15 Tagen an den Vicegespan oder an den diesem gleichgestellten Beamten des competenten Municipiums zu übermitteln verpflichtet ist.

Wenn während dieser Frist bei dem Vicegespan des Municipiums keine Beschwerde eingebracht wurde, so erhalten die von der Generalversammlung gefassten und höheren Orts bestätigten Beschlüsse für jede einzelne betheiligte Partei verbindliche Kraft und einer späteren Reclamation wird nicht stattgegeben.

Wenn der oberwähnte Municipalbeamte auf Grund der vorgelegten Acten und des abzuverlangenden Vergleichs-Protocolles einen Beschluss nicht fassen kann und es für nöthig erachtet, ordnet er einen technischen Augenschein an, dessen Kosten dem sachfälligen Theile zur Last fallen.

§ 16. Der technische Augenschein ist binnen 30 Tagen von Einbringung der Beschwerde an gerechnet abzuhalten und sind hiervon die betheiligten Parteien mindestens 15 Tage vor dem anberaumten Termine zu verständigen.

Die Mitglieder dieses Augenscheines sind unter dem Vorsitze des Vicegespans oder seines Substituten die Bevollmächtigten der betheiligten Parteien und der durch den Präses des Augenscheines beigezogene Ingenieur.

Die technischen Mitglieder des Augenscheines erstatten ein schriftliches Gutachten und der Vicegespan oder dessen Substitut fasst in der Sache einen meritorischen Beschluss.

§ 17. Diejenige Partei, welche sich mit einem solchen auf politischem Wege gefassten Beschlusse nicht zufrieden giebt, kann extra dominium (ohne Hemmung des Vollzuges) im ordentlichen Rechtswege Abhilfe suchen.

§ 18. Auch in Ansehung der Bestimmung, Repartition und Einbringung des in Folge unvorhergesehener Umstände oder veränderter Verhältnisse später hervorkommenden Kosten-Mehrbetrages findet das in gegenwärtigem Gesetze festgestellte Verfahren statt.

§ 19. Der nach dem Nutzverhältnisse repartirte Kostenantheil ist eine auf dem im Ueberschwemmungsgebiete begriffenen Besitzthume haftende solche Last, welche mit dem Besitze verbunden ist, und welche mit Ausnahme der Landes-, Municipal- und Gemeinde-Steuerrückstände, vor allen intabulirten und nicht intabulirten Forderungen die Priorität hat.

§ 20. Die Kosten-Quoten haben die Gesellschafts-Mitglieder in die Gesellschafts-Casse einzuzahlen. Bezüglich der halbjährigen Rückstände aber wird angeordnet, dass dieselben im politischen Wege nach den für die Einhebung der directen Steuer bestehenden Vorschriften durch die Steuerämter eingehoben werden sollen.

Der Ausschuss wird Sorge tragen, dass die Rückstands-Ausweise den Steuerämtern pünktlich zugesendet werden.

Nach diesen Rückständen sind 6% Verzugszinsen zu zahlen, wovon 5 Theile zu Gunsten der Gesellschaft und ein Theil zu Gunsten der Steuerämter entfällt.

Die Steuerämter werden derlei eingehobene Rückstände vierteljährig ohne jede Einwendung an die Gesellschafts-Cassen abführen.

§ 21. Die gegen die Richtigkeit des Ueberschwemmungsgebiets-Ausweises oder des Kostenrepartitions-Schlüssels, sowie gegen sonstige Verfügungen der Gesellschaft von Seiten Einzelner erhobenen Reclamationen können die Einhebung der Kosten-Quote, beziehungsweise deren im politischen Wege zu geschehende Einbringung, nicht hemmen. Die Rückerstattung oder Ausgleichung der ungebührlich eingehobenen Quoten kann nur nach Erledigung der Reclamationen erfolgen. Diese Ausgleichungen haben die Gesellschaften binnen sechs Monaten von der Reclamation an gerechnet, vorzunehmen.

§ 22. Die Entfluthungs- oder Wasser-Regulirungs-Gesellschaften dürfen behufs Durchführung ihrer Arbeiten auch Darlehen aufnehmen.

Diese Darlehen müssen aber längstens binnen 35 Jahren getilgt werden.

Im Falle der Aufnahme eines Darlehens ist auszuweisen, wie viel hiervon den einzelnen Besitzantheilen zur Last fällt. Die Zinsen und Amortisationsquoten dieser Darlehen wird der Staat im politischen Wege einbringen, und diejenigen Steuerämter und Cassen namhaft machen, bei welchen diese Darlehenszinsen und Amortisationsquoten durch die betreffenden Gläubiger zu beheben sein werden.

§ 23. Entfluthungs-Gesellschaften können einverständlich mit den durch interne Gewässer berührten Parteien auch die Entwässerung der durch erstere bedeckte Grundflächen in ihren Wirkungskreis ziehen; dafür aber müssen sie für alle Fälle sorgen, dass der Abfluss der internen Gewässer durch ihre Arbeiten nicht gehindert werde, und sind verpflichtet, für dieselben eben so viele und eben so sichere Abflüsse, wie viele deren vor der Regulirung vorhanden und wie solche beschaffen waren, zu sichern.

§ 24. Die Gesellschaft ist verpflichtet, ihr genehmigtes Entfluthungs- oder Regulirungs-Project auf ihre eigenen Kosten durchzuführen, ferner ist sie verpflichtet, ihre Schutz- und Regulirungswerke ordentlich und im guten Zustande aufrecht zu erhalten; im Falle sie dies unterlassen würde, wird der Communications-Minister, sei es über eine Beschwerde der Betheiligten, sei es über Antrag der betreffenden Municipien oder Staats-Stromingenieure, die Durchführung und Aufrechthaltung jener Werke auf Kosten der Gesellschaft im politischen Wege veranlassen.

§ 25. In den im obigen Paragraphe bezeichneten Fällen oder wenn die Finanzen irgend einer Gesellschaft in Verwirrung oder ihre Thätigkeit in's Stocken gerathen würde und hiervon der Communications-Minister auf dem im obigen Paragraphe angedeuteten Wege verständigt wird, wird derselbe einen Regierungs-Commissär ernennen.

Der Beruf des Regierungs-Commissärs ist, behufs ordentlicher Verwaltung der gesellschaftlichen Angelegenheiten Verfügungen zu treffen und mit Ausnahme der Contrahirung von Anlehen, all dasjenige zu besorgen, was dem Ausschusse und der Generalversammlung der Gesellschaft durch gegenwärtiges Gesetz zugewiesen ist.

Die Dauer dieser Commission kann zwei Jahre betragen. Nach Ablauf der Zeit, für welche der Regierungs-Commissär bestellt wurde, hat derselbe die Gesellschaft zu einer Generalversammlung einzuberufen und nach erfolgter neuerlicher Constituirung des Ausschusses die Angelegenheiten der Gesellschaft diesem neuerdings zu übergeben.

Im Wiederholungsfalle kann die Wirksamkeit des Regierungs-Commissärs auch über 2 Jahre dauern, in diesem Falle wird der Termin nach Einvernehmung der Betheiligten und des competenten Municipiums durch den Communications-Minister bestimmt.

Die mit der Regierungs-Commission verbundenen Kosten bestimmt der Regierungs-Commissär mit Genehmigung des Communications-Ministers, welch Ersterer dieselben unter Einem mit den ordentlichen Auslagen der Gesellschaft repartirt und einheben lässt.

§ 26. In Bezug auf die Expropriation der zu den auf Grund dieses Gesetzes herzustellenden Wasserwerken und Dämmen erforderlichen Grundflächen sind die Vorschriften des LV. G.-A. vom Jahre 1868 anzuwenden.

§ 27. Die Wirksamkeit dieses Gesetzartikels — mit Ausnahme der Bestimmungen bezüglich der Constituirung der Gesellschaften, der Feststellung des technischen Projectes und des Kostenvoranschlages, ferner der Conscription und Classification der zu schützenden Gebiete, sowie der Bestimmungen über die diesfälligen Reclamationen — wird auch auf die bereits vordem constituirten und gegenwärtig bestehenden Gesellschaften ausgedehnt.

§ 28. Alle von den Bestimmungen des gegenwärtigen Gesetzes abweichenden Verfügungen des X. G.-A. vom Jahre 1840 werden ausser Kraft gesetzt; in Ansehung jener Arbeiten aber, welche durch Einzelne oder Gemeinden im Sinne des X. G.-A. vom Jahre 1840 vollführt wurden oder in Hinkunft vollführt werden, verbleiben die §§ 6, 7 des X. G.-A. vom Jahre 1840 auch ferner in Wirksamkeit.

§ 29. Mit dem Vollzuge dieses Gesetzes wird der Minister für öffentliche Arbeiten und Communicationen beauftragt.

Anhang XVI.

Schweiz.

Subvention und Capitalbetheiligung der Cantone und der Gemeinden am Eisenbahnbau.[1]

	Subvention Francs	Capitalbetheiligung
Aargau. Gotthard-Bahn: Staatssubvention	1,020.000	
Nordostbahn: Bötzberg 2,000.000 Anlehen zu 3¼% auf 10 Jahre, also gegen 4⅜% Beschaffung durch die Aarg. Bank eine Leistung von . .	300.000	2,000.000
Centralbahn: Aarg. Südbahn 2,500.000 Anlehen zu 3¼% auf 10 Jahre, also gegen 4⅜% Beschaffung durch die Aarg. Bank eine Leistung von	375.000	2,500.000
Wohlen-Bremgarten: Actiencapital à fonds perdu	300.000	
Appenzell A. Rh. Winkeln-Appenzell:		
Herisau à fonds perdu . . . 360.000		
Waldstatt 40.000		
Urnäsch 180.000	580.000	
Rorschach-Heiden: Obligationen II. Ranges von Heiden	365.000	
Appenzell I. Rh. Winkeln-Appenzell: Staatssubvention à fonds perdu	220.000	
Baselland. Gotthard-Bahn: Staatssubvention	150.000	
Centralbahn: Liestal-Waldenburg Gemeindesubvention	100.000	
Uebernahme von Actien		100.000
Baselstadt. Centralbahn: St. Louis-Basel Naturalleistung, Werth	840.000	
Basler Verbindungsbahn do.	320.000	
Uebernahme von Actien		1,500.000
Jura-Bahn: Uebernahme von Actien . .		500.000
Gotthard-Bahn: Staatssubvention	1,200.000	
Bern. Ostwestbahn: Verlorene Actienbetheiligung .	2,000.000	
Centralbahn: Actienbetheiligung		4,000.000
Jura-Bern-Bahn: Actienbetheiligung bei		
Biel-Sonceboz-Dachsfelden . . . 4,500.000		
Sonceboz-Convers 1,700.000		
Pruntrut-Delle 750.000		
Am ganzen Netz 10,817.785		
Gemeindebetheiligung 4,414.000		22,181.785
Uebertrag	7,770.000	32,781.785

[1] Nach Olivier Zschokke.

	Subvention	Capital-Betheiligung
	Francs	
Uebertrag	7,770.000	32,781.785
Bern-Luzern-Bahn: Abgabe der Linie Gümlingen-Langnau 6,600.000		
Actienbetheiligung 1,750.000		
Actienbetheiligung der Gemeinden 250.000	8,600.000	
Kosten für Vorstudien	2000	
Suisse occidentale: Broyethal-Bahn Actienbetheiligung des Staates 500.000		
der Gemeinden 158.000		658.000
Gotthard-Bahn: Staatssubvention	1,100.000	
Emmenthal-Bahn: Subventionsactien der Gemeinden	341.000	
Prioritätsactien		399.600
Freiburg. Suisse occidentale: Bulle-Romont Subvention à fonds perdu	800.000	
Fribourg-Payerne Betheiligung an Obligationen		2,100.000
Payerne-Estavayer Actienbetheil. des Staates		700.000
Broyethal-Bahn Actienbetheiligung des Staates		350.000
Fribourg-Yverdon Actienbetheiligung der Gemeinden		350.000
Broyethal-Bahn Actienbetheilig. der Gemeinden		350.000
St. Gallen. Vereinigte Schweizer-Bahnen: Ursprüngliche Betheiligung in Actien		9,000.000
Prioritätsactien mit Verzicht auf Zinsen . .	350.000	
Obligationen mit theilweisem Zinsverlust . .	575.000	1,150.000
Toggenburger-Bahn: Prioritätsactien mit $2^{1}/_{2}\%$ Zinsengenuss, also	1,100.000	2,500.000
Gemeindebetheiligung	319.333	1,819.333
Bischofszeller-Bahn: Actienbetheiligung des Staates 200.000		
Actienbetheiligung der Gemeinden 2,000.000		2,200.000
Rorschach-Heiden: Actien II. Ranges von Rorschach übernommen 115.000		
von Lutzenberg übernommen . . 20.000	135.000	
Rechtsufrige Zürichsee-Bahn: Actien der Gemeinde Rapperswil		200.000
Zürichsee-Gotthard-Bahn: Actien der Gemeinde Rapperswil 500.000		
Subventionsactien des Staates . . 600.000	600.000	500.000
Uebertrag	21,692.333	56,058.118

	Subvention	Capital-Betheiligung
	Francs	
Uebertrag	21,692.833	56,058.118
Genf. Suisse occidentale: Subventionen	2,000.000	
Glarus. Vereinigte Schweizer-Bahnen: Wallensee-Bahn		
Actienbetheiligung 500.000		
Obligationen 213.500		
Stammactien 275.000		988.500
Nordostbahn: Linksufrige Zürichsee-Bahn Anleihen		
zu 3 und $3\frac{1}{2}\%$ mit Zinsverlust	27.500	300.000
Betheiligung der Gemeinden		300.000
Ziegelbrücke-Näfels, Darlehen auf 20 Jahre		
à $\frac{1}{2}\%$	1,260.000	3,200.000
Graubünden. Vereinigte Schweizer-Bahnen: Actien vom		
Staat übernommen		2,000.000
Acten von der Stadt Chur übernommen ..		1,000.000
Luzern. Centralbahn: Actienbetheiligung des Staates		2,000.000
Zürich-Zug-Luzern: Obligationenbetheiligung;		
hieran bis jetzt verloren	121.887	2,000.000
Gotthardb.: Kosten für Gründung (unbezahlt) 9.223		
Subvention des Staates 2,150.000	2,159.223	
Bern-Luzern-Bahn: Kosten des Initiativcomité's 1064		
Actienbetheiligung des Staates . 1,544.500		
Actienbetheiligung der Gemeinden 455.500	2,001.064	
Zürichsee-Gotthard-Bahn: Actienbetheiligung der		
Stadt Luzern 110.000		
Actienbetheiligung der übrigen Ge-		
meinden 345.000		455.000
Neuchatel. Jura industriel: Actienbetheiligung in Form		
von Subvention	3,000.000	
Nidwalden. Gotthard-Bahn: Subvention	20.000	
Obwalden. Gotthard-Bahn: Subvention	40.000	
Schaffhausen. Bülach-Schaffhausen: Anlehen des Staates		700.000
Subvention der Stadt Schaffhausen	250.000	
Etzweilen-Schaffhausen: Betheiligung in Action .		100.000
Gotthard-Bahn: Subvention	150.000	
National-Bahn: Anleihen der Gemeinde auf 10		
Jahre à 3%; daher	37.500	755.000
Schwyz. Gotthard-Bahn: Subvention	1,000.000	
Linksufrige Zürichsee-Bahn: Vorstudien ..	2000	
Uebertrag	33,781.507	69,856.618

	Subvention	Capital-betheiligung
	Francs	
Uebertrag	33,781.507	69,856.618
Darlehen zu 3½%; daher Zinsverlust	22.000	100.000
Actienbetheiligung		150.000
Darleihen der Bezirke March und Höfe		750.000
Wädensweil-Einsiedeln: Actienbethlg. des Cantons		250.000
Zinsgarantie für die Obligationen		1,000.000
Zürichsee-Gotthard-Bahn: Actienbetheiligung der Gemeinden		370.000
Solothurn. Emmenthal-Bahn: Subventionsactien der Gemeinden	410.000	
Prioritätsaction der Gemeinden		406.750
Gotthard-Bahn: Subvention	300.000	
Tessin. Gotthard-Bahn: Subvention	3,000.000	
Turgau. Gotthard-Bahn: Subvention	100.000	
Obligationen		530.000
Nationalbahn: Actienbetheiligung des Staates	655.620	
Actienbetheiligung der Gemeinden	614.500	1,270.120
Nordostbahn: Actienbetheiligung des Staates		1,100.000
Subvention der Bahn Romanshorn-Konstanz	75.000	
Subvention der Bahn in Grund	75.000	150.000
Bischofzeller-Bahn: Actienbetheiligung		179.616
Toggenburger-Bahn: Actienbetheiligung der Gemeinden		14.000
Uri. Gotthard-Bahn: Subvention	1,000.000	
Vaud. Suisse occidentale: Jougne-Eclépens Subvention in Holz, Schwellen, Land	1,299.281	
Subvention des Staates	3,200.000	
Subvention der Gemeinden	495.000	
Broyethal-Bahn Actienbetheiligung des Staates		1,900.000
Actienbetheiligung der Gemeinden		1,739.002
Fribourg-Yverdon Actienbetheiligung des Staates		300.000
Actienbetheiligung der Gemeinden		289.000
Ligne d'Italie Subvention	400.000	
Lausanne-Ouchy Actien II. Ranges	100.000	
Subvention der Gemeinden an Land	9.000	
Lausanne-Echalleus Actien II. Ranges	800.000	
Subvention der Gemeinden an Land	12.975	
Actienbetheiligung der Gemeinden		58.500
Uebertrag	44,579.763	80,263.606

	Subvention	Capital-Betheiligung
	Francs	
Uebertrag	44,579.763	80,263.606
Zug. Gotthard-Bahn: Subvention	250.000	
Zürich-Zug-Luzern Obligationen und hierdurch bis jetzt verloren	48.755	800.000
Linksufrige Zürichsee-Bahn (Thalweil-Zug) Anleihen 600.000		
In Baar 150.000		750.000
Zürich. Zürich-Zug-Luzern Obligationen und hierdurch bis jetzt verloren	195.020	3,200.000
Bülach-Regensberg Obligationen durch den Staat 600.000		
Obligationen durch die Gemeinden . 600.000		1,200.000
Nordostbahn: Linksufrige Zürichsee-Bahn durch den Staat 1,950.000		
Anlehen der Gemeinden zu 3% und daher 10jähr. Zinsverlust gegen 4½% 5,000.000	750.000	6,950.000
Rechtsufrige Zürichsee-Bahn durch den Staat 1,500.000		
Anlehen der Gemeinden à 2% und daher 10jähr. Zinsverlust gegen 4½% 3,740.000	935.000	5,240.000
Effretikon-Hinweil durch den Staat . 1,150.000		
Durch die Gemeinden 922.000		2,072.000
Dielsdorf-Niederweningen Darlehen der Gemeinden ohne Zins	170.000	
Bülach-Schaffhausen, Anlehen durch die Stadt Zürich		700.000
Tössthal-Bahn: Garantie der Gemeinden für die Obligationen		1,900.000
Betheiligung der Gemeinden	7.500	1,284.000
Betheiligung des Staates	50.000	1,933.000
Winterthur (4. Februar 1877) Anlehen von .		250.000
Wald-Rüti durch den Staat		300.000
Durch die Gemeinden		185.000
Wädensweil-Einsiedeln durch den Staat		300.000
Durch die Gemeinden		500.000
Uebertrag	46,986.038	107,827.606

	Subvention	Capital-Betheiligung
	Francs	
Uebertrag . .	46,986.038	107,827.606
Gotthard-Bahn: Subvention des Staates	1,500.000	
Nationalbahn: Winterthur-Singen durch den Staat 1,486.450		
Durch die Gemeinden 1,430.500		
Winterthur-Kloten-Baden 1,700.000		4,616.950
Hierzu kommt:		
Derjenige Betrag der Nationalbahn, welcher hier an den . . . . 80,550.000 die für die Bahn gebraucht werden, nicht aufgeführt ist, und von Gemeinden, z. B. des Aargau's, gedeckt werden, ohne dass officielle Mittheilungen hierfür zu beschaffen waren; daher weniger 6,642.070		23,807.930
Betheiligung der Schweiz	48,486.038	136,252.486
„ von Deutschland . . . ·	20,000.000	
„ „ Italien	45,000.000	
Summa à fonds perdu . . .	113,486.038	

Anhang XVII.

Verzeichniss

der hauptsächlichsten in Europa ausgeführten Bahnen minderer Ordnung, ihrer Länge und Anlagekosten.[1]

Benennung der Bahnen	Länge in Kilometern	Anlagekosten per Kilometer Mark
Deutschland (Normalspurig).		
Neumünster-Halde-Tönning	78·50	47.800
Freiburg-Breisach	22·44	72.566
Holzkirchen-Tölz	21·43	96.111
Basel-Schopfheim	19·94	113.138
Renchthalbahn	18·80	100.000
Neustadt-Windheim	15·32	104.578
Schwaben-Erding	15·00	65.575
Murgthal-Bahn	14·93	70.106
Immenstadt-Sonthofen	11·25	108.449
Wiesau-Tirschenreuth	11·10	36.541
Steinach-Rothenburg	11·00	
Dombühl-Feuchtwangen	11·00	81.931
Ermsthal-Bahn	10·40	147.124
Minden-Bergzabern	10·00	62.400
Fröttstädt-Friedrichsrode	9·00	53.000
Cronberger Zweigbahn	7·90	—
Spalt-Georgsgemünd	7·50	51.554
Hasberger-Georg-Marienhütte	7·46	96.540
Elzthal-Bahn	7·12	101.123
Schopfheim-Zell	7·24	119.116
Biesenhofen-Oberndorf	7·00	93.780
Höchst-Soden	6·65	97.914
Kirchheimer Bahn	6·35	111.558
Nürnberg-Fürth	6·04	61.752
Cassel-Wilhelmshöhe	6·00	40.000

[1] Vornehmlich Personen- und Güterdienst führende Bahnen.

— 254 —

Benennung der Bahnen	Länge in Kilometern	Anlagekosten per Kilometer Mark
Siegelsdorf-Langenzenn	5·60	51.707
Sinzing-Alling	4·10	72.131
Lahrer-Bahn	3·18	101.022
Schmalspurige.		
Bröhlthal-Bahn	33·13	21.954
Ocholt-Westerstede	7·00	26.083
Oesterreich (Normalspurig).		
Bozen-Meran (in Vorbereitung)	31·2	—
Ebersdorf-Würbenthal (im Bau)	20·0	—
Kriegsdorf-Römerstadt (im Bau)	22·89	—
Mürzzuschlag-Neuberg (im Bau)	—	—
Unterdrauburg-Wolfsberg (im Bau)	—	—
Wien-Aspang (in Vorbereitung)	—	—
Leobersdorf-Gutenstein (im Bau)	—	—
Pöchlarn-Gaming (im Bau)	—	—
Schmalspurig.		
Lambach-Gmunden	28·22	77.790
Ungarn. (Normalspurig.)		
V. Györk-Gyöngyös	12·77	92.300
Miskolz-Bánréve	45·50	90.944
Abony-Erlau	16·71	—
Altsohl-Neusohl	21·61	95.422
Miskolz-Diósgyőr	7·70	94.226
Bánréve-Fülek	48·35	⎫
Bánréve-Dobschau	70·11	⎬ 100.236
Feled-Theissholz	49·71	⎭
Valkány-Perjamos	42·87	51.074
Vajtek-Bogsan	47·87	52.484
Tót-Megyer-Surány	8·04	47.172
Jurány-Neutra	26·58	—
Nyiregyháza-Csap-Unghvár	93·91	105.470
Zakany-Dombovar-Báttaszek	166·21	139.454
Arad-Körösthal	62·00	52.258
Schmalspurig.		
Gran-Brezniz-Schemnitz	23·09	45.000
Bánréve-Ozd-Nádasd	27·39	19.317
Resdritza-Eisenstein	34·14	24.832
Marksdorf-Rostok	20·86	—

Benennung der Bahnen	Länge in Kilometern	Anlagekosten per Kilometer Mark
Schweiz. (Normalspurig.)		
Herisau-Urnäsch	10·89	—
Rorschach-Heiden	6·11	—
Vitznau-Rigi	7·10	240.600
Arth-Rigi	11·17	465.200
Rigi-Scheideck	6·80	170.820
Uetliberg-Bahn	9·03	148.000
Ouchy-Lausanne	1·49	1,677.000
Ostermundinger Bahn	1·54	183.000
Effretikon-Wetzikon-Hinweil	22·50	—
Bödeli-Bahn	9·00	120.000
Schmalspurig.		
Stäfa-Wetzikon	—	—
Winkeln-Urnäsch	3·97	—
Lausanne-Echallens	14·18	66.000
Zürich-Grüningen-Pfannenstiel-Uster	—	—
Muri-Affoltern-Aegeri	—	—
Schweden. (Normalspurig.)		
Ystad-Esslöf	75·9	56.640
Landscrona-Helsingborg	39·9	61.840
Kristianstad-Hessleholm	30·0	59.200
Wexiö-Alfvesta	18·2	50.400
Marma-Sandarna	10·7	70.800
(Schmalspurig 1·219 M.)		
Herdichsvall	17·1	66.400
Söderhamn	15·0	68.300
Borås	41·7	56.800
Uddevalla-Wenersborg-Heriljunga	93·0	58.400
(Schmalspurig 1·188 M.)		
Norberg	17·1	44.450
Wessman-Barken	18·2	58.000
(Schmalspurig 1·099 M.)		
Köping-Uttersberg	36·3	27.440
(Schmalspurig 1·067 M.)		
Sundsvall-Torpshammer	60·9	73.360
Karlshamn-Wislanda	78·0	35·600
Sölvesborg-Kristiansbad	31·0	44.800
(Schmalspurig 0·891 M.)		
Pålsboda-Fiuspong	57·7	42.160
Wadstena-Fogelsta	11·8	33.470
Mariestad-Moholm	18·2	30.512

Benennung der Bahnen	Länge in Kilometern	Anlagekosten per Kilometer Mark
Iljo-Stenstorp	47·0	80.400
Lidköping-Skara-Stenstorp	50·2	82.100
Ulricehamn-Wartofta	37·4	26.000
(Schmalspurig 0·800 M.)		
Wickern-Möckeln	54·5	26.640

Italien. (Schmalspurig 0·90 M.)

Turin-Rivoli (Strassenbahn)	12·0	56.000

England. (Normalspurig.)

Leven and East of Five	14·36	58.000
Maenclochay-Bahn	17·60	—
Hemel-Hempstead-Bahn	22·40	—

(Schmalspurig).

Festiniog-Bahn	21·00	69.000
Tallyllyn-Bahn	13·00	—

Frankreich. (Normalspurig.)
Nach Departements geordnet.

Laufende Zahl	Name des Departements	Zahl der Bahnen	Längen: Im Betrieb	Noch nicht im Betrieb
			Kilometer	
1	Ain	1	—	98
2	Aisne	1	33	7
3	Ardennes	6	51	47
4	Bouches-du-Rhône	3	34	10
5	Calvados	5	46	88
6	Charente	2	18	29
7	Charente-Inférieure	2	—	132
8	Eure	16	211	254
9	Eure-et-Loir	12	98	359
10	Gironde	3	45	13
11	Hérault	5	56	125
12	Indre	1	—	95
13	Isère	1	—	2
14	Jura	1	10	—
15	Loir-et-Cher	1	—	36
16	Loire	2	27	19
17	Loire-Inférieure	4	—	102
18	Loiret	1	24	—
19	Maine-et-Loire	5	22	184

Laufende Zahl	Name des Departements	Zahl der Bahnen	Länge: Im Betrieb Kilometer	Länge: Noch nicht im Betrieb Kilometer
20	Manche	2	—	100
21	Marne	2	101	—
22	Haute-Marne	1	—	6
23	Meurthe-et-Moselle	5	76	53
24	Meuse	1	—	104
25	Nord	4	—	146
26	Oise	8	—	188
27	Orne	2	79	—
28	Pas-de-Calais	5	7	95
29	Puy-de-Dôme	1	—	9
30	Rhône	3	13	9
31	Haute-Saône	1	—	22
32	Saône-et-Loire	3	132	156
33	Sarthe	6	77	110
34	Seine-Inférieure	3	60	28
35	Seine-et-Oise	2	11	15
36	Somme	2	154	21
37	Vendée	2	—	81
38	Vienne	1	62	—
39	Vosges	4	57	39

INHALT.

	Seite
Vorbemerkung	V
Einleitung	VII

I. Abschnitt.
Begriffe und Bezeichnungen 2

II. Abschnitt.
Grundbedingungen der Lebensfähigkeit und Entwickelbarkeit der Bahnsysteme minderer Ordnung 10

III. Abschnitt.
Staatliche Beeinflussung der Technik der Bahnen minderer Ordnung 24

IV. Abschnitt.
Bei Schaffung der Bahnen minderer Ordnung mitwirkende Elemente 57

V. Abschnitt.
Die Form der Concessionirung der Bahnen minderer Ordnung ... 71

VI. Abschnitt.
Die Inslebenrufung der Bahnen minderer Ordnung 83

VII. Abschnitt.
Die finanzielle Hilfeleistung bei Entwickelung und Manipulation der Bahnen minderer Ordnung 90

VIII. Abschnitt.
Die Tarifgestaltung der Bahnen minderer Ordnung 117

IX. Abschnitt.
Die Pflichten der Bahnen minderer Ordnung gegen den Staat ... 132

X. Abschnitt.
Schlussfolgerungen 142
Entwurf zu einem Gesetze, die Bahnen mind. Ordnung betreffend 152
Entwurf zu einem Bedingnisshefte für Bahnen minderer Ordnung 155

Anhänge.

Seite

Anhang I. England.
Decret zur Vervollständigung des auf Eisenbahnen bezüglichen
Gesetzes vom 31. Juli 1868 167

Anhang Ia. England.
Verzeichniss der Documente, welche an die Eisenbahn-Abtheilung
des Handelsministeriums mit dem Ansuchen, eine Eisenbahn
eröffnen zu dürfen, einzureichen sind 169

Anhang II. Frankreich.
Gesetz, die Localeisenbahnen betreffend, vom 12. Juli 1865 . . . 173

Anhang III. Frankreich.
Bedingnissheft der Hérault-Bahnen 175

Anhang IV. Frankreich.
Gesetzentwurf 189

Anhang V. Frankreich.
Entwurf der Bau- und Betriebs-Ordnung 190

Anhang VI. Bayern.
Gesetz, die Ausdehnung der Vervollständigung der bayerischen
Staatsbahnen, dann Erbauung von Vicinalbahnen betreffend · 193

Anhang VII. Deutschland.
Sicherheitsordnung für normalspurige Eisenbahnen Preussens vom
10. Mai 1877 195

Anhang VIII. Oesterreich.
Concessionsurkunde vom 3. November 1874, für die Locomotiv-
Eisenbahn von Leobersdorf nach St. Pölten sammt Nebenlinien 202

Anhang IX. Ungarn.
Betriebsvorschrift für Locomotiv-Eisenbahnen II. Ranges 214

Anhang X. Frankreich.
Concession der Localeisenbahn von St. Quentin nach Guise.
Vom 15. August 1870 217

Anhang XI. Frankreich.
Vorlage zur Concession der auf den Vicinalstrassen zwischen Haironville und Triaucourt auszuführenden Schmalspur-Strassenbahn 223

Anhang XII. Schweiz.
Bedingnissheft der Schmalspur-Strassenbahn von Lausanne nach
Echallens 226

Seite

Anhang XIII. Schweiz.
    Bundesbeschluss, betreffend die Concession einer schmalspurigen
        Eisenbahn von Stäfa nach Wetzikon. Vom 23. September 1873   234

Anhang XIV. Oesterreich.
    Gesetz vom 13. März 1876, betreffend den Bau einer Locomotiv-
        Eisenbahn auf Staatskosten von Kriegsdorf im Anschlusse an
        die mährisch-schlesische Centralbahn nach Römerstadt . . . 240

Anhang XV. Ungarn.
    Ungarisches Gesetz vom 10. Juni 1871, über die Wasser-Regulirungs-
        Gesellschaften 241

Anhang XVI. Schweiz.
    Subvention und Capitalbetheiligung der Cantone und der Gemeinden
        am Eisenbahnbau 247

Anhang XVII. Verzeichniss der hauptsächlichsten in Europa ausgeführten
        Bahnen minderer Ordnung, ihre Länge und Anlagekosten 253

www.ingramcontent.com/pod-product-compliance
Lightning Source LLC
Chambersburg PA
CBHW031955230426
43672CB00010B/2165